广东旅游业满意度专项研究

GUANGDONG LÜYOUYE
MANYIDU ZHUANXIANG YANJIU

张春慧 著

中山大学出版社
SUN YAT-SEN UNIVERSITY PRESS

· 广州 ·

图书在版编目（CIP）数据

广东旅游业满意度专项研究/张春慧著.—广州：中山大学出版社，2024.5

ISBN 978 - 7 - 306 - 08039 - 4

Ⅰ.①广… Ⅱ.①张… Ⅲ.①区域旅游—旅游业—顾客满意度—研究—广东 Ⅳ.①F592.765

中国国家版本馆 CIP 数据核字（2024）第 040208 号

GUANGDONG LÜYOUYE MANYIDU ZHUANXIANG YANJIU

出　版　人：王天琪
策划编辑：熊锡源
责任编辑：熊锡源
封面设计：曾　斌
责任校对：周昌华
责任技编：何雅涛
出版发行：中山大学出版社
电　　话：编辑部 020 - 84111996，84113349
　　　　　　发行部 020 - 84111998，84111981，84111160
地　　址：广州市新港西路 135 号
邮　　编：510275　传　真：020 - 84036565
网　　址：http：//www. zsup. com. cn　E-mail：zdcbs@ mail. sysu. edu. cn
印　刷　者：广东虎彩云印刷有限公司
规　　格：787mm×1092mm　1/16　17.75 印张　328 千字
版次印次：2024 年 5 月第 1 版　2024 年 5 月第 1 次印刷
定　　价：50.00 元

如发现本书因印装质量问题影响阅读，请与出版社发行部联系调换

前言

随着经济的发展，人们生活水平的不断提高，越来越多的人热衷于旅游，在这种情况下，我国旅游业如雨后春笋般蓬勃兴起。由于旅游业是一个涉及食、住、行、游、购、娱六大模块的综合产业，因此，如果某地的旅游业发展势头很好，那么它对当地经济的发展和文化的繁荣就有很大的促进作用。因此，很多地区都把旅游业作为当地经济发展的重要引擎。随着国家不断完善带薪休假制度，以及随着节假日的调整、国民收入水平的提高，人们对旅游消费的需求也越来越强烈。

伴随着大众旅游时代的来临，旅游业迅速发展，旅游同业者之间的竞争日趋激烈，当前的旅游市场已经从卖方市场转向买方市场。旅游者作为旅游活动中的主体，对旅游的感知期望在不断变化，对旅游景区、酒店和旅行社的质量要求越来越高，因此，游客的旅游体验舒适度和满意度成为旅游景区、酒店和旅行社关注的重点，成为衡量旅游景区、酒店和旅行社经营是否成功的重要指标。为旅游者提供高质量的产品和服务，有助于旅游者获得高品质的旅游体验，同时有利于旅游景区、酒店和旅行社进一步提升综合竞争实力、提高游客重游率、培养忠诚顾客以及实现口碑宣传，对于旅游景区、酒店和旅行社实现产品服务一体化推陈出新和可持续发展具有重要意义。因此，开展对旅游景区、酒店和旅行社游客的满意度测评研究具有突出的实践指导意义。

本专项研究自 2012—2019 年共历时八年，项目开展期间得到了广东工业大学管理学院各位领导的鼎力支持，李丽珍、李丽婵、严肖芬、黄玉清等十位 2012—2019 各届本科毕业生为收集本研究涉及的酒店、景区和旅行社相关调查数据做了大量工作。本研究课题还得到了一个国家基金和一个教育部基金的资助。本专项研究涉及的酒店为粤海喜来登酒店和广州翡翠皇冠假日酒店，涉及的景区为华南国家植物园、广州长隆欢乐世界、广州白云山风景名胜区和广东韶关丹霞山，涉及的旅行社为广东南湖国际旅行社。

目录

第一编　旅游满意度概述

第二编 旅游景区满意度研究

第三编　酒店满意度研究

第四编　旅行社满意度研究

第一编

旅游满意度概述

　　本编主要围绕旅游满意度概念的界定、国内外旅游满意度研究的综述和相关理论的整理，为旅游景区、酒店和旅行社满意度实证研究提供理论支撑。

　　本编在归纳总结前人关于游客满意度研究成果的基础上，查阅相关理论和文献资料，为实证研究提供理论依据。

由于旅游业越来越依赖旅游者的消费观念和消费需要，所以，我们的旅游产品需要更符合旅游者的需求，并不断提高旅游满意度，才更有利于旅游业的持续发展。旅游满意度不仅体现旅游企事业单位（以下简称"旅游单位"）的建设水平，更是旅游单位的生命力可否持续的关键所在。它对于研究如何有效满足旅游者需求，准确预估旅游景区、旅行社或酒店未来发展路径规划乃至旅游行业态势等都起着重要的指导意义，是衡量旅游景区、旅行社或酒店成功与否的决定性指标之一，为旅游活动过程当中实现旅游者和旅游企业的"双赢"提供现实的指导作用。

旅游者作为活动的主体参与到旅游活动中，在旅游体验过程中，高旅游满意度有利于提高游客重游率和加大景区宣传；游客旅游满意度过低则会影响到潜在客源情况。因此，提高游客满意度以扩大旅游目的地的客源市场，日益成为旅游单位的高度关注点。为游客提供更满意的旅游体验需要从游客的角度出发，不断地提高旅游目的地的核心竞争力，更加注重旅游目的地的游客满意价值提升，这对旅游目的地的旅游产品推陈出新和可持续发展具有很重要的意义。

全球化给世界带来发展的同时，也引发了各行业的激烈竞争。尤其是近年来交通与经济的迅猛发展，传统酒店业不仅要面对同行业星级酒店和经济型酒店的竞争，还要与新兴分享经济下的短租公寓争夺有限的市场份额。如何在这激烈的竞争中脱颖而出？一方面，毫无疑问——提高顾客满意度，进而增强顾客忠诚度是关键所在。另一方面，企业的员工是企业得以生存和发展的最重要的战略资源。员工为企业创造财富，企业向员工回馈财富。21世纪，人才战略是企业最重要的战略，因为企业所面对的竞争，最主要的是人才的竞争。例如，五星级酒店旨在为顾客提供豪华的环境与设施、一流的产品与服务，带给顾客难以忘怀的食宿体验。同时，酒店的内部员工也应该得到相应的满足。为此，酒店员工对酒店及酒店管理者等诸方面的满意程度，同样已经发展为决定酒店是否能够顺利经营的重要问题。

旅游业正处于高速发展期，尤其在广东，旅游业更是百花齐放。但是机遇越大，竞争就越激烈。旅游行业内，各大旅行社通过各种方式争取更多的客源，甚至是抛出底价出游、买一送一的噱头。本书认为，旅行社更应该冷静思考分析，提升产品以及服务质量才是重中之重；维护好顾客关系，增强顾客的满意度、忠诚度才是让旅行社发展壮大的最佳策略。

第1章 绪论

自20世纪80年代顾客满意度的概念兴起以来，随着市场供求关系的变化和顾客消费观念的转变，顾客满意度研究受到越来越多的国家、地区和企业的重视。而旅游业作为我国第三产业的重要组成部分，在中国经济持续快速增长的环境下，有着重大的发展机遇。因此，对旅游企业开展顾客满意度指数测评，引导旅游企业将提升顾客满意度作为一种长期的战略指导，将会非常有利于我国旅游行业的健康和科学发展，更是顺应企业顾客满意战略转变的发展需要。

第一节　研究背景

旅游从传统的奢侈消费品转向大众消费品，旅游者的需求正日益多元化和个性化，提高旅游者的体验舒适度和满意度，是旅游企事业单位维持客源规模、实现长远发展的根本之法。

随着经济发展，人们对生活质量的追求不仅仅停留在物质层面，而且越来越注重精神上的追求和满足。马斯洛需要层次理论提出：人类的低层需要一般通过外部的条件获取，但人类的高层需要是通过自我实现获得的。在体验经济时代，体验式旅游已成为旅游者追求的目标和形式，旅游者是最重要的活动主体。所以，旅游产品的价值实现必须得到游客的认可，旅游者体验的结果和评价将作为反馈信息，对旅游业的发展和旅游产品的持续利用产生重要的影响。

一、旅游业在经济发展中发挥越来越重要的作用

经过几十年的稳定持续发展，旅游业已经成为国民经济中的支柱型产业，其经济乘数效应和就业拉动效力一直处于三大产业的前列，是推动一个国家和地区经济文化等各方面发展的主要动力之一，更是世界经济富有生命力和活力的增长点和最大型的综合性产业之一。随着旅游业的不断深入发展，它将变得越来越普及化、大众化和生活化，消费群体也从范围狭小的社会高收入层次的人士向普通大众倾斜。这代表了旅游市场的客源基础将大大增加，参与旅游活动的人次数量和潜力是相当可观的。然而，客源流失过快、顾客忠诚度低下、旅游行业竞争愈演愈烈，是旅游企业长期以来备受困扰的"心病"，严重地影响和阻碍了旅游业的健康持续发展。那么，如何有效解决这些问题呢？根本的做法是从旅游者的角度入手，充分考虑并不断提高游客的满意度。游客的满意度作为一项反映旅游者需求和关乎当地旅游发展的关键性经济指标，商家应不断地推陈出新，以游客的消费喜好和习惯为基点，开发建设出更符合现代旅游者"口味"的旅游项目，有助于充分发挥旅游业的经济拉动效应。

二、追求游客满意成为旅游业发展的着力点

1999 年，美国学者 Pine 和 Gilmore 在《体验经济》这一著作中正式提出"体验经济"一词，表明经济活动由生产服务阶段进入体验层面。在这样的时代背景之下，旅游者的需求正在发生质的改变，不再单纯地满足于以往"走马观花"式的被动旅游，而是对旅游活动的参与性和体验性有了更高的要求，体验式旅游已经成为旅游者追求的主要目标和形式。旅游者是旅游活动中最重要的主体，如果旅游产品及服务无法得到旅游者的认可，那么，其价值则无法实现。旅游者相当于活的广告招牌，作为反馈信息，旅游体验结果和满意度评价会直接影响旅游单位的口碑与发展。因此，旅游目的地不断地为旅游者提供满意的旅游产品和旅游服务，并使游客获得较好的感知体验和满意经历，有利于提高旅游单位的综合竞争力，有利于稳定客源市场，从而获得

更多的忠诚顾客和潜在游客。

　　游客的满意度是关乎当地旅游发展的主要指标，因此，旅游目的地要不断为旅游者提供满意的旅游产品和旅游服务，使游客获得较大的感知价值和满足体验，从而提高旅游目的地的核心竞争力，稳定客源市场，以便吸引更多潜在游客，获得更多的忠诚顾客。反之，与游客满意度相关的负面因素也不能忽视。例如，游客在游览过程中，如果对旅游单位提供的旅游产品、旅游服务、旅游景观、旅游环境、旅游设施、旅游资源、规划布局等不满意，或者旅游感知体验程度低下，这不仅会减弱当地旅游单位的核心竞争力，而且还会给当地的社会、文化、经济、环境等方面的发展带来负面影响。因此，对游客满意度的研究是旅游单位实现可持续发展和旅游业健康发展的重点关注话题。总而言之，游客满意度研究不仅为旅游业发展提供科学依据，而且也为旅游单位的可持续发展提供可行性分析。

三、以游客满意为中心是旅游业的重要发展战略

　　《中国文化文物和旅游统计年鉴（2022）》有关数据显示，我国将近 30 个省、市、自治区已将旅游业纳入当地重点培育发展的支柱型产业，新的旅游目的地和旅游景区在不断地产生，表明相互之间的竞争越来越激烈。与此同时，旅游大众化的趋势不断加强，旅游市场的发展前景潜力无穷。如何在竞争激烈的市场环境之下夺得先机，抢占最多的市场份额？关键之处在于，始终把以游客满意为中心作为旅游业发展战略。不断提高游客满意度，不仅可以使旅游单位获得良好的口碑效应，而且还可以提高旅游目的地在国内外旅游市场的知名度和受欢迎程度。

　　从马斯洛的需要层次理论来看，人的需求从低级到高级，是一个不断上升的趋势。当我们的最低需求温饱和自身安全得到满足之后，我们就会寻求满足爱与归属、受尊重等中级需要，而旅游属于审美和自我实现等高级需要。随着 GDP 的增长，人们出行的愿望越加强烈，这也极大地刺激了旅游消费需求的产生和扩张。这时，我国各种各样的旅游景区、酒店和旅行社也应运而生，当然，他们也面临着巨大的竞争和挑战。为了提高游客满意度，稳定客源，各旅游景区、酒店和旅行社不断推陈出新，采取不同的措施来不断满足旅游者的需求，提高旅游者的感知质量。

　　在日益激烈的市场竞争条件下，没有满意的游客就没有稳定的规模化的

游客流，经营性旅游景区、酒店和旅行社就没有核心竞争力。游客满意度对目的地及其相关旅游产品的营销来说很重要，因为它直接影响游客对旅游目的地、旅游产品和旅游目的地服务水平和技能的感知。

第二节　研究意义

随着旅游市场竞争越来越激烈，保持稳定的规模客源和开发新客源群体，成为每个旅游单位经营管理的当务之急。为了保持和提升旅游单位的核心竞争力，旅游单位必须注重来访游客的真实想法和感受体验，通过了解游客的实际游览行为和经历体验，及时发现经营管理当中存在的问题，在产品和服务方面作出相应的改变和调整，进一步提升各个环节的运营水平及质量，使游客能够获得最佳的旅游体验，作出满意的评价，从而提升游客的旅游品质、重游意向和推荐意向。

随着旅游业的日益繁荣，广州乃至广东省的旅游地位不断提升。统计数据表明，2014 年广州过夜游客数量达到 73 万人次，旅游业向前发展的势头不可逆转。目前旅游企事业单位在日常的经营管理方面还存在常见的一些通病和误区，如导游服务不到位，导致游客抱怨、不满、投诉，甚至恶意宣传，严重阻碍了旅游单位的业务发展。因此，关于旅游单位的游客满意度的测评研究具有重要的理论价值和实际意义。

从理论层面看，对广东地区旅游业的满意度展开测评研究，极大地丰富了研究内容，为广东地区的旅游业发展提供了充分参考依据。从实际层面看，对广东地区旅游业满意度测评研究的意义在于：①研究监测游客旅游行为及动态，有利于旅游单位了解和掌握旅游者需要和期望，准确定位市场，改进产品和服务，满足游客需求；②发现潜在客源和市场，提升旅游企事业单位综合竞争力；③评估旅游企事业单位经营管理水平和绩效，掌握影响游客满意的关键性指标，从而"有所为有所不为"，使旅游单位运作效率和资源利用效率最大化；④带动周边地区经济的发展，提升旅游单位可持续发展的能力。

一、旅游满意度是衡量旅游景区服务质量的重要指标

旅游满意度作为游客满意程度的定量表述，是衡量一个旅游景区旅游服

务质量的重要指标。因此，它直接影响旅游目的地、旅游产品和旅游目的地服务质量的提升，对旅游发展意义深重。

随着人们生活水平的提高，人们的旅游意识也越来越强，在旅游业蓬勃发展的同时，人们对旅游业也提出了新的要求。在日益激烈的市场竞争条件下，只有游客满意，景区才有稳定的、规模化的客流，从而提升经营性景区的核心竞争力。旅游者在旅游的过程中，如果对景区提供的整体服务与设施满意的话，不仅可能会选择重游，更重要的是能够发挥有效的"口碑"宣传作用。因此，提升景区的服务和设施质量，提高游客的满意度，是景区和当地政府永恒的研究主题。

旅游满意度是衡量一个景区经营成功与否的一个关键性指标，然而，现在有很多旅游景区只注重眼前的利益，而忽略了旅游景区的服务质量，从而导致越来越多游客对旅游目的地不满、游客投诉和游客抱怨增多。作为国家5A级景区的白云山风景名胜区、长隆欢乐世界也同样存在着上述的一些问题。因此，选取相关景区进行游客满意度测评的实证研究具有重要的现实意义。

二、顾客满意度是衡量酒店服务质量的主要因素

酒店业作为服务型行业，让顾客满意毫无疑问是该行业的核心。顾客资源是一家酒店最重要的资产，而顾客满意度是衡量酒店宾客关系管理的重要指标，更是建立顾客忠诚度的前提。面对传统酒店之间及其与新兴分享经济下短租公寓的竞争，企业要想占得大份额的顾客市场资源，除了硬件设施的比拼，提升顾客满意度、加强服务质量尤为关键。

在激烈的市场竞争中，一个企业所流失的顾客必然是另一个企业所获得的顾客。提升顾客满意度，意味着加强老顾客的忠诚度，而老顾客正是一家酒店客户资源的核心。美国市场营销学会《AMA 顾客满意度手册》所列的数据显示：每 100 个满意的顾客会带来 25 个新顾客；每收到 1 个顾客投诉，就意味着还有 20 名有同感的顾客；获得 1 个新顾客的成本是保持 1 个满意顾客成本的 5 倍；争取 1 个新顾客比维护 1 个老顾客要多 6 ～ 10 倍的工作量；客户服务水平提高 2 成，营业额将提升 40%。

现代人力资源管理研究表明，只有满意的员工才有满意的客户。酒店业作为现代服务业，其产品和服务是由员工直接创造的，员工的满意度直接影

响客户的满意度，从根本上决定着酒店的入住率和效益。因此，酒店行业人力资源管理工作的核心应当是提升员工满意度，并且长期坚持，不断完善与发展。本研究对广州粤海喜来登酒店的员工进行了调查，了解员工情绪及员工的需求，旨在提高员工忠诚度和对酒店认同感，从而有效地降低员工离职率，减少人力资源浪费，降低人力资源成本，提高人力资源投资回报率，切实提高酒店的综合效益。本项研究通过对调查数据的科学处理和分析，发现广州粤海喜来登酒店员工的流失率较高，工作满意度较低，主要是因为工资相对不高、工作强度大、工作时间长、职位不稳定等。

三、顾客满意度可培养对传统旅行社的信任与忠诚

企业的目标是谋取经济利益。随着市场环境的变化，企业想要在激烈的竞争中脱颖而出，实现谋取经济利益的目标，就必须转变陈旧的经营理念。当代的旅游业快速发展，进入旅游市场的门槛降低，行业竞争激烈。旅行社出售的再也不是单纯的旅游产品，旅游体验、旅游服务越来越成为一种有价值的无形产品。人们有更多的出行选择，不再限制于跟团出游。当代人更加追求彰显个性，旅游出行的方式花样百出，例如骑行旅游、自驾游、自由行、穷游等，所以，旅行社不仅要在同行业中谋求发展，也要在各式各样的旅行方式中显示自身的闪光点。

企业顾客满意度研究能够使企业了解自身用户的满意度水平，为企业管理提供行动方向和具体的措施，从而增强竞争力，从众多竞争对手中脱颖而出。广东南湖国际旅行社有限责任公司（下文简称"南湖国旅"）是广东省知名的旅行社之一，出团量大，号称"广东最多"。但是出团量大很容易会导致"重量不重质"，毕竟每天要安排的出行人数较多，在行程安排上，例如在车辆、导游、住宿等安排上很容易有所忽略。而顾客并不会考虑旅行社经营安排上的困难，更多的人会以自己在整个旅程安排中的体验判断旅行社的优劣，并以此为依据做出以后的二次选择。为了旅行社的可持续发展，旅行社必须拥有一批忠诚客源；为此就要着重提高顾客满意度，深入了解顾客的购买和体验感受，总结归纳顾客的不满之处，争取做到精益求精、知错能改，进而赢取顾客的信任与忠诚。

第三节　研究目的

　　旅游满意度的提升是促进旅游业快速发展的有效途径。本文旅游景区选取华南国家植物园、广州长隆欢乐世界、广州白云山风景名胜区、广东丹霞山，酒店选择广州翡翠皇冠假日酒店和广州粤海喜来登酒店，旅行社选取南湖国旅，对游客满意度和员工满意度展开实证研究。游客流是旅游景区、旅行社和酒店的生命线，而游客满意度则是游客流的根本动力。具体来说，旅游景区、旅行社和酒店的游客满意度体现在多个指标上，例如景区的景观特色、交通条件、门票价格、娱乐设施等。开展对旅游景区、酒店和旅行社的游客满意度研究，从理论层面上来说，填补了此方面的研究缺陷，为旅游景区、酒店和旅行社的经营管理提供了方向指引；从实际应用价值来看，形成旅游景区、酒店和旅行社的游客满意度测评体系，有利于旅游景区、酒店和旅行社有针对性地发现问题并提出有效的解决对策。

第四节　研究内容

　　本文按照旅游满意度概述编、景区编、酒店编和旅行社编四大块对游客满意度展开实证研究。概述篇对满意度概念予以界定，介绍满意度相关理论以及旅游景区、酒店和旅行社相关理论，在此基础上分析影响游客满意程度的因素，进而分别建立各自的游客满意度测评体系。景区编主要包括华南国家植物园、广州长隆欢乐世界、广州白云山风景名胜区和广东丹霞山游客满意度测评研究。酒店编主要包括广州翡翠皇冠假日酒店和广州粤海喜来登酒店的满意度测评研究。旅行社编为南湖国旅的满意度测评研究。

　　除概述编外的各章末尾，均有各单项研究的"研究结论"或相关"结论与展望"，揭示广东旅游行业在游客满意度方面存在的不足，并由此对广东旅游行业的游客满意度方面的研究提出新的展望。

第五节　研究方法

本项研究综合运用旅游心理学、旅游资源学、统计学、旅游营销学等多种学科知识进行交叉分析和综合研究，主要采取了文献分析法、实地调查法、问卷调查法、定量分析法与定性研究等研究方法。

一、文献分析法

本项研究通过阅读大量国内外文献资料，对相关理论资料进行了深入的探讨和研究，形成了独立的研究框架结构。我们利用广东工业大学图书馆和广州图书馆的大量藏书，以及中国知网、万方网、外文数据库、百度文库、旅游网站等，根据关键字、下载次数、文献权威性、主题搜索等下载参考文献资料，并对文献作深入研究、分析和总结归纳，整理国内外众多专家学者对旅游景区、酒店和旅行社游客满意度的理论研究成果。这一方法为本项研究的游客满意度测评体系的构建和实证研究奠定了坚实的理论基础。

二、实地调查法

通过实地走访旅游景区、酒店和旅行社，对相关景区、酒店和旅行社内外状况进行了深入的资料搜索、归纳。这些宝贵的一手资料为本项研究的撰写提供了客观真实的数据基础。

三、问卷调查法

在文献分析和实地走访记录的基础上，为了确保研究资料的真实性、准确性和可靠性，本项研究皆采用了问卷调查形式进行第一手研究资料的收集工作。通过对这些问卷和数据进行回收、整理和分析，对游客或员工的满意度展开实证研究。

四、定量与定性研究

本项研究中的旅游满意度测评模型，基本上是在定性分析的基础上构建的定量测评模型。在具体事例的测评应用中，对定量模型的数据结果作出了定性分析与预测。本研究主要结合 Excel、SPSS 等统计软件对相关景区、酒店和旅行社的游客或员工满意度调查问卷数据进行统计处理和图表分析。

第2章　旅游满意度概念界定与国内外研究进展

　　旅游满意度的研究源于对顾客满意度的研究。随着现代旅游业的快速发展和竞争加剧，以游客为中心的理念逐步得到旅游行业的认同和重视。以游客为中心，即以游客的需求为出发点，开发设计使游客满意的产品和服务，从而稳定客源，实现规模化经营。

　　国外关于顾客满意度的研究始于20世纪60年代。后来学者开始把顾客满意理论运用到旅游业中，进而开展旅游满意度研究。经过几十年的发展，国外学者对游客满意度的研究已经达到了比较成熟的阶段。虽然各种研究的深度和广度有所不同，但目前国外对游客满意度的研究主要集中在四个方面：游客满意度的内涵、影响游客满意度的因素、游客满意度的结果因素，以及游客满意度的测评研究。

第一节　顾客满意度概述

一、顾客满意

　　不同的学者对顾客满意（customer satisfaction）概念有不同的理解，表2.1是对该概念的几种经典阐释。

表 2.1　顾客满意概念的不同定义

年份	研究者	顾客满意的概念
1969	Howard Shety	消费者对所付出的代价与所分享的收益是否合理进行评判的一种心理认知状态，即顾客满意是一种心理状态以及其相关概念的集合
1980	Oliver	顾客满意是一种心理状态，顾客根据消费经验所形成的期望与消费基本一致时而产生的一种情感状态
1992	Fornell	顾客对产品或服务购后和使用的一种总体评价
1993/1999	Oliver	消费者在消费过程的中对产品或服务满足需求程度的感受或反应
1997	Kotler	人们感觉状态下的一种水平，它是消费者对产品或服务所感知的绩效与期望相比较的结果，具体而言就是顾客对一件产品或服务的感知效果与他预期效果相比较形成的愉悦或者失望的感觉
2000	ISO9000	顾客对其要求已被满足的程度的感受

根据上述众多学者的观点，我们可以归纳出几点：①顾客是指实际消费的顾客，是实实在在参与到产品或者服务的体验的人。②顾客满意是一种感知和反应。③顾客满意的主体是顾客。④顾客满意是一种主观的心理状态。⑤顾客满意都有特定的兴趣点。⑥满意这种感受会产生在不同的时期，例如购物前、购物中、购物后；顾客对产品或服务的感知更多出现在购物期间或者购物之后，也就是说，顾客满意的形成可能在消费或者接受服务前、中、后三个阶段，以消费或者接受服务中后为主。

由上述众多学者的观点，我们可以概括出：顾客满意是顾客的一种心理状态，具有一定的主观性。顾客满意的形成有可能在消费前、消费中、消费后三个阶段，但是多数的顾客满意是产生在消费中和消费后的。

二、顾客满意度

顾客满意度，顾名思义，就是顾客满意的程度。Oliver（1980）将顾客满意度定义为顾客在消费过程中对实际效用与预期效用所形成的偏离程度的感受，这种感受最终体现为满意程度。但其实这是一个含糊不清的概念，因为人的感受属于意识范畴，是指顾客消费产品或者接受服务后的实际感受与其期望值相比较的程度，可以表示为：顾客满意度 = 顾客实际感受/顾客期望值。

当然，顾客满意度的影响因素很多都来源于顾客自身的感受，具有很强的主观性，而顾客期望值的形成，很多时候来自顾客本身的生活经验和个人观念，并且容易受到各种因素的影响。顾客满意度是顾客满意的一个更加量化的描述，在很大的程度上具有主观性，顾客的满意程度来源于期望值和实际感受的对比。

第二节　旅游满意度概念的界定

旅游满意度，也称为游客满意度，源自顾客满意度，两者的核心都是满意程度，只是一个应用于广泛领域，一个应用在旅游业。旅游满意度是以顾客满意度为基础对旅游者满意程度的专有描述，在服务质量管理理论和顾客满意理论的推动下，旅游满意度越来越受到学者的重视和研究。关于旅游满意度概念的界定，学者们从不同的角度进行了深入研究。

由于不同学者对旅游满意度理解和研究的角度及深度都有所不同，加上游客满意在某种程度上来说是属于意识范畴的研究对象，本身就具有不确定的特性，所以旅游满意度至今为止都没有一个众多学者达成一致的概念界定。

美国学者 Pizam 等（1978）提出游客满意度是游客游前对旅游目的地的期望和在旅游目的地的体验这二者之间相互比较的结果，如果体验符合或者大于游客的期望，则游客是满意的，反之，游客就是不满意的，这是首次在旅游行业对游客满意度进行科学研究和探讨。Beard 等（1980）进一步强调游客满意是"积极的"感知或感觉，是建立在游客期望和体验相比较的正效应基础上的。Swan（1981）从社会交换的角度探讨了满意度产生的原因，他认为游客将被感知到的旅游投入与旅游收获进行对比，如果投入与产出相符，就会产生满意感，反之则产生不满意。换而言之，将旅游满意度定义为游客实际获得的产出效用与投入相吻合的话，就可以达到较高程度的旅游满意度，如果投入较多而实际产出效用较低的话，则可以认为旅游满意度会大幅度降低，就是满意度受游客投入与实际获得之间的作用影响。从游客情感状态出发的话，就是游客游玩前的期望与游玩后的感受体验之间的比较，游玩获得的满足感高于前期期望则游客满意，反之不满意。Kingchan 认为，"作为个体的游客与旅游环境是否融合，既取决于个体的旅行期望和动机，又取决于旅游环境能够满足个体期望和动机的能力以及环境给予个体的实际体验。两者融合起来一致程度增大，游客满意度也增大"（李晓，2009）。另外，Hughes认为游客满意度具有相对性，即使旅游者的实际体验没有达到其期望，但旅游者仍然可以是满意的，他把满意度分为 3 个层次：非常满意、很满意和满意（江波、郑红花，2007）。

总而言之，外国学者对游客满意度的定义，都是从期望、动机、需求、愿望与实际体验后的感觉相对比，得出满意与否的感觉。他们强调的是游客的心理在体验前和体验后的对比，主要通过比较旅游期望和旅游体验得出结果，强调心理感受而不是旅游行为。随着研究的不断成熟，学者也开始研究不同层次的满意度：非常满意、很满意、满意等。

从上述种种研究和定义可以看出，国外对于游客满意度的定义关注的都是实际的旅游目的地环境是否满足游客的预期、动机和需要。简而言之，如果游客在游览过程中获得的实际感知体验符合或者大于游客的预期，则游客是满意的，否则不然。

国内学者对游客满意度内涵的界定也主要从游客的期望和感知差异进行探讨。李智虎（2003）认为，游客满意水平是游客从旅游活动过程中获取的实际体验结果与预期之间的差异程度，因而游客满意度实际上就是游客的旅游需求在得到满足之后所产生的愉悦感。符全胜（2005）认为游客满意度是旅游者在旅游中体验旅游地设施、旅游环境、服务和景观质量与游客预期期望的差异程度，当感知质量满足或者超出游客期望时，则处于满意状态，反之则处于不满意状态。万绪才等（2004）强调，游客满意度是游客对旅游景观、旅游基础设施、旅游环境、社会服务等的综合心理评价。沈万年（2018）认为，游客需求被满足后的心理状态即旅游满意，是游客在使用完或者消费完产品和服务之后，和之前对产品和服务的期望有清晰比较而产生的差值。赵艳林等（2016）认为，旅游满意度是游客在旅游接待区感受到的总体愉悦感，是基于游客对自己的旅游期望的满意程度。

综上所述，旅游满意度从形成机制上看是旅游者期望和感知的比较结果，最终表现为消费活动或体验结果。

第三节　旅游满意度相关研究概述

一、国外旅游满意度研究综述

国外关于游客满意度的研究始于 20 世纪 70 年代中期，以企业管理对忠诚顾客研究为基础。经过几十年的深入研究，国外对于游客满意度的测评研究已经比较成熟，研究体系成果越来越丰富多元。

Agyeiwaah 等（2019）采用结构方程模型方法，以泰国清迈烹饪学校 300 名国际游客为样本，研究了烹饪游客参与烹饪课程的前因与结果之间的关系。研究发现，烹饪游客的动机对烹饪体验和满意度有正向影响，而烹饪旅游体验与满意度和忠诚度呈正相关，表明游客参与烹饪课程的动机越强，体验价值和满意度感知越多。此外，在烹饪课上得到的经验越多，游客越满意和越忠诚。Heo 等（2019）采用个人访谈的方式探究楚家岛游客的旅游动机，并根据旅游动机类型探讨旅游活动与满意度、重游意愿之间的关系。结果表明，旅游动机因素与旅游活动因素之间存在正相关关系，且了解旅游动机与旅游活动之间的关系有利于促进游客的参与性。Canalejo 等（2018）以塞维利亚主要景点的游客为研究对象，通过建立模型从消费者的角度来评估旅游服务的感知价值和游客对旅游目的地的满意度和忠诚度，并证明该模型在这方面的适用性。研究表明，感知质量（以一种直接的方式）和预期质量（以一种间接的方式）会影响旅游目的地满意度和忠诚度。基于 0 到 100 量表测试满意度、忠诚度的新方法对于比较不同的旅游目的地非常有用。Saayman 等（2018）提出新的旅游满意度指标体系，分析了旅游满意度及其产生的原因和结果，特别是对游客主观幸福感的影响，扩展了关于游客体验和生活质量/主观幸福感影响的研究。研究利用结构方程模型的结果编制了旅游目的地总体满意度指数和旅游幸福感指数。研究发现，旅行对游客幸福感的影响越大，游客对目的地的忠诚度越高。不同的文化对旅行体验（满意度）以及旅行体验对主观幸福感的影响有不同的结果。与单独旅行者相比，团体旅行者有更积极的体验。Abou-Shouk 等（2018）以埃及的巴哈利亚绿洲/白沙漠和法尤姆为对象，探讨地方依恋的预测因子，并测量地方依恋及其预测因子对游客满意度的影响及其机制。研究显示，地方依恋能积极影响游客的满意度和重游率。Rasoolimanesh 等（2019）以马来西亚的一个文化遗产景点为背景，研究了游客参与的概念，并将其建模为一个二阶复合结构；他们在此基础上探讨了游客满意度和旅游目的地忠诚度之间的影响关系。结果表明，游客参与对游客满意度和目的地忠诚度有正向影响，并通过满意度揭示游客参与对游客忠诚度的间接影响。

二、国内旅游满意度研究综述

Iuliia（2018）以圣彼得堡为对象分析中国游客的旅游满意度；结果表明，景点维度对游客满意度的影响最大，住宿维度在模型中的预测能力较低。李瑶光和李坤杰以郑州绿博园为调查对象对该园生态环境等方面进行游客满意度调查，并针对其不足提出优化策略。徐静根据旅游活动的先后顺序，建立了预订服务、合同履行、购物体验等 12 个二级指标，采用 34 个三级指标对北京一日游游客满意度进行了测量；结果表明，预订服务、旅游体验、合同履行、导游服务和购物体验与满意度呈正相关，同时 5 个潜变量两两之间也存在较高的相关性。金锡钟从旅游行为研究的角度，构建相关的变量测量指标体系和研究模型，探讨中老年游客满意度等因素同主观幸福感的关系；结果表明，中老年游客的旅游动机对满意度和旅游体验有正向影响，满意度和旅游体验对主观幸福感有正向影响。王杨了解游客对黑龙江雪村旅游的需求以及对雪村旅游的期望后，分析了问题所在并提出提高中国雪乡游客满意度的对策建议。图娅将游客满意度归纳为旅游景观、环境气氛、餐饮、旅游纪念品、住宿、娱乐、交通通信、旅游服务与管理等 8 个方面，并构建了"旅游满意度"与"再访问意向"的模型，以中国游客再访蒙古国的旅游满意度对再访问意向的影响为主要研究内容；研究结果显示，蒙古国餐饮满意度、住宿满意度、环境和娱乐满意度，以及交通和旅游服务都对中国游客的再访意愿有显著的正向影响。

综上所述，国内外学者从不同的角度研究旅游满意度，有些学者实证分析测评模型，结合实际问题进行具体分析，促进了现实问题的解决和理论的发展。

第四节　旅游满意度影响因素的研究进展

一、国外研究概况

国外学者在研究影响游客满意度的因素方面有较为丰富的成果。和游客满意度的内涵研究一样，研究人员从不同的角度对影响游客满意度的因素提出了多种理解和认识。虽然这些学者对影响游客满意度的因素的研究角度和深度有所不同，但他们对于影响游客满意度的因素的研究大致是从游客期望、感知质量、感知价值、旅游地形象等前提因素对于游客满意度的影响作用来展开。

其中，研究期望对游客满意度影响的代表作有：Oliver（1993）指出顾客对于产品和服务的期望对顾客满意度有着直接的影响，顾客期望是顾客满意度评价的标准。Woodruff 等研究的期望分为三类，分别是对最佳的同类产品或服务成绩的期望、对一般的同类产品或服务实际的期望、对某个产品或服务的正常实际的期望（刘瑞新，2014）。Boscue 等（2006）探讨了旅行社游客期望的形成过程、影响因素，以及期望、满意度与游客忠诚之间的关系，指出游客期望是影响游客满意度的前提因素。研究期望差异的代表作有：Kozak（2001）总结了游客满意度研究的四种方法，分别是期望差异模型（EDM）、差异绩效模型（DPM）、重要性—绩效分布（IPM）和绩效方法（IA）。Oh 和 Parks（1997）对相关文献进行了综述，指出主要有 9 种游客满意度研究理论，包括同化或者认知模型差异理论、对比理论、同化对比理论等，其中期望差异理论运用得最为广泛。

Pizam 等（1978）对马萨诸塞州的科德角海滩的游客进行调查，得出影响游客满意度的因素有 8 个：海景、旅游环境、好客度、游憩、费用、住宿设施、餐饮设施、商业化程度。Anderson（2000）认为感知质量是影响游客满意度的重要因素。帕拉休曼和 Grewal（2000）认为感知价值不仅影响游客的选择行为，而且影响满意度和重购行为。Lee 等（2000）认为旅游地形象与感知质量之间存在正相关关系，从而产生的游客满意度和行为倾向。Devesa 等（2010）运用聚类分析方法，发现旅游动机是影响游客满意度的重要前提变量。Akama 等（2003）还提到游客对旅游目的地的满意度除受产品和服务质量的影响之外，还受价格和感知价值的影响。Andreassen 等则认为游客预期对游客满意度具有重要影响（李琼，2011）。

综上所述，国外研究中，影响游客满意度的因素大体上可以总结表述为游客预期、目的地形象、质量、感知价值等。

二、国内研究概况

国内学者主要以旅游者或旅游景区为研究对象对影响游客满意度的因素进行研究。旅游满意度受很多因素的影响，除游客自身的因素以外，还包括旅游目的地的软硬件设施和产品服务质量等客观因素。关于对旅游满意度影响因素的研究，我国学者在借鉴国外相关研究经验之外，大多数采用因子实证分析法、专家法进行，因此大部分的研究具有很高的相似性。

董观志等（2005）认为游客满意度是指游客对旅游景区的景观、娱乐、接待服务、基础设施等方面满足其旅游需求程度的综合体验评价。彭文英等（2008）通过借鉴 ACSI 模型，得出旅游者在旅游目的地的实际感知体验质量和旅游景区形象在很大程度上影响旅游者满意度的结论。张宏梅等（2010）研究了旅游动机、游客涉入和游客满意度之间的关系，发现了旅游动机正向影响游客涉入，游客涉入正向影响游客满意度，游客涉入对旅游动机和游客满意度之间的关系起到中介作用。南剑飞（2008）认为旅游景区游客满意度是游客对旅游景区所提供的产品或服务（旅游景观、基础设施、娱乐环境和接待服务等方面）满足其旅游活动需求程度的综合心理评价。刘俊等在期望差异模型的基础上进行了 RBD 顾客满意度的研究（杨洋，2012）；李晶博等（2008）以张家界国家森林公园为例研究了不同利用水平下游客的拥挤感知与游憩利用影响感知，并探讨了其对游客总体满意度的作用。

三、国内外研究小结

根据国内外的研究经验和成果可知，影响游客满意度的因素归结起来有两大方面：游客的主观因素和旅游目的地的客观因素。游客的自身因素包括年龄、个性特征、个人兴趣、受教育程度、旅游经验、出游动机等，而客观因素则包括旅游地的交通、旅游设施、旅行价格、旅游环境等，两者共同联

动地影响旅游者的实际旅游感知。（见图2.1）

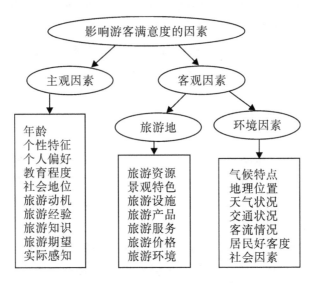

图2.1　旅游满意度的影响因素

第五节　旅游满意度测评的研究进展

一、国外研究概况

影响游客满意的因素很复杂，因而游客满意度是多维度、动态和难测度的。国外学者针对旅游满意度的测评研究主要集中在对测评因子的分析、对满意程度的评价以及构建相应的测评模型等几方面。Baker 等在对游客满意度的研究中提出旅游地的基础设施、娱乐设施、接待服务、环境、旅游景观等是重要的影响因子，游客满意度取决于这些因子是否能够满足游客的旅游活动需求和游客的综合评价（戴斌，2012）。Hughes 认为满意度是相对的，即使旅游者的实际体验低于预期期望水平，但旅游者有可能是满意的，只是满意的层次不一样：非常满意、很满意和满意（江波、郑红花，2007）。

在测评模型上，美国密西根大学商学院国家质量研究中心研究开发的美国顾客满意指数（American Customer Satisfaction Index，ACSI）测评模型得到公认和推广。在测评方法上，目前顾客满意测评使用方法主要有 SERVQUAL（服务质量）、SERVPERF（服务绩效）、Importance Performance Analysis（重要性—绩效分析）等 3 种。在测评模型上有 Fornell 以 1989—1991 年的瑞典顾客满意度指数（Swedish Customer Satisfaction Index，SCSB）测评模型，美国密西根大学商学院国家质量研究中心研究开发的美国顾客满意指数测评模型，1998 年首次在欧洲发表的欧洲顾客满意指数（European Customer Satisfaction Index，ECSI）测评模型（马峻，2007）。

　　旅游满意度的测评体系来源于对顾客满意度的研究。1980 年，奥利弗提出了实绩—期望模型，是国外较为早期的最具代表性的顾客满意理论模型。1984 年，东京理工大学教授 Noriaki Kano 提出了典型的定性分析模型——Kano 模型：产品和服务质量分为当然质量、预期质量和惊喜质量（袁纳，2012）。随后 SERVQUAL 模型对顾客满意度进行了延伸，在全面质量管理理论的基础上专注于服务行业的顾客满意研究（陈燕丽，2007）。1989 年，瑞典统计局首次建立全国性顾客满意度指数模型——SCSB 模型，包含 5 个变量：表现感知、顾客期望、满意度、顾客投诉、顾客忠诚（王明康，2014）。迄今为止，最具代表性应用最为广泛的是 Fornell 等在 SCSB 的基础上建立的美国顾客满意度水平的综合评价指数模型——ASCI（参见图 2.2），由四个层次（全国 CSI、经济部门 CSI、行业 CSI、组织 CSI）构成，包含 6 个潜在变量（马峻，2007）。

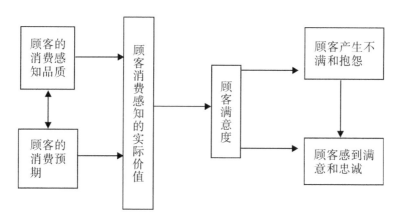

图 2.2　ASCI 顾客评价指数模型

SERVQUAL 方法由帕拉休曼等提出，后经帕拉休曼等进行改进，由 5 个因子、22 个测量量表构成。SERVQUAL 模型被广泛使用于饭店、航空公司、国家公园等的游客满意度测评中。可以通过服务属性的测度帮助旅游目的地管理人员分析和改善服务质量，进而提高游客满意度，是一个有效的管理工具。Akama 等（2003）运用帕拉休曼等的 SERVOUAL 模型对肯尼亚 Tsavo West 国家公园的游客满意度进行测度和服务质量分析，该模型含有 7 大属性、28 个指标，采用从非常不满意到非常满意共 7 个不同的量度供游客选择和打分，通过收回的有效调查问卷计算 P 和 E 的得分，最终根据公式 $SO = P - E$ 得到服务质量（SO）得分。关于游客满意度的测度，Tavite 等指出："对游客满意度不能只是关心具体的数值，而应当将满意度测度作为综合管理计划的重要部分。"IPA 方法由马提拉等于 1977 年提出，从顾客感知服务的重要性和顾客感知服务的绩效两个指标来对满意度进行测评。纳什等、汤戈和毛瑞等先后以饭店和公园为例，使用 IPA 方法对游客满意度进行了测评。

二、国内研究概况

国内学者对游客满意度的测评研究主要是借鉴美国的顾客满意度指数模型 ACSI，并根据实证研究情况建立新的适用性测评体系。董观志和杨凤影（2005）应用层次分析法，构建了旅游景区游客满意度的模糊综合评价指标体系，分为 3 个层次，即游客总体满意度指标、项目指标（食住行游购娱、形象、服务、设施）、评价因素指标。南剑飞构建了旅游景区游客满意度测评模型 TSI 模式，由形象满意度、服务满意度、景观满意度共同组成，并构建了 TSD 模型。连漪和汪侠（2004）在充分借鉴 ACSI 的基础上，结合旅游景区和旅游业的特点，对顾客满意度模型进行调整和改进，构建了旅游地游客满意度模型即 TDCSI，由输入变量（游客期望、游客体验、游客感知价值）和结果变量（游客满意度、游客忠诚、游客抱怨）这两部分内容组成；这是目前为止国内较具权威性、应用相对广泛的测评模型。除此之外，杜金玲（2008）综合分析了酒店行业的服务特点，在借鉴赫茨伯格双因素理论和服务差距模型的基础上，提出了"基于双因素的顾客满意模型"。

三、国内外研究小结

由 Fornell 等人提出的美国满意度测评体系 ACSI 迄今为止应用最为广泛，著名学者汪侠（2012）在此基础上，结合中国旅游地发展现状和旅游业"食、住、行、游、购、娱"六大要素，提出了旅游地游客（顾客）满意度测评模型（Tourism Destination Customer Satisfaction Index，TDCSI），这个模型最具代表性和权威性（参见图 2.3）。

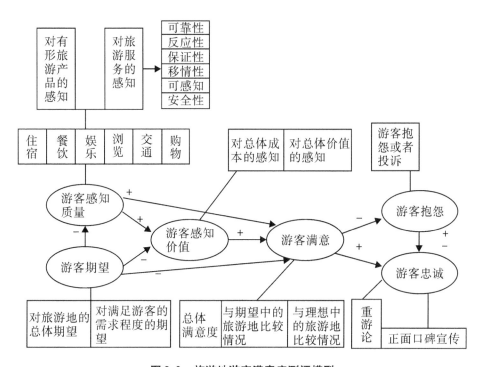

图 2.3　旅游地游客满意度测评模型

由图 2.3 可以看出，游客期望、游客体验和游客感知价值这三者是前提变量，直接决定着游客的满意程度。游客满意度、游客抱怨、游客忠诚是结果变量。游客期望、游客体验和游客感知价值直接影响游客满意度、游客抱怨和游客忠诚。游客体验、游客感知与游客满意度之间呈正相关状态，游客体验程度和感知价值越高，则游客的满意程度就越高，而游客体验和感知价值越低，则游客满意度就越低。此外，游客期望与游客满意度呈负相关状态，期望越高，游客的满意度越低。另外，3 个前提变量也存在着某种关系。游客期望越高，游客的体验就越低，反之则越高。此外，游客期望、游客体验和游客感知价值之间呈负相关关系，游客的期望和体验越高，游客对旅游价值的感知就会降低。与此同时，3 个结果变量也存在相关性。由图 3.3 可以看出，游客满意度和游客抱怨呈负相关关系，游客满意度越低，游客抱怨相应增加；而游客满意度和游客忠诚呈正相关状态，游客满意度越高，则游客忠诚度就会越高。

第六节　国内外研究进展综合评价分析

20 世纪 70 年代中期，Pizam（1978）首次把顾客满意度理论引入旅游研究领域，经过近半个世纪的发展，越来越多的学者进行补充扩展，旅游满意度的测评研究已经进入一个相对成熟的阶段，测评体系越趋独立完整。尽管国内旅游业起步较晚，但经过对国内外经验的充分借鉴，并根据旅游地的个别情况加以深入研究，国内的游客满意测评取得了相当大的进步。纵观国内外研究成果，我们发现，对于旅游满意度的测评研究，都经历了从概念内涵的争议界定、游客满意度影响因子的探究测定到各类实证研究方法的建立和应用，再到游客满意度测评模型的构建革新等阶段，由浅入深，在每个阶段都取得了相应的进展。国内外对旅游满意度的研究是一个不断创新、改进的过程。虽然已经取得较大进步，但还是存在诸多不足和问题，归结为以下几点。

（1）测评模型大同小异。纵观国内外的测评模型，基本都以美国顾客满意指数模型 ACSI 为参照模板，在这个基础上进行模仿甚至抄袭，而忽略了旅游地的客观现实。这样的做法直接导致了测评结果的失效，既浪费了人力物力财力，还有可能对旅游地的发展造成错误的指导。

（2）研究方法陈旧落后。对于测评因子的选取，大部分的研究案例都没有考虑到旅游目的地的实际情况，而是盲目地参照前人经验，不加分析地进行选取，导致不能有效发现影响游客满意度的核心因素，研究的意义不大。除此之外，很多研究方法都已经沿袭多年，说法不同但实质相同，并且没有多大程度的创新，导致研究方法跟不上现状的发展，无法给旅游目的地带来最大的效益。

（3）研究视角不够新颖。旅游满意度测评研究的视角目前来说仍然集中在期望—差异方面，没有从新的角度入手，研究成果非常受限。研究的角度千篇一律，大部分学者偏重于研究影响游客满意度的功能质量和技术质量，而忽略了其他方面的对游客满意度的影响，例如人口学特征分析的较少。

（4）虽然很多研究用到了定量研究和定性研究，但是很多定量研究过分追求数据，研究中都用 SPSS 数据分析机械化地堆积自己的研究成果。

第3章　旅游满意度的评价模型与相关理论

　　根据相关研究理论，旅游满意度实质上是一种心理活动，满意程度取决于游客的预期期望和游客实际感知效果之间的契合度，可以用公式表示两者之间的关系，即游客满意度＝实际感知效果/游客期望。这个公式说明了三种结果：①实际感知低于期望，游客就会不满意，满意度低于1；②实际感知等于期望，即游客满意，满意度达到1；③实际感知大于期望值，游客很满意，满意程度超过1。

　　旅游满意度包括总体满意度和单项满意度，其测度涉及指标体系和测评模型。准确测评旅游满意度是改进游客满意度的基础。因此，测评指标研究一直是旅游满意度研究的一个热点。由于旅游地的多样性、旅游研究对象的复杂性，旅游满意度测评具有多维度、动态性和难以测度等特点，旅游学者对不同类型的旅游地、不同种类的游客满意度测评进行了细致的研究。

　　最早的顾客满意度测评模型是 Fomell 以顾客期望、顾客感知、顾客满意、顾客忠诚、顾客抱怨5个因素设计的瑞典顾客满意度指数计量经济学模型。在此基础上，Fomell、Johnson 等利用感知质量、感知价值、顾客期望、顾客满意、顾客忠诚、顾客抱怨之间的关系构建了美国顾客满意度指数（American Customer Satisfaction Index，ACSI）的计量经济学模型。该模型将影响顾客满意度的诸因素嵌入一个因果关系系统，通过统计分析和实证结果确定这些因素与顾客满意度指数（Customer Satisfaction Index，CSI）之间的关系，用多元线性回归的方法确定与顾客满意度相关的指标及相应的权重，从而给出顾客满意度指数的测评方法。这些方法都有不足之处，如要求数据量大、要求样本服从某个典型的概率分布、数据计算量大等。因此，随着顾客满意度测评研究的不断深入和其他科学测评方法的产生，多元统计分析逐渐被取代。

第一节　ACSI 模型简述

一、ACSI 模型的内涵

ACSI 是 American Customer Satisfaction Index 的英文缩写，是用消费者的消费经验来衡量产品和服务的质量的。一个独立企业的顾客满意度指数（customer satisfaetion index，CSI）体现了它所服务的市场（顾客）对购买与消费情况的总体评价，包括产品的实际使用情况和对产品的期望（如图 3.1 所示，参见前文图 2.2）。

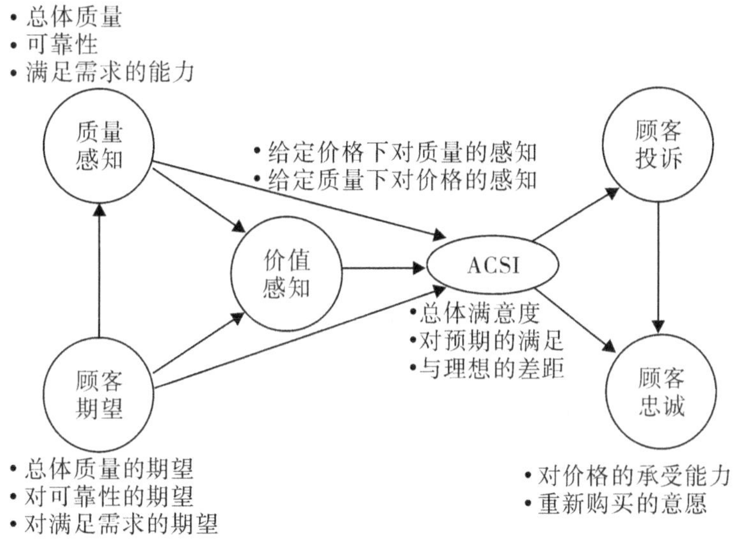

图 3.1　ACSI 模型示意

二、ACSI 模型的特点

ACSI 有两个前提条件以使得总体顾客满意度指标具备统一性和可比较性。

（1）满意度是一种来源于顾客的评价，不能被直接观测，因此 ACSI 将总体满意度看作一个潜变量，用多重指标的方法来测量。测量结果是潜变量的分数，可以用测量结果对各个企业、行业、经济领域和国家的顾客满意度情况进行比较。

（2）作为一个全面测评顾客满意度的方法，ACSI 不仅考虑到实际消费经验，更注重对未来前景的预测。ACSI 模型结构的建立以因果关系为基础，模型中，ACSI 被置于一个因果关系链中以使结果具有预测性。因果关系链始于影响顾客满意度的前期因素，即顾客期望、感知质量和感知价值，终于顾客抱怨和忠诚。ACSI 位于这条因果关系链的中心。通过这种设计，ACSI 可以获得目标市场对企业所提供的产品和服务的评价，包括对历史情况的评价以及对未来情况的预测。

三、ACSI 模型变量说明

如图 3.1 所示，ACSI 模型分为结构模型和测量模型两个部分。感知质量、感知价值、顾客期望、总体满意度、顾客抱怨和顾客忠诚以及他们之间的关系构成了 ACSI 模型的结构。结构模型中的每个变量均是隐变量，不能直接测量，因此也叫作潜变量。潜变量需要通过多个相关可测指标来测量，所以，这些与潜变量相关的测量变量与潜变量就构成了测量模型。结构模型中的感知质量、感知价值和顾客期望是总体 ACSI 的三个决定因素。感知质量是总体顾客满意度的首要决定因素。感知质量即接受服务的顾客群体对近期消费经历的评价，这对总体顾客满意度有着直接的正向影响。

感知质量可以通过三个问题即整体质量、可靠性、产品和服务满足顾客需求程度（定制化）来衡量。感知价值是总体顾客满意度的第二个决定因素，或者称为与价格相关的产品质量的感知水平。将带有价格信息的感知价值加入 ACSI 模型中，增加了 ACSI 分析结果在企业、行业和地区间的可比性。

感知价值通过给定价格下的质量和给定质量下的价格两个方面来测量。

与感知质量相同，感知价值与顾客满意度之间存在正相关关系。

顾客期望是总体顾客满意度的第三个决定因素。顾客期望体现了两方面内容：一方面是对企业提供的产品的先验的消费经历，包括来自如主要媒体、广告、促销人员和其他消费者的口碑的非经验信息；另一方面是对企业未来能够提供的产品质量的预测。因此，顾客期望既是回顾性的，又是前瞻性的。由于顾客对未来产品质量的期望影响着整体的顾客满意度，因此，顾客期望对于企业与其顾客群未来关系的发展至关重要。期望的预测作用同样表明了他对总体顾客满意度有正向影响。

另外，这三者之间还存在着顾客期望影响着感知质量并最终影响着感知价值这样的关系。顾客满意度是指顾客的感觉状况水平，这种水平是顾客对企业的产品及服务的绩效和顾客的期望进行比较的结果。顾客抱怨和顾客忠诚均是顾客满意度水平高低的结果表现。顾客抱怨的测量是指在一定时间内顾客对所测评企业的产品或者服务产生不满，并提出不满的比例。顾客满意度与顾客抱怨之间呈负相关关系。顾客忠诚通过考察在不同价格水平上，企业产品和服务被购买的可能性来测量。顾客满意度对忠诚有正向的影响，但是这种影响对于不同企业和行业来说差异较大。

四、ACSI 模型指标体系

在 ACSI 模型中，美国顾客满意度指数为一级指标，顾客期望、质量感知、价值感知、顾客满意、顾客抱怨、顾客忠诚 6 个隐变量为顾客满意度指数测评的二级指标，与其对应的显变量为三级指标，问卷中三级指标对应的各问题为四级指标。ACSI 指标体系见表 3.1。

表 3.1　ACSI 模型指标体系

一级指标	二级指标	三级指标	四级指标
美国顾客满意度指数	顾客期望	总体期望 个性化期望 可靠性期望	问卷中三级指标对应的各问题
	质量感知	总体质量感知 质量个性化感知 质量可靠性感知	
	价值感知	给定质量下对价格的评价 给定价格下对质量的评价	
	顾客满意	总体满意度 实际感受同预期水平相比后的满意度 实际感受同理想水平相比后的满意度	
	顾客抱怨	顾客抱怨与否	
	顾客忠诚	重复购买的可能性 向他人推荐的可能性 价格变动忍耐性	

第二节　游客满意度评价方法——IPA 分析法

IPA 分析方法全称为"重要性—绩效分析"方法（Importance – Performance Analysis），是 Martilla 和 James 在分析机车业产品属性研究中提出的。IPA 分析方法的要点是：将重要性测量与绩效分析在一个二维的方格图中相结合，增强数据的解释力度，能够提出实际的建议。该分析的程序如下：

第一步，数据收集。首先是确定评价的产品、服务或特色。然后选择重要顾客，并请他们对相关问题进行两次评分：一次是评价产品或服务的重要性，另一次是对产品或服务的绩效打分。分值范围为 1 ～ 5 分。评分的具体标准如表 3.2。

表 3.2　产品与服务评价表

重要度	绩效
5——必需	5——大大超过期望
4——重要但不是必需	4——超过期望
3——有一些重要	3——满足期望，足够的
2——愿意拥有，但不必需	2——有待提高
1——不需要	1——缺乏一致性

第二步，以同样的标准，自己（供方）给产品和服务的重要性及绩效打分。计算顾客和供方每个回答的平均值，并将得分情况记入表中。（见表 3.3）

表 3.3　重要性—绩效评分表

服务	供方给重要性打分	顾客给重要性打分	供方给绩效打分	顾客给绩效打分

第三步，利用矩阵进行重要性—绩效分析。

位于象限Ⅰ表示最令人满意。顾客认为位于这一象限的产品或服务对他们最重要，而且做得很不错。

位于象限Ⅱ表示需要改进。顾客认为位于这一象限的产品或服务对他们重要，但做得不够好。

位于象限Ⅲ中的产品或服务需要改进，但重要性程度低于象限Ⅱ中的产品或服务。

位于象限Ⅳ中的产品或服务的资源可以转移到其他更重要的产品和服务中去，因为这一象限的产品或服务做得好，但重要性不高，相关资源可以转移出去。

第三节 员工工作满意度理论基础

员工工作满意度的理论研究，是国外管理学界和组织行为学界在人力资源管理激励理论和管理心理学的基础上创造的。员工工作满意度研究的主要成果，基本上都是基于以下两个著名的激励理论而取得的：内容型激励理论和过程型激励理论。

内容型激励理论主要研究的是哪些需要激励人们努力工作，进一步解释激励员工努力工作的具体需要是什么。这一理论研究识别了人们的需要，以及为了满足这些需要所追求的目标。其最具有代表性的理论基础包括马斯洛需要层次理论、奥尔德弗 ERG（existence-relatedness-growth）理论和赫兹伯格的双因素理论。

过程型激励理论的研究重点则主要放在激励的真实过程中，探索人们的行为是如何被激发出来并得以延续的，试图识别激励的各个动态变量之间的关系。其最具有代表性的理论主要有弗鲁姆的期望理论、亚当斯的公平理论、洛克的目标设置理论和斯金纳的强化理论。

一、需要层次理论

亚伯拉罕·马斯洛（Abraham Harold Maslow）在 20 个世纪 30 年代时梅奥研究霍桑试验提出"社会人"假设的基础上，针对个体的开发和激励进行比较系统的研究，创造性地提出了需要层次理论。马斯洛认为，人类的需求具有多样性和层次性，由生理需求到心理需求，由低层向高层不断发展及变化。通过多年的不断完善，他最终构建了一个从低级需要到高级需要的等级性的结构，具体内容包括：

生理需要（the physiological needs）：是任何动物都有的需要，但人类的这种需要与动物的需要所表现的形式不同，包括温饱和其他身体的需要。

安全需要（the safety needs）：是保证自己免受身体和情感伤害的需要，包括现在生理、心理安全的需要，未来生活有保障的心理安全的需要。

社交需要（the social needs）：亦被称为爱的需要。人具有社会属性，期望在社会生活中受到别人的关心和接纳或者同情和友爱等，并寻求感情上的归属，包括爱、友谊、归属和接纳等情感需要。

尊重需要（the love needs）：包括外部尊重因素，如社会地位、外界关注；内部尊重因素，如自主性、自尊和成就感。

自我实现需要（the needs for self-actualization）：是一种追求个人能力发挥极限的内在驱动力，包括成长与发展、发挥自身潜能和自我价值实现的需要。

这五种需要可以归为两个层次：生理需要、安全需要通过外部就可以实现，属于低一级的需要；而社交需要、尊重需要和自我实现需要则只有通过内部因素才能满足，并且这种需要是无止境的，属于高级需要。人的需要是多样的、变化的和发展的，因此同一时期可能存在几种不同的需要，但在某一特定阶段，占据需要主导地位的只会有一种需要。人在其低层次的需要得以基本满足之后，他们的需要便会向更高层次的需求发展，那些曾为了满足其低层次需要而采取的举措，便不再能够对他产生吸引力和激励作用。

虽然亚伯拉罕·马斯洛的需要层次理论基本揭示了人类需求的特征和发展变化规律，但由于人性的多样性、复杂性和变化性，具体到每一个个体，差别还是很大的。人们的出身环境、文化水平、价值观念和意识形态的不同，决定了他们的具体需要和满足需要的过程也不可能完全相同。就某一个人而言，需要也不一定完全是一个由低到高的过程，而会出现跳跃或反复。一些人始终在低层次需求阶段停滞不前，另一些人则不断努力相继实现更高层次的需求。

后来学者对马斯洛需要理论进一步丰富和发展，将它作为一种分析问题的工具应用到组织行为的实践中，将员工的合理需要与组织目标结合起来，引导和维持员工的工作热情，提高组织的整体效率，有效实现组织目标。

二、奥尔德弗 ERG 理论

20 世纪 60 年代末，耶鲁大学的克雷顿·奥尔德弗（Clayton Alderfer）教授在马斯洛提出的需要层次理论的基础上，提出了一种新的需要层次理论。奥尔德弗认为，人们共存在三种核心的需要，即生存需要（existence needs）、关系需要（relatedness needs）和成长需要（growth needs），因而这一理论被称为 ERG 理论。生存的需要是指人们基本的物质生存需要，包含一切生理需要和物质需要，它包括了马斯洛提出的前两种需要（生理需要和安全需要）。第二种需要则是关系需要，即指人们之间的人际关系的需要，包括马斯洛的社会需要和自尊需要的外在部分。最后，奥尔德弗把成长需要单独划分出来，它表示提高和发展人类自身的需要，包括马斯洛的自尊需要的内在部分和自我实现需要。

奥尔德弗 ERG 理论将三种需要代替了马斯洛需要层次理论中的五种需要，并不是简单加总，而是将需要划分为内外两部分，并将其内在部分归入成长需要，外在部分归为关系需要。他阐明了两个重要的观点：

第一，多种需要可以同时存在，程度各有不同，共同交织对人的行为产生作用，并且人们的教育、家庭背景和文化环境不同，某类需要对某个特定的人的重要性或产生的驱动力是不同的。

第二，当高层次需要未能得到满足时，低层次的需要反而变得更加强烈。ERG 理论认为，需要变化是遵循"上升—受挫—回归"的规律，第一层次的需要满足后会上升到高一个层次的需要，较高层次的需要受到挫折后，会产生倒退现象，更加看重较低层次的需要。奥尔德弗曾指出，如果一个人的关系需要受到挫折，那他会更关心自己的工资、工作条件和福利待遇等。因此，管理者应该关注人的需要结构的变化，并根据每个人各自的需要而区别采取管理策略。

三、双因素理论

双因素理论（two factors theory）也被称为激励保健理论（motivator-hygiene theory），是美国行为科学家弗雷德里克·赫兹伯格（Fredrick Herzberg）于 20 世纪 50 年代末提出来的。赫兹伯格进行了大量的访谈、调查、研究和分析，以需要五层次理论为基础，将决定员工工作态度的影响因素大致上分为两类：激励因素和保健因素。

激励因素是指能让员工感到满意的因素。如工作成效、领导欣赏、同事认可、晋升提拔、自我成长、责任感等，这些因素能够让员工对他所从事的工作产生满意感，激发员工工作的热情，提高工作效率。

另一类则是保健因素，通常是指引起员工不满的因素。如工作环境、工作条件、管理水平、安全程度等，这些因素能够消除员工对他所从事的工作产生的不满意感。同时，赫兹伯格指出，员工的不满意感被消除也不一定就能提高员工的满意度，因此，保健因素再好也必须通过激励因素才能提高员工的满意度，只有充分发挥激励因素的正面作用，才能有效提升员工的工作满意度，从而提高他们的工作热情，产生巨大的工作效率。随着人力资源管理理论的不断发展，那些研究工作满意度的学者越来越重视双因素理论的应用。

企业在制定员工激励办法的过程中，可以充分参考借鉴双因素理论。但应该注意，双因素理论会受到社会经济发展条件的影响和制约，被一些地区或国家认为是保健因素的，在另一些地区或国家却很可能是有着较强激励作用的激励因素。因此，对"双因素"的构成要因地制宜，而不能机械化、绝对化。

四、期望理论

美国心理学家弗鲁姆在 20 世纪 60 年代中后期首先提出了著名的期望理论。该理论指出，只有当人们预期到通过某一特定行为能给他个人带来具有足够吸引力的既定结果时，他才会执行这一特定行为。也就是说，人们在预期到他们的某一特定行为能够有益于实现某个特定目标并从中得到理想收益时，他们才会被收益所激励而认真执行这一特定行为。目标越容易实现，收益预期越高，则动力越强；否则，动力越弱。

五、公平理论

20 世纪 60 年代末，美国行为科学家斯戴西·亚当斯（J. S. Adams）在《社会交换中的不公平》《激励与工作行为》等著作中提出了激励的公平理论，该激励理论着重研究报酬分配的合理性、公平性对员工积极性会产生何种程度的影响。

该理论的基本要点是：当一个人经过努力做出成绩并取得报酬以后，他不仅关心自己所得报酬多少即绝对量，还会与他人所得的报酬进行比较，即关注所得报酬的相对量。员工的工作动机同时受到其所得绝对报酬和相对报酬的影响。

第二编

旅游景区满意度研究

　　游客对华南国家植物园、广州长隆欢乐世界、广州白云山和广东丹霞山景区的旅游满意度调查为基本满意，但这些景区仍有很大提升的空间，需要通过采取相应的策略加以改进。

游客满意度是衡量旅游景区经营成功与否的关键性指标之一。然而，现在很多旅游景区都只注重眼前的利益，节假日时会无限制地让游客进入景区；由于缺乏激励机制，景区的工作人员服务态度恶劣，于是越来越多的景区的游客满意度亮起了红灯，游客投诉和游客抱怨不断增加。在旅游景区发展过程中要以科学发展观为指导，坚持以人为本，重视旅游活动中"人"的满意度的提升，以此来提高旅游景区的美誉度和知名度，达到稳定客源的目的。

　　主题公园是为满足人们休闲需求而诞生的。1955年，美国西海岸加州迪士尼乐园建成，自此引起广大学者和企业对主题公园的研究。我国第一家真正意义上的主题公园是1989年在深圳开园的锦绣中华，它在当时成为一个成功的典范。对它的研究拉开了我国对主题公园的研究序幕，众多企业看到了希望，纷纷投身主题公园的建设。我国主题公园的建设与研究仅仅30年历史，相对于西方发达国家来说还有着一定的差距，但是我国有着巨大的发展潜力。

　　旅游业现已经成为拉动国民经济增长的新增长点。在2018年，旅游业为全球GDP贡献了10.4%的份额，而我国旅游业对国家GDP的综合贡献更是达到了9.94万亿元，占我国GDP总量的11.04%。旅游业也为我国创造了许多就业机会，缓解了社会就业压力。据统计，我国旅游直接和间接就业人数达7 991万人，占全国就业总人口的10.29%。但是，即便是拥有如此惊人的数据，我国的旅游市场还远远未到饱和状态。除了利用原有的山水、人文等资源建造的景区外，许多新的旅游吸引物被创造出来用以满足游客休闲娱乐的需求。其中，主题公园比较引人注目，因为具有吸引力和影响力的主题公园会起到集群作用，带动周边房地产、商业的发展。

　　2018年我国发布《关于规范主题公园建设发展的指导意见》，将主题公园定义为以营利为目的兴建的，占地、投资达到一定规模，实行封闭管理，具有一个或多个特定文化旅游主题，为游客有偿提供休闲体验、文化娱乐产品或服务的园区。主题公园分为：以大型游乐设施为主体的游乐园，大型微缩景观公园，以及提供情景模拟、环境体验为主要内容的各类影视城、动漫城等园区。该指导意见明确提出，政府建设的各类公益性的城镇公园、动植物园等不属于主题公园。一个成功的主题公园一定是极具竞争力的，极具竞争力的主题公园必定具有足够的吸引力和影响力，提升主题公园的竞争力才是制胜的关键。提升竞争力可以从多方面入手，如服务质量管理、硬件设施建设与维护、客户关系管理等，而这些方面可以通过测评游客满意度来判断相关策略是否行之有效。近年，除大量关于主题公园旅游满意度的研究之外，还有学者进行了关于主题公园个性化服务设计的研究，为景区管理提供了新的主题公园管理思路。

本研究中的景区旅游满意度测评研究对象包括华南国家植物园、广州长隆欢乐世界、广州白云山风景名胜区和广东丹霞山。华南国家植物园距离广东工业大学龙洞校区很近，因而被优先选为研究对象。其次，广州长隆欢乐世界是非常有代表性的机械类主题公园，而且备受欢迎。广州白云山风景名胜区是广州具有代表性的景区。广东丹霞山被誉为中国的红石公园，作为广东省四大名山之首，既是丹霞地貌的命名地，也是国家 5A 级景区、世界自然遗产和世界地质公园，因而具有研究的代表性。

第4章　2016年华南国家植物园的旅游满意度测评研究

华南国家植物园是全国三大植物园之一，庞大的园地规模以及丰富的植被种类使其成为"广州市十佳旅游景点"之一，旅游发展的势头越来越好。但是通过文献资料的搜集整理发现，关于华南国家植物园游客满意度的研究资料和内容基本处于空白状态，这对于华南国家植物园旅游资源的开发配置和整体的长远发展都是非常不利的。

第一节　华南国家植物园概况

华南国家植物园依托中国科学院设立，位于广州市天河区龙洞天源路1190号。它是中国历史最悠久、植物种类最多、面积最大的亚热带植物园，是世界热带亚热带物种资源宝库，同时也是广东省科普教育研究基地和广州市生态环境中不可缺少的"绿肺"，还是国内外盛赞的"广州市十佳旅游景点"之一。

近年来，华南国家植物园与世界80多个国家和地区的200多个植物园建立了学术及种苗交换关系，引种国内外热带、亚热带植物11 000多种，被誉为永不落幕的"万国奇树博览会"，有"中国南方绿宝石"之称。

一、地理位置

华南国家植物园位于广州市天河区，这里客流密集、交通便利，为华南国家植物园的开发和稳固客源起到了独一无二的作用。其周边靠近城市主干道和多条公交线路以及临近地铁 3 号线、6 号线，极大地方便了广州市内居民以较快速度直达景区。华南快速公路在旁经过，超过 10 条以上的省道在附近交叉汇合，是省内外客源的必经之路。

华南国家植物园坐落于广州天河区，南靠中山、珠海、江门，西临佛山、肇庆，东接东莞、深圳，在地域分布上地理优势可谓是得天独厚、占尽先机。此外，华南国家植物园还是一些 BRT 线路的始发终点站，景区内开通多条旅游车道，设置了电瓶车及旅游自行车，为游客游玩提供便利。景区建有完善庞大的停车场，一次性可容纳上百台私人汽车进行停靠。

二、旅游资源特征

1. 植被资源丰富

华南国家植物园是我国面积最大的植物园之一，也是最重要的植物种质资源保育基地之一。整个园区由三部分组成：一是保育展示区，占地 4 237 亩①，迁地保育植物达到 13 000 多种，包括热带、亚热带、高山、极地等植物族群；二是科研生活区，占地约 550 亩，植物标本馆藏超过 100 万份；三是位于肇庆市的鼎湖山自然保护区，占地 17 300 多亩，就地培育 2 400 多种植物。由此可见，华南国家植物园的植被类型丰富多样，极具观赏和科研价值。

2. 植物、人文景观突出

华南国家植物园依托丰富的植被资源，建立了植物景观为主、人文景观为辅的两大景观区域（见表4.1 和表4.2）。其中，植物景观包括雨林区群落、

---

① 1 亩 ≈ 666.7m²

沙漠植物区、奇异植物区、高山极地区、名人区和专类园区等15个分区；其中的雨林区是主要的景观，包括河谷雨林区、山地雨林区、非洲雨林区等10个分区。人文景观主要有龙洞琪林、"广州第一村"、科普信息中心、蒲岗教育径、娱乐专区以及其他辅助性景观六大部分，划分为42个小分区，其中，温室景区、龙洞琪林、"广州第一村"以及科普信息中心是最主要的功能区域，除了具备欣赏功能以外，还起到学习研究的重要作用。从景观分布来看，植物景观所占的比例较大，尽管所建设的区域数目比人文景观少，但是从植被和占地面积上看，植物景观还是占据主导地位。

表4.1 华南国家植物园旅游景观之植物景观

区 域	分 区	植物类别	个数
雨林区群落	奇趣植物区	食虫植物、红树林、猴面包树、酒瓶兰、杪椤等	15
	雨林文化区	咖啡、可可、锦屏藤、菩提榕、腰果、两面树、土沉香、橡胶等	
	河谷雨林区	炮弹果、笔筒树等	
	水生植物区	睡莲、王莲、椰子、槟榔等	
	雨林奇观区	独木成林等	
	中心瀑布区	望树、龙潭、虎穴等	
	山地雨林区	一线天、龙血树等	
	非洲雨林区	鹊桥树、神秘果、旅人蕉等	
	美洲雨林区	号角树等	
	亚洲雨林区	见血封喉、洞天树、炮弹果等	
沙漠植物区	沙漠植物馆	仙人球、仙人掌等	
奇异植物区	奇异馆	奇异植物	
高山极地区	高山极地馆	地衣、苔藓等	
名人区	手植树区	朱德青梅、叶剑英木棉树等	
专类园	专类植物区	木兰、姜、竹、药用植物、能源植物、澳大利亚植物等	

表 4.2　华南国家植物园旅游景观之人文景观

区　域	分　区	个数
龙洞琪林	棕榈园、孑遗园、2 个半岛、人工湖等	
"广州第一村"	广场、遗址保护群、大型塑像、主题雕像群、模拟生态村及考古现场、历史文化展馆、陶艺制作区、树屋等	
科普中心	时光隧道、植物生态、植物与人、植物资源的保护与利用等	
蒲岗教育径	朱澄古墓	42
娱乐专区	华南彩弹野战俱乐部（5 个战区）、自行车、烧烤场、户外体验培训基地等	
其　他	观瀑亭、廊桥、空中栈道（7 条）、杜鹃园（6 个）、空中花园及水塔等	

　　由此可知，华南国家植物园的自然与人文资源景观兼备，植物景观特色明显，人文景观锦上添花，共同发挥着强大的旅游吸引力，吸引来自世界各地的游客。

　　3. 气候资源多样化

　　地处亚热带季风气候区，华南国家植物园冬夏分明，降雨期较长，降雨量也非常大，年降雨量可达 1 000 毫米以上。湿润的气候为它成为世界性植物保育研究基地提供了良好的基础。

　　此外，出于培育植物种质资源的需要，华南国家植物园建立了专门的园区，例如雨林区、沙漠区、高山极地区等，这些园区内的气候都依据植物生长特性而进行人为设定，因此，游客在游园过程中，除了能够感受当地的气候外，还可以在特定园区亲身体验热带雨林气候、热带沙漠气候、极地严寒气候等，从而丰富旅游体验度，增长见识。

　　多样化的气候旅游资源为华南国家植物园增添了几分神秘色彩；作为科研基地，它也能成为独立的开放性景区。

三、周边配套设施完善

　　华南国家植物园地处商业繁华地段，配套设施完善，为其发展旅游业奠定了坚实的基础。华南国家植物园的周边配套设施比较完善，居民区密集，为华南国家植物园提供了长期稳定的客源。交通设施方面，多条公交线路途经园区，广汕公路在园区门前横穿而过，缩短了游客的抵达时间和成本；华南快速、高架桥、地铁 3 号线及 6 号线临近园区，大大提高了园区的可达性。住宿场所广泛分布，为游客的停留提供了可能性。临近龙洞商贸城和商业城，这里是集娱乐、餐饮、住宿、购物、休闲等于一体的综合性商业地带，满足了游客的各项娱乐和服务需求。

四、旅游业发展现状分析

1. 华南国家植物园的旅游人次分析

随着华南国家植物园的不断建设完善和发展，它已成为天河区乃至广州重要的休闲观光旅游胜地，吸引着越来越多的游客前往。景区每年接待游客约 100 万人次，日均客流量 2000～3000 人次，重要节假日整个园区最大客流量可达 3 万～4 万人次。作为中国一流植物园，其知名度越来越高，人们的关注度也在不断提升，游客规模将不断扩大，因此，对华南国家植物园进行游客满意度的测评研究具有重要的意义。

2. 华南国家植物园的旅游业现状

地处改革开放的前沿阵地，华南国家植物园从 20 世纪 80 年代开始发展旅游业，起步晚、速度快是园区发展旅游业的明显特点。1980—2000 年这段时期是华南国家植物园对外开发发展旅游业的起步阶段。这个阶段的游客数量较少，以市内居民为主，也有省内其他城市的散客旅游，但省外游客数量明显不足。自 2000 年以来，华南国家植物园的旅游业平稳增长，国内客源市场持续扩大。另外，园区建设方面，为了迎合游客的多样化需求，各项娱乐、科普、餐饮等设施都相应得到建立和完善。经过 30 多年的发展，华南国家植物园已成为广州市发展旅游业的重要一环，被评为"羊城八景之一"，园区科研与旅游业齐头并进，将持续带来更大的社会效益和经济效益。

第二节　华南国家植物园游客满意度测评指标体系的构建

"食、住、行、游、购、娱"是旅游活动和旅游业的六大基本要素，要对游客满意度进行测评，需要把这六个方面纳入测评范围。根据旅游地游客满意度测评模型，除基本要素以外，景区的旅游服务和旅游产品等也是游客感知的重要对象。因此本章构建的华南国家植物园游客满意度测评体系是一个多层次、多维度的体系，以求测评的全面性和有效性。

一、游客满意度测评体系的构建原则

测评体系能否有效顺利进行，需要遵循一些原则。本章在参考部分相关测评标准的基础上，结合华南国家植物园的实际情况，提出了以下几项原则。

1. 选取因子的有效性

指标的设定要合理，因子的选择必须要切合实际，以确保各个因子能够真实、客观、有效地反映出游客对华南国家植物园的满意程度和影响游客满意度高低的重要程度，从而反映游客对华南国家植物园的真实感受和评价。这些指标应包括"食住行游购娱"这六大要素和相关的旅游产品及服务、旅游前的期望、实际旅游过程中的感知体验、旅游后的行为等。

2. 测评指标的可操作性

游客满意度的测评实际上是一个将各项指标量化的过程，需要用数字来表示游客对华南国家植物园景区各个方面的态度和感受。因此需要对华南国家植物园的各项测评指标进行量化。为了指标体系具有实效的可测性和可比性，各项指标体系应该尽量简化，计算方法也不宜繁杂，这样便于数据的获得，有利于提高指标评测的优效性和可操作性。

3. 测评体系的层次性

评价指标体系一旦形成，需要尽量保持评测体系内容的的稳定性，这种相对稳定性有利于华南国家植物园满意度评价指标体系的完善和发展。但是，由于游客满意度评测项多样化，不同类型的旅游景区有不同的特点，需要对指标体系的内容进行调整，所以华南国家植物园的指标体系可以根据 TDCSI 测评模型进行多层次构建。

二、华南国家植物园游客满意度测评指标体系

结合旅游学的特性和旅游景区的内容，我们为华南国家植物园游客满意度的调查建立了一个多层次和多维度的稳定的指标体系（见图4.1）。该指标体系主要分为三个层次，主要包括以下内容。

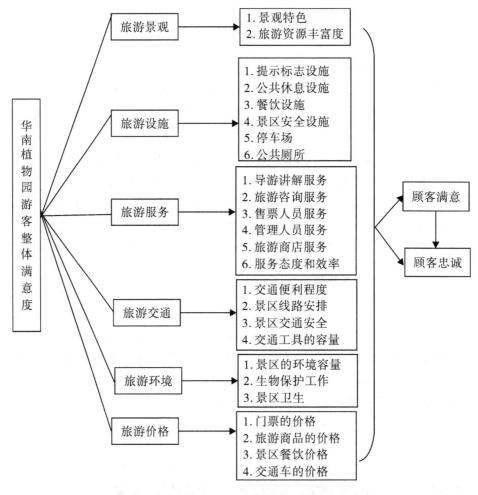

图4.1 华南国家植物园游客满意度测评指标体系

"华南国家植物园景区游客满意度"是第一层次的指标，也是总的测评目标；第二层次的结构目标主要包括旅游景观、旅游设施、旅游服务、旅游交通、旅游环境、旅游价格这 6 个测评指标；第三层次的指标是在二级指标的基础上进行展开的，具体包括游客对华南国家植物园景区的 25 个实际体验要素；第四层次的指标就是终极目标——游客满意及游客忠诚。

三、调查问卷的设计

广州华南国家植物园景区游客满意度测评研究的主要数据是通过问卷调查的方式获取的第一手的研究资料。问卷调查法是通过设计测量项目向被调查者搜集资料来获得数据。问卷设计的合理性和科学性将影响获取数据的科学性和准确性，进而影响到分析结果的可靠性。所以，问卷设计的内容、数量和结构等都要围绕研究的目的和内容来进行设计。本研究的问卷主要分为三个部分。

第一部分：主要是了解游客的一些旅游特征，如旅游经验、旅游动机、停留时间等。

第二部分：问卷的核心部分，主要是针对影响华南国家植物园游客满意度的突出要素进行测评研究，主要包括旅游景观、旅游设施、旅游服务、旅游交通、旅游环境、旅游价格等方面的内容。

第三部分：主要调查被访游客的个人基本资料，包括游客的性别、年龄、来源地、职业、教育背景、月收入等信息。

问卷调查旨在利用数字来反映游客对华南国家植物园的满意度评价。本问卷采用李克特五点量表法，使华南国家植物园游客满意度测评指标能够实现数字量化。我们把将满意度分为非常不满意、不满意、一般、满意、非常满意 5 个级别，并对各个级别分别赋值为 1、2、3、4、5。

四、问卷调查的实施

2016 年的问卷调查遵循合理性、有效性、可操作性和可信性等原则，采取现场、网站发放问卷。从 2016 年 3 月 1 日至 4 月 25 日，本研究团队在华南国家植物园景区和问卷星网站进行调查，调查的对象都是华南国家植物园的来访游客，实时发放并收回问卷，以保证问卷流失率降到最低。在发放问卷过程中进行严格控制和有选择性地调查，确保回收数据的代表性和典型性。通过对问卷的收集和整理，获得了翔实可信的第一手资料。此次调查总共发放 270 份调查问卷，回收 252 份，回收率达到 93.33%；实际有效问卷 244 份，有效回收率达到 90.37%。下文将根据对有效调查问卷的统计，采用 EX-CEL 等统计工具对所得数据进行各项统计分析并得出结论。

第三节　调查数据的统计与分析

一、人口统计学特征分析

通过对华南国家植物园到访的被调查游客的性别、年龄、来源地、受教育程度、职业、月平均收入等进行分析，来了解华南国家植物园游客的构成情况。

1. 男女比例分析

调查显示，华南国家植物园的游客群体中，女性游客所占比例要比男性游客高。其中，女性占调查总数的 60.66%，男性占调查总数的 39.34%。从图 4.2 可以看出，华南国家植物园游客构成中女性游客比男性游客的旅游积极性更高。

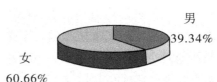

男
39.34%

女
60.66%

图 4.2　华南国家植物园游客男女比例

2. 游客年龄结构分析

从图 4.3 可以看出，在被调查的游客中 17 ～ 25 岁年龄段的游客人数最多，占调查总人数的 51.23%，是总数的一半以上，说明该年龄层次的游客是华南国家植物园的主要客源。该年龄段的游客都在 17 周岁以上，基本上都是高中生或者大学生群体，这与周边高校与中学云集、学生数量巨大有关。他们相对来说有较为充裕的时间，并且渴望户外运动、增进感情交流。其次，是26～45岁之间的游客，占了 16.39%。这个年龄层次的客人基本上都有独立的经济收入，并且希望通过出外旅行观光来舒缓生活和工作上带来的压力，借此机会与家人朋友增进感情、增长见识。调查结果说明华南国家植物园的主要客源是中青年。排在第三位和第四位的是 61 岁以上的游客和 46～60 岁年龄段的游客，分别占总调查人数的 15.98% 和 13.93%。这两部分客人基本处于退休或快退休的状态，所以闲暇时间相对充裕，他们由于身体素质不断退化，不能再进行高强度的旅游活动，所以更倾向于选择休闲舒适的旅游行为。除此之外，16 周岁以下的游客占 2.46%，所占比例最低。这个年龄层次一般都是中小学生，他们没有独立的经济收入，学业负担较重，没有过多时间参与户外活动，并且出游一般选择跟随学校组织或者随父母出行，填写问卷可能性降低，造成统计偏差。

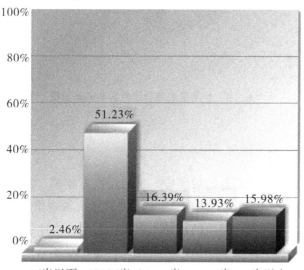

图 4.3　华南国家植物园游客年龄分布

3. 客源地分布结构

由图 4.4 所示，来自广州的游客人数最多，占调查总人数的 49.18%，这说明华南国家植物园对广州的游客吸引力最大。因为交通用时较短、游玩时间比较充裕且交通住宿等各方面花费成本也相对来说比较低，因此，广州游客比例最大。其次是省内其他城市的游客，所占比例也相当高，为48.36%，几乎与广州市比例保持一致。这说明华南国家植物园在广东省的知名度比较高，省内其他城市游客来广州旅游也倾向于选择华南国家植物园。国内其他省市的游客占了2.46%，而来自国外游客所占比例为0%，说明华南国家植物园尽管在科研领域已被评为世界一流植物园，但在旅游发展方面其在国内其他省市及境外市场当中知名度还不够高，园区应当有针对性地进行市场宣传与推广，进一步提高其知名度和影响力。

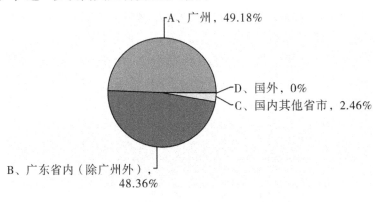

图4.4　华南国家植物园游客客源地分布

4. 游客文化水平结构

调查结果显示，被调查的游客中，学历层次为本科、大专的，所占的比例最大，占61.89%，超出了调查总数的一半以上，说明华南国家植物园的主要客源群体为大专、本科层次的群体。其次，高中、中专学历占了23.77%。排在第三位的是初中及以下学历，占8.61%。最后受本科以上教育程度的游客所占比例最少，仅为5.74%（见图4.5）。总的来说，华南国家植物园的主要客源群体是来自本科或大专及高中或中专教育程度的游客。

5. 游客的职业结构

据统计，学生和公司职员所占比例较高，分别占了调查总人数的38.93%和13.11%。其次是自由职业者、其他、退休人员和教师，分别占12.30%、10.66%、9.02%及8.20%，这几种职业的游客所占比例都较为接近10%。企

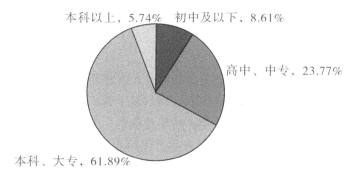

图 4.5　华南国家植物园游客文化水平

业管理人员占 6.56%，公务员占 1.23%，这两项所占的比例最低（参见图 4.6）。从以上调查结果来看，我们可以得知，学生和公司职员所占比例较高，因为前者有较充裕的出行时间，而后者则有独立的经济收入，工作和生活方面的压力都比较大，对于出行散心、缓解疲劳和压力有比较大的需求。所以这部分的客人可以成为华南国家植物园景区的主要客源之一。其次是自由职业者、其他、退休人员和教师，这些职业的游客在出行的时间安排方面相对来说比其他行业较为自由，并且在经济收入层面，这几个职业类别的游客不存在较大的压力，自由职业者可以自由支配工作休息时间，退休人员有充裕的闲暇时间，喜欢闲聚、外出散步等休闲活动，而教师则有较多的节假日及寒暑假。因此这部分的游客也是华南国家植物园非常重要的客源组成部分。企业管理人员和公务员所占比例最小，这部分游客尽管社会地位较高，但由于工作比较繁忙，没有宽裕的空余时间出外旅游。

从对调查结果的分析来看，游客的出行频率与其职业的性质、空余时间等有密切联系，所以，研究游客的职业结构对提升华南国家植物园景区的满意度有重要的现实意义。

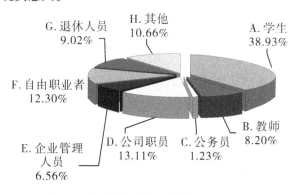

图 4.6　华南国家植物园的游客职业比例

6. 游客的月收入结构

由图4.7所示，月收入水平在3 000以下的游客群体所占比例最大，为38.89%；结合以上游客职业结构分析，可以认为这部分游客绝大部分是学生群体尤其是大学生，这也跟上述游客的年龄结构、文化水平结构等调查分析相吻合。大学生对外界事物充满好奇心，因而更愿意参与到旅游活动当中。华南国家植物园集科研与旅游等功能为一体，在放松身心的同时还能增长见识，这非常符合学生群体的兴趣。其次是3 001～5 000和5 001～10 000的游客，分别占21.72%和25.00%，这部分游客主要是公司职员、教师等收入较为稳定的群体。月收入水平在10 000以上的游客人数较少，占被调查游客总数的16.39%。这部分游客主要是企业管理者和公务员，一般来说，他们对旅游的期望比较高，对旅游目的地的选择也会有更高的要求，倾向于选择商务、公务型等旅游模式。

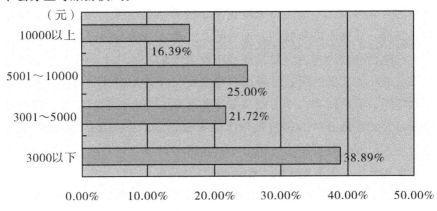

图4.7 华南国家植物园游客个人月收入比例

二、游客的旅游行为特征分析

本部分主要分析广州华南国家植物园景区游客的旅游行为特征，尤其是游客在出游前及出游时的旅游特性：旅游目的、对旅游地的了解途径、游玩次数、停留时间等。游客旅游行为特征分析有利于了解华南国家植物园的游客行为，为旅游项目的开发规划提供理论基础。在本项研究中，有些选项为多选项，统计分析时占比会超过100%，特此说明。

1. 游玩总次数

52.05% 的游客都是第一次到华南国家植物园旅游，超过被调查总人数的一半以上。游玩次数为 2 ～ 5 次的游客占调查人数的 37.30%，说明大部分游客到华南国家植物园的游玩总次数集中在 1 ～ 5 次。游玩次数为 6 ～ 9 次及 10 次以上所占的比例相同，各占 5.33%。（见图 4.8）

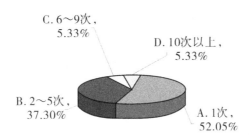

图 4.8　游客游玩华南国家植物园的总次数

2. 获取信息的途径

居住在华南国家植物园附近和亲人朋友介绍这两种途径所占的比例较大。首先，亲戚朋友介绍来参观的占比最大，占了 46.31%，可见由亲友介绍这种传统的传播方式是非常有效的。因为当游客在旅游目的地获得较大的满意度时，游客通常会向自己的亲戚好友宣传自己的旅游经历和取得的成就。所以，华南国家植物园要注重游客反馈回来的信息，根据游客的需求提供更好的旅游产品和旅游管理服务。其次，居住在附近而得知华南国家植物园的游客占 41.39%，说明华南国家植物园的地理位置有较大的优势，附近居民区较多，从而成为一定的客源市场。这与前文分析的华南国家植物园的地理位置、周边配套设施等情况相吻合。再次，通过电视、网络渠道得知华南国家植物园的游客比例为 25.00%，这主要是因为随着信息技术的发展，电视、网络在人们的生活中起着越来越重要的作用，成为宣传华南国家植物园旅游业很好的窗口和平台。复次，其他途径和报纸杂志报道分别占了 13.11% 和 7.38%，说明纸质媒介的宣传也占重要的地位。最后是通过旅行社途径了解华南国家植物园的游客，其所占比例是最小的，仅为 4.92%，说明华南国家植物园在旅行社宣传方面做得还不够，主要是因为华南国家植物园目前与旅行社合作开展的项目非常有限。（见图4.9）总的来说，华南国家植物园应该应该通过各种途径加大对旅游景区的宣传，从而吸引更多的游客。

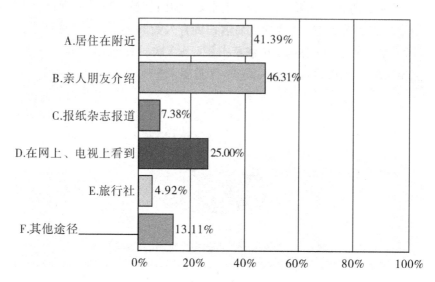

图4.9　游客获取华南国家植物园信息的途径

3. 旅游目的

以欣赏风景为旅游目的游客占的比例最多，占了70.08%，说明游客在现阶段来讲还是比较倾向于观光旅游。另外，增长见识和慕名而来所占的比例也较多，分别为35.66%、31.15%，因为华南国家植物园为科研型景区，出于增广见识的旅游目的与景区的性质相匹配；如前文所述，口碑宣传是最好的旅游宣传方式，也是吸引潜在客源市场的主要诱因，因此慕名而来的游客占比高达31.15%。现代都市生活节奏异常紧张繁忙，人们普遍生活工作压力巨大，缺乏与家人朋友相处的时间和机会，所以释放压力以及借外出旅游增进与家人朋友之间的感情成为人们出游的迫切需要，这两者分别占了被调查总人数的29.51%和22.54%。此外，以锻炼身体和社会交际为旅游目的的，分别占了14.34%和10.66%。其他则占了6.97%。（见图4.10）

4. 游玩停留时间

在华南国家植物园游玩半天的游客所占比例最高，占调查人数的

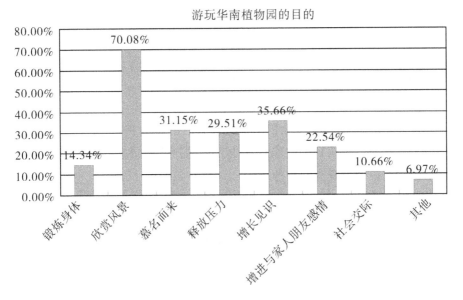

图 4.10　游客游玩华南国家植物园的目的

45.08%，其次是游玩一天的游客，所占比例为 30.74%，这说明大部分游客还是比较愿意在华南国家植物园停留较长时间的。停留半天以下的客人占了 17.62%，这部分游客应该是居住在附近的居民，是园区的常客。而停留一天以上和其他的游客所占比例最小，为 4.10% 和 2.46%，这与华南国家植物园的园区规模有很大关系。当然，华南国家植物园要加大开发多样化旅游项目的力度，增强园区对游客的吸引力，进一步完善住宿配套设施，从而增加游客的停留时间。（见图 4.11）

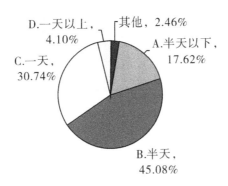

图 4.11　游客每次游玩华南国家植物园平均停留时间

55

三、游客体验行为特征分析

这部分主要对游客的体验行为特征进行统计分析，包括以下几个方面：期望—实际感知、旅游价值体验、旅游总体满意度评价、景区重游意愿和景区推荐意愿等。同时，也对游客在旅游结束后的行为特征进行了统计分析，考察游客对华南国家植物园的景区各个方面的评价和看法，为华南国家植物园发展旅游业提供了现实的参考数据。

1. 对旅游各要素满意度评价

从游客对华南国家植物园的各个旅游要素满意度评价的平均分来看（见图4.12），游客对华南国家植物园的景观特色、旅游资源丰富度、交通便利程度、景区线路安排、景区交通安全、景区环境容量、生物保护工作、景区卫生等的满意度平均分都接近4分，即比较满意。对华南国家植物园餐饮的提供、门票的价格、旅游商品的价格、景区餐饮价格等各旅游要素的满意度评价平均分都在3.5以下，即接近3分，评价一般，所以这些要素有可能未达到游客的满意度需求。从调查结果来分析，大部分游客对旅游景观、旅游交通、旅游安全、旅游环境等都比较满意，而对旅游餐饮、旅游价格的评价一般，因此华南国家植物园应该针对游客的需求改善景区的餐饮服务，并且要适当调整规范旅游价格，增强旅游产品特色，不断提高游客对华南国家植物园的满意度评价，为园区树立良好的口碑，赢得更多的客源市场。

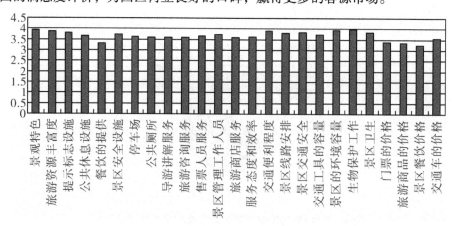

图4.12　游客对华南国家植物园各个旅游要素的满意度评价

2. 实际体验与期望的比较

在被调查游客中，认为华南国家植物园的实际体验与预期相比，相似度评分为 5 ～ 7 分的游客所占比例为 59.84%，也就是说，大部分游客都认为华南国家植物园的实际与期望比较相符。认为华南国家植物园与期望中相似度在 8 ～ 10 分的被调查游客也占了较高的比例，为 32.38%，说明这部分客人认为华南国家植物园非常符合他们的旅游期望。选择相似度在 2 ～ 4 分的游客所占比例比较低，仅为 7.38%，即只有少部分游客认为华南国家植物园与他们的期望不太相符。同时认为华南国家植物园与期望一点也不相符，评分在 1 分以下的游客所占比例仅为 0.41%，可以忽略不计。（见图 4.13）

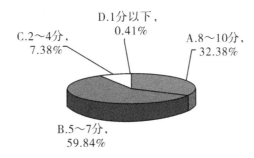

图 4.13　游玩华南国家植物园的实际体验与期望值的相似度

3. 旅游价值体验

大部分的游客认为华南国家植物园的旅游价值一般还好，占调查总人数的 61.48%。觉得很值得、很有意义的占 35.25%，觉得浪费钱的占 1.64%，觉得既浪费钱又浪费时间的占 1.23%，觉得浪费时间的占 0.41%。（见图 4.14）调查结果显示，游客对华南国家植物园的旅游价值体验评价属于一般的程度，说明华南国家植物园需要进一步加大开发旅游资源的力度，加强景区建设和服务，进一步提升其旅游价值。

4. 景区总体满意度评价

44.26% 的游客感到满意，占调查人数的比例最高；认为一般的游客比例为 26.23%，感到非常满意的游客占 21.72%，4.51% 的游客感到不满意，3.28% 的游客认为非常不满意。（见图 4.15）调查结果显示，华南国家植物园

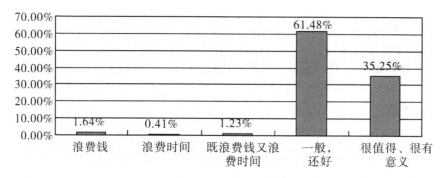

图 4.14 游客在华南国家植物园的旅游价值体验评价

景区基本上满足游客的体验需求，但仍然存在许多需要改进的方面，不满意和非常不满意的游客还是占据一定比例，因此需要努力减少不满意的游客，从而加大满意游客的比例，提高游客对华南国家植物园的总体满意度。这有利于华南国家植物园树立良好的市场形象信誉，赢得更多的忠诚顾客。

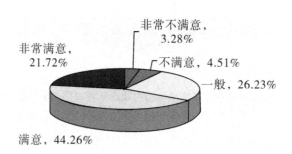

4.15 游客对华南国家植物园总体满意程度评价

5. 重游意愿

由图 4.16 可知，大部分的游客是愿意重游华南国家植物园的，占调查总人数的 51.23%。非常愿意所占的比重也较高，为 20.08%，这说明华南国家植物园对大部分游客来说有比较大的吸引力。不确定是否重游园区的游客比例是 26.23%，这部分游客是华南国家植物园的潜在客源，只要改善园区的建设、产品和服务等方面，就能让他们对华南国家植物园产生重游的意愿。不愿意重游的游客所占比例非常小，仅为 2.46%，同时没有人非常不愿意再次游玩华南国家植物园。

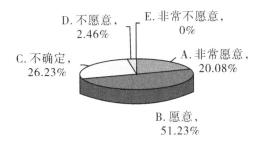

图 4.16　游客对华南国家植物园的重游意愿

6. 推荐意愿

62.30%的游客愿意把华南国家植物园推荐给他人，非常愿意推荐的游客比例为 19.26%，说明大部分游客还是比较愿意向他人推荐华南国家植物园的，这部分游客对于华南国家植物园来说是非常重要的口碑宣传媒介，也有极大的可能性转变为忠诚游客。其次，15.57%的游客表示不确定是否愿意推荐给他人，2.87%的游客不愿意向他人推荐，但是没有游客非常不愿意推荐给他人。（见图 4.17）愿意推荐对于华南国家植物园树立良好形象具有重要作用，因为已游游客的推荐有利于帮助景区发掘出大量的潜在客源。

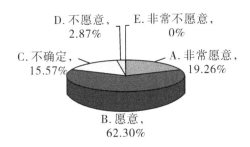

图 4.17　游客对华南国家植物园的推荐意愿

四、游客满意度的计算结果

1. 游客满意度测评指标分析

把游客对华南国家植物园各个测评指标的满意度进行平均数统计，以此

判定各个测评指标的重要性排序，发现核心影响因素。（见表4.3）

表4.3　华南国家植物园各个测评指标游客满意度分析

测评指标	平均数	测评指标	平均数
景观特色	3.93	服务态度和效率	3.64
旅游资源丰富度	3.86	交通便利程度	3.89
提示标志设施	3.80	景区线路安排	3.80
公共休息设施	3.66	景区交通安全	3.82
餐饮的提供	3.3	交通工具的容量	3.72
景区安全设施	3.72	景区的环境容量	3.93
停车场	3.62	生物保护工作	3.99
公共厕所	3.61	景区卫生	3.82
导游讲解服务	3.60	门票的价格	3.40
旅游咨询服务	3.61	旅游商品的价格	3.35
售票人员服务	3.68	景区餐饮价格	3.25
景区管理工作人员服务	3.72	交通车的价格	3.57
旅游商店服务	3.59	—	—

从表4.3可以看出，游客对华南国家植物园的生物保护工作评价最高，这也与华南国家植物园的景区性质相符，因为华南国家植物园的生物多样性异常突出。根据计算结果，各个测评指标的重要性排序依次是景区的生物保护工作、环境容量、景观特色、交通便利程度、旅游资源丰富度、景区交通安全、景区卫生、提示标志设施、景区线路安排、景区安全设施、景区管理工作人员服务、交通工具的容量、售票人员服务、公共休息设施、服务态度和效率、停车场、公共厕所、旅游咨询服务、导游讲解服务、旅游商店服务、交通车的价格、门票的价格、旅游商品价格、餐饮的提供、景区餐饮价格。

2. 游客满意度计算分析

下面针对华南国家植物园的游客满意度进行计算分析，采取的方法主要是加权平均法，公式如下：

$$TSI = \sum_{n}^{n} X_n \times Y_n$$

式中，

X_n = 游客对第 n 个测评指标的评价；

Y_n = 第 n 个测评指标的权重；

TSI = 游客满意度。

根据上述公式，在不同的测评指标层次下，可以计算出华南国家植物园各项测评指标的游客满意度和华南国家植物园的游客总体满意度。

首先本章对各项测评指标进行因子分类，即形成一级指标因子集 S1 = 旅游景观（景观特色、旅游资源丰富度）、S2 = 旅游设施（提示标志设施、公共休息设施、餐饮的提供、景区安全设施、停车场、公共厕所）、S3 = 旅游服务（导游讲解服务、旅游咨询服务、售票人员服务、景区管理工作人员服务、旅游商店服务、服务态度和效率）、S4 = 旅游交通（交通便利程度、景区线路安排、景区交通安全、交通工具的容量）、S5 = 旅游环境（生物保护工作、景区卫生）、S6 = 旅游价格（门票价格、旅游商品的价格、景区餐饮价格、交通车的价格）。

接着计算各个指标的权重值 Y_n，满意度赋值分别为 1（非常不满意）、2（不满意）、3（一般）、4（满意）、5（非常满意）。因为要测定的是满意程度，所以取 3、4、5 的赋值即可，这三种赋值的平均权重分别为 3/（3 + 4 + 5）= 0.25，4/（3 + 4 + 5）= 0.33，5/（3 + 4 + 5）= 0.42。假设指标：景观特色为 A，赋值 3、4、5 的被调查者人数分别为 a、b、c，则权重 $Y_A = \dfrac{0.25a + 0.33b + 0.42c}{25 \text{个指标权重之和}}$。综合上述，可得出表 4.4。

表 4.4　华南国家植物园各测评要素的满意度和权重

测评指标	满意度	权重	测评指标	满意度	权重
景观特色	3.93	0.0442	服务态度和效率	3.64	0.0396
旅游资源丰富度	3.86	0.0430	交通便利程度	3.89	0.0432
提示标志设施	3.80	0.0420	景区线路安排	3.80	0.0416
公共休息设施	3.66	0.0395	景区交通安全	3.82	0.0423

续表4.4

测评指标	满意度	权重	测评指标	满意度	权重
餐饮的提供	3.30	0.0338	交通工具的容量	3.72	0.0407
景区安全设施	3.72	0.0411	景区的环境容量	3.93	0.0440
停车场	3.62	0.0393	生物保护工作	3.99	0.0449
公共厕所	3.61	0.0394	景区卫生	3.82	0.0423
导游讲解服务	3.60	0.0392	门票的价格	3.40	0.0352
旅游咨询服务	3.61	0.0390	旅游商品的价格	3.35	0.0342
售票人员服务	3.68	0.0404	景区餐饮价格	3.25	0.0327
景区管理工作人员服务	3.72	0.0411	交通车的价格	3.57	0.0385
旅游商店服务	3.59	0.0389			
游客总体满意程度	3.69				

由表4.4可知，华南国家植物园的游客满意度 $TSI = 3.69$。

同理可得出一级指标因子集的满意度 $S1 = 3.89$，$S2 = 3.62$，$S3 = 3.64$，$S4 = 3.80$，$S5 = 3.96$，$S6 = 3.39$，即旅游景观满意度 $= 3.89$，旅游设施满意度 $= 3.62$，旅游服务满意度 $= 3.64$，旅游交通满意度 $= 3.80$，旅游环境满意度 $= 3.96$，旅游价格满意度 $= 3.39$，如图4.18所示。

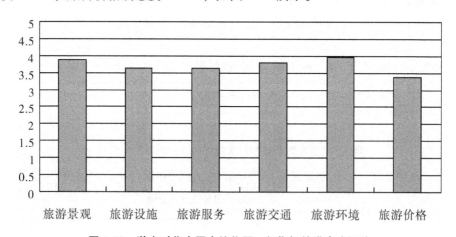

图4.18 游客对华南国家植物园一级指标的满意度评价

从图 4.18 可以看出，$S5 > S1 > S4 > S3 > S2 > S6$，即旅游环境满意度 > 旅游景观满意度 > 旅游交通满意度 > 旅游服务满意度 > 旅游设施满意度 > 旅游价格满意度，旅游环境的游客满意度为 3.96，接近 4，可视为游客对华南国家植物园的旅游环境是达到满意程度的，但其余五项一级指标的满意度均在 3 ~ 4，即为一般满意，说明华南国家植物园在各项满意度测评指标当中的情况还不太理想，存在非常多的需要改进的方面。另外，在这五项指标当中，旅游价格的满意评价得分是最低的，说明景区需要进一步规范价格体制，以免影响整个园区的健康发展。最后，华南国家植物园的游客总体满意程度 TSI 计算结果为 $TSI = 3.69$，也处于 3 ~ 4。综合上述各项指标分析来看，游客对华南国家植物园的总体评价是一般满意。

五、游客满意度的计算数据分析

本部分主要是对上述统计结果进行总结分析，以深入了解游客满意度情况，为提高游客满意度、增强市场竞争力提供依据。

1. 游客特性与旅游目的的关系分析

研究结果显示，游客的性别、年龄、受教育程度、个人月均收入、居住地、职业性质等个人特性，与旅游目的之间存在密切的关系，个人特性不同，就会造成旅游目的的差异。性别方面，女性游客比男性游客多；年龄方面，华南国家植物园的游客主要集中在 17 ~ 45 岁及 61 岁以上，说明华南国家植物园以女性中青年及老年游客为主，其他年龄段游客较少；在受教育程度方面，本科、大专学历层次的游客所占比例最高；职业性质方面，学生的人数是最多的；个人月收入方面，3 000 元以下的游客人数最多，符合学生的职业特性；客源地方面，主要是以广东省内的游客为主，省内游客中有一半左右是来自广州市。以欣赏风景为旅游目的的游客所占的比例最高，说明游客还是比较倾向于观光旅游；另外，增广见识、慕名而来和释放压力的游客人数也较多。综合以上所述，说明当代的中青年游客倾向于选择观光、增长见识、放松身心等旅游方式，说明游客个人特性与旅游目的存在比较显著的关系。

2. 游客期望与实际体验的关系分析

59.84% 的游客认为华南国家植物园与期望值基本相似，相似度评价为 5

～7分，32.38%游客认为，实际体验与期望值的相似度为8～10分，说明大部分的游客认为华南国家植物园与期望中的相似度较高。44.26%的受访游客对华南国家植物园的总体满意程度评价感到满意，说明华南国家植物园的旅游服务质量比较好，需要继续保持并不断提升。61.48%的游客认为华南国家植物园的旅游价值一般，说明华南国家植物园给游客带来的旅游体验仍未达到游客的旅游期望值，华南国家植物园需要在景区的规划发展以及园区内的旅游产品和服务进行升级完善，以进一步满足游客的需求和期望，提升游客满意度。

3. 旅游体验与游客忠诚的关系分析

大部分的受访游客对华南国家植物园的总体满意度评价为满意，51.23%和20.08%的游客表示愿意和非常愿意再次游玩华南国家植物园，62.3%的游客愿意推荐其他人来华南国家植物园旅游，说明大部分的游客都有重游和推荐的意愿。游客总体满意度高，则有很大的可能成为忠诚游客，会选择重游景区和向他人正面宣传，使景区形成良好的口碑和宣传效应；游客总体满意度不高，则会对景区产生抱怨情绪，造成客源流失甚至负面的口碑宣传。因此，需要不断提升游客的旅游体验，培养忠诚顾客，稳定景区客源。综上，说明旅游体验与游客忠诚之间存在显著的正相关关系。

4. 旅游要素与总体满意度的关系分析

从游客对华南国家植物园的各个旅游要素的满意度评价来看（见表4.3），游客对华南国家植物园的旅游景观、旅游交通、旅游环境的满意度评价接近4分，即游客是满意的，对华南国家植物园餐饮的提供，门票的价格、旅游商品的价格、景区的餐饮价格等满意度评价虽然高于3分，但接近3分，说明游客对这些旅游要素的满意度评价为一般。此外，在对旅游各要素的权重分析显示，旅游景观、旅游安全设施、旅游交通和旅游环境的权重均大于0.04，说明这几项旅游要素对游客的总体满意度有显著影响。因此，园区应该针对游客需求改善餐饮服务，合理规范相关旅游产品的价格和质量。

通过数据分析可知，游客对华南国家植物园的总体满意度评价为一般满意。游客对华南国家植物园旅游环境的满意度评价最高，对旅游价格满意度最低。所以，华南国家植物园需要以游客满意为中心任务，在景区规划建设、产品以及服务方面加大力度完善，从而实现长远发展。

六、数据结果反映的问题

综上所述，华南国家植物园的游客满意度仅为一般满意。通过问卷调查与分析，得出影响游客对华南国家植物园满意度的几个重要因素（见表4.5），为进一步提升园区的满意度评价提供参考。

表4.5　游客认为华南国家植物园应该改进的方面

指标	选项	样本量	百分比/%
提高景区满意度的建议	A. 开发旅游资源，创新景观特色和娱乐特色	143	58.61
	B. 完善旅游设施、公共设施和安全设施等	129	52.87
	C. 创新旅游商品特色，合理规范门票及旅游商品价格	136	55.74
	D. 提升园内工作人员服务质量	87	35.66
	E. 改善园内的环境卫生	83	34.02
	F. 改进和完善地理标志系统	83	34.02
	G. 其他	10	4.10

1. 旅游景观比较单一

调查结果显示，58.61%的游客表示华南国家植物园需要加大开发旅游资源的力度，创新景观特色和娱乐特色。说明华南国家植物园的旅游景观比较单一，基本都以植物欣赏为主，导致旅游功能发挥不足，停留在观光、休闲阶段，旅游景观的特色不明显，缺乏娱乐特性。因此需要对旅游资源和园区的景观建设进行特色化经营，满足游客的多样化旅游需求。

2. 旅游商品特色不足，价格不合理

如表4.4所示，55.74%的到访游客建议创新旅游商品特色，合理规范门票及旅游商品价格，并且在对25个要素及6项一级指标的满意度调查中，被调查游客对旅游商品及旅游价格的满意度评分值都比较低，这说明华南国家植物园旅游商品缺乏特色、价格偏高，导致游客无法接受，降低了园区的满意度。

3. 园区设施建设不完善

52.87%的游客表示华南国家植物园需要完善旅游设施、公共设施和安全设施，说明华南国家植物园的各项设施建设落后、不完善，无法满足游客的需求。

4. 服务质量有待提升

35.66%的受访游客提议华南国家植物园要提升园区内工作人员的服务质量，说明游客对其服务水平和效率等不甚满意，因此才会提出此项意见。

七、提升游客满意度的途径

对华南国家植物园游客满意度的定量分析和定性分析，目的是为景区实现可持续发展提供技术参考。在研究过程中，发现了景区经营存在的一些突出问题，因此提出以下解决途径，以不断提高游客对园区的满意程度，使景区稳定客源，并吸引更多的游客。

1. 全面质量管理

景区要实现可持续发展，必须追求以服务和产品质量为中心，关注游客质量需求，提升游客旅游质量。因此，华南国家植物园应对现有的产品和服务进行升级，实行全面质量监管，包括旅游环境、旅游设施、旅游交通等。

首先，需要对园区内的旅游环境进行严格保护和适当的开发。因为环境资源是华南国家植物园吸引游客的关键所在，环境一旦遭受破坏，那将会使整个园区的形象大打折扣。因此需要在景区内部增设环卫设施，例如垃圾桶、植被保护标志、公共卫生间等，以方便游客自觉环保，减少景区的环境压力。

其次，完善景区内的各项设施建设，例如餐饮设施、健身设施、科普设施、娱乐设施和交通设施等，以满足游客的需求。要对设施进行定期的检查维修和更新换代，规范旅游设施管理，全方位满足并提高游客的旅游体验。

再次，完善景区交通线路安排和相关提示标志设施，降低游客走回头路的概率和花费的时间成本，减少游客抱怨。华南国家植物园景区内部除门口和入门广场处有景区导览线路图之外，其余地方均未设置位置提示和线路指引；除在景区道路转弯处设置方向指引外，景区缺少详细清晰的指引标志，导致游客在园区内常常找路、迷路，这些问题大大降低了游客的旅游体验的满意程度。游客在园区游玩多数靠跟随熟客、乘坐观光车或者跟旅行团进行旅游活动。华南国家植物园的游览线路必须合理规范化，提示标志设施也要相应完善，使景区的游览秩序和安全系数有所保障，提高游客满意度。

最后，总的来说，要加大开发力度，完善丰富旅游设施和项目，提高景区交通便捷度和安全系数，更新旅游产品，以保证游客的各方面需求能够得到满足，从而提高游客对华南国家植物园的满意度。

2．健全景区旅游价格管理机制

调查结果显示，游客对华南国家植物园的旅游价格满意度评分是最低的，超过一半以上的游客表示景区需要在门票价格和旅游商品价格方面进行调整，认为华南国家植物园的各项收费标准过高，并且对此发出抱怨。

价格应该合理反映商品价值，所以，景区应该出台价格管理规范条例，针对目前市场反映的情况，适当地调控价格标准。首先，旅游商品应该要以成本为基础，而不是以垄断手法无限制抬价。商品垄断定价会适得其反，引起游客的反感，让游客认为景区"利"字当头，毫无市场道德，破坏景区在游客心目中的良好形象，甚至出现负面口碑宣传。另外，景区的门票价格和分景点的收费也应该按质论价，必要情况下还可以实行联票制度，这样既可以满足游客游玩多个景点的需求，还可以减轻游客的旅游成本、提高游客对景区的满意评价。

3．创新景区特色

目前来说，华南国家植物园的旅游资源和旅游项目仍然停留在观光、科普层面，游客的旅游选择性较少，这就大大限制了客源群体的多样性发展，使游客的旅游体验无法得到极致的满足。因此，在原有丰富植被资源的基础上，华南国家植物园要大力开发旅游资源，创新景观特色和娱乐特色，包括旅游资源特色、旅游服务特色以及旅游产品特色等。目前，国内景区的旅游项目和景点同质化程度非常严重，缺乏创意，导致游客失去新鲜感，旅游积极性不高。所以，必须以创新为出发点，针对市场变化开发出适合当代旅游者口味的旅游项目。

4. 加强广告与口碑宣传

尽管华南国家植物园是"羊城八景"之一，但其知名度在国内外都存在明显的不足，所以其客源群体仍集中分布在广东省内。面对潜力如此巨大的国内国际客源市场，华南国家植物园的旅游营销宣传成为当务之急。首先，要借助网络、电视等媒体传播效应，开发专属的网络平台、拍摄宣传视频、进驻旅游频道等，快速地帮助园区打开知名度；其次，制作园区宣传手册和导览图，做好社会公关，使到访游客对此留下深刻的良好印象。最后，归根结底是做好景区的旅游服务，培养忠诚游客，发挥满意游客的正面宣传效应。

第四节　结论与展望

本章在分析总结国内外对旅游满意度的研究经验和成果的基础上，选择了广州华南国家植物园作为实证研究对象，立足游客的旅游感知体验、游客旅游后的行为特点、游客在旅游前后对景区的评价差异等，结合旅游学、旅游心理学、旅游资源学等旅游学科知识进行综合对比分析，建立系统完整的旅游景区测评体系，对华南国家植物园的游客满意度进行全面深入的研究，并且针对游客在景区各个测评指标当中的满意程度分布规律提出相应的对策，以实现旅游景区产品服务与游客更好的对接。

分析显示，游客对华南国家植物园的总体满意度评价为一般满意，游客对华南国家植物园旅游环境的满意度评价值最高；游客对旅游价格的满意度评价最低。研究数据表明，华南国家植物园存在以下不足：旅游景观比较单一、旅游商品特色不足、价格不合理、设施建设不完善、服务质量不高。根据对游客的行为特征和行为规律研究，我们对提升园区游客满意度提出如下对策：实现全面质量管理、健全价格管理机制、加强景区特色、突出广告与口碑宣传，从而提高游客对华南国家植物园的满意度。

第5章　2019年华南国家植物园满意度测评研究

华南国家植物园位于天源路 1190 号，所处的位置交通十分便利，无论是对于自驾游、团体游还是自行乘坐公共交通前往景区的游客都具备良好的可进入性。搭乘 B12、28、30、39、83、84、345、346、494、535、534、564、775、46、54、218 路公交车均可到达华南国家植物园；2018 年，广州地铁 6 号线植物园站的建成与开放更是方便游客直达景区。华南快速公路经过华南国家植物园，因此，自驾车游客的进入也极其方便。华南国家植物园景区内开通多条旅游车道，且景区内部设有旅游交通车，为游客游玩提供极大的便利。华南国家植物园建有完善庞大的停车场，一次性可容纳上百台私人汽车。

第 4 章对华南国家植物园的基本情况进行了大致介绍，本章不再重复。

第一节　旅游满意度测评研究设计

一、旅游满意度测评指标体系

华南国家植物园游客满意度测评研究设计需建立在游客满意度测评指标体系之上。根据华南国家植物园的实际情况，华南国家植物园游客满意度测评指标体系除了旅游业中 6 个基本要素"食、住、行、游、购、娱"外，还应包括景区的旅游服务品质和旅游产品等要素。

华南国家植物园游客满意度测评指标体系共分为三个层次：第一层次为游客总体满意度；第二层次为六个项目层；第三层次为评价因子。它们共同构建出华南国家植物园游客满意度测评指标体系，如表5.1所示。

表5.1 华南国家植物园游客满意度测评指标体系

	项目层	指标层
游客总体满意度	旅游设施	公共休息设施
		提示/标志设施
		景区安全设施
		信息问讯处设置
		停车场设施
		公共厕所设施
		垃圾桶设置
		餐饮设施
	旅游价格	门票
		旅游纪念品
		餐饮
		旅游观光车
		自行车出租
		游乐场
		烧烤场
	商品质量	餐饮可口程度
		旅游纪念品质量
	旅游交通	到达景区交通便利程度
		景区线路设计
		景区内部交通便捷程度
		景区交通安全
		景区交通容量

续表 5.1

	项目层	指标层
华南国家植物园游客满意度测评指标体系	旅游环境	景区资源丰富程度
		景区资源观赏性
		景区清洁程度
		景区环境保护工作
		景区安全
		景区旅游秩序
		景区总体氛围
	服务品质	售票人员服务
		旅游咨询服务
		导游讲解服务
		旅游商店服务
		旅游信息服务
		旅游餐饮服务
		旅游交通服务
		游乐场服务

旅游设施项目层的评价因子可细分为公共休息设施、提示/标志设施、景区安全设施、信息问讯处设置、停车场设施、公共厕所设施、垃圾桶设置、餐饮设施。

旅游价格项目层的评价因子可细分为门票、旅游纪念品、餐饮、旅游观光车、自行车出租、游乐场、烧烤场。

旅游交通项目层的评价因子可细分为到达景区交通便利程度、景区线路设计、景区内部交通便捷程度、景区交通安全、景区交通容量。

旅游环境项目层的评价因子可细分为景区资源丰富程度、景区资源观赏性、景区清洁程度、景区环境保护工作、景区安全、景区旅游秩序、景区总体氛围。

服务品质项目层的评价因子可细分为售票人员服务、旅游咨询服务、导游讲解服务、旅游商店服务、旅游信息服务、旅游餐饮服务、旅游交通服务、游乐场服务。

二、旅游满意度测评模型

基于华南国家植物园游客满意度测评指标体系和 TDCSI 模型，可得华南国家植物园游客满意度测评模型，如图 5.1 所示。

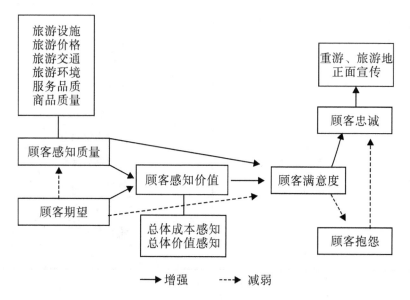

图 5.1　华南国家植物园游客满意度测评模型

三、问卷设计

华南国家植物园游客测评研究的数据主要来源于问卷调查的第一手数据，问卷设置的合理性和科学性影响后期数据收集的有效性。在华南国家植物园游客满意度测评模型的基础上，本问卷主要设置成四部分。

第一部分：主要是了解游客的旅游特征，如旅游次数、旅游目的、旅游经验以及旅游停留时间。

第二部分：是问卷的核心部分，主要是针对华南国家植物园提供的服务和设施，让游客对其满意程度作出评价。主要包括以下方面：旅游设施、旅游价格、旅游交通、旅游环境、服务品质和商品质量。

第三部分：了解游客对于华南国家植物园的整体满意度、价值感知、重游和推荐意愿。

第四部分：主要调查游客性别、游客收入以及现居地等统计学特征。

本问卷使用李克特五点量表，将满意度分为非常不满意、不满意、一般、满意、非常满意这 5 个级别，数字量化华南国家植物园游客满意度测评指标，对各个级别分别赋值为 1、2、3、4、5。

四、问卷的发放和回收

本章的问卷调查以杨欣欣同学对园区的实地调研为基础，遵循合理性、有效性、可操作性和可信性等原则进行设计。本章通过线下实地和线上"问卷星"发放问卷。调查的对象是华南国家植物园的游客，主要是调查游客对华南国家植物园的旅游设施、旅游价格、旅游服务、旅游环境、旅游交通和商品质量在内的各项指标满意度。本次调查总共回收实际有效问卷 323 份，其中，线下实地回收有效问卷 102 份，线上回收有效问卷 221 份。采用 SPSS 和 Excel 等统计工具对所得有效数据进行统计分析并得出结论。

第二节　旅游满意度测评研究结果分析

一、问卷的信效度分析

1. 信度分析

在社会问卷调查统计分析中，为了衡量问卷被访者回答问题的一致性和可靠程度，通常要做问卷数据的信度分析。基于本次调查问卷的内容，本章采用了目前最常用的克隆巴赫 α 信度系数。0.9 ～ 1.0 区间表示数据非常可信，0.7 ～ 0.9 区间表示相当可信，0.5 ～ 0.7 区间表示可以接受，低于 0.5 表示问卷或量表设计上存在一定的问题，有必要重新修改。

通过 SPSS 软件，对华南国家植物园的 37 项影响因素进行信度检验，结果显示满意度量表的 α 信度系数值为 0.938，远大于 0.9，说明问卷数据总体上真实有效。同时，37 项旅游影响因素的单个 α 的值均在 0.9 ～ 1.0 区间，说明各个因素的指标数据具有可信度，检验结果具有一致性和可靠性。

2. 效度分析

效度是指不同的变量测量的结果应该不一样，反映出同一研究对象在不同方面，具有不同的性质和特征。通常用 KMO 指数和巴特莱特球形检验表示，其指数范围与对应情况如表 5.2 所示。

表 5.2　KMO 指数范围和对应情况

	值的范围	因子分析适合情况
KMO 指数	大于 0.9	非常适合
	0.8 ～ 0.9	很适合
	0.7 ～ 0.8	适合
	0.6 ～ 0.7	勉强适合
	0.5 ～ 0.6	不太适合
	小于 0.5	不适合

本量表的 KMO 指数为 0.91，远大于 0.8，说明问卷数据效度极好，适合因子分析。

二、人口统计学分布特征

1. 性别比例分析

如图 5.2 所示，在所调查的华南国家植物园的游客群体中，女性游客和男性游客所占比例大概一致。其中，女性人数占 51.08%，男性占 49.92%。

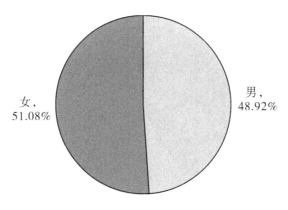

图 5.2　游客性别比例

2．年龄比例分析

如图 5.3 所示，在被调查的游客中，18 ～ 25 岁年龄段的游客人数最多，占调查总人数的 40.87%，说明该年龄层次的游客是华南国家植物园的主要客源。该年龄段的游客基本上都是高中生或者大学生群体，华南国家植物园周边高校与中学云集，学生数量巨大，相对来说他们有较为充裕的时间，并且渴望增广见识和增进师生间感情。其次是 45 ～ 64 岁之间的游客，占22.29%。这个年龄层次的客人基本上都有稳定的经济收入且进入即将退休的状态，希望通过出外旅行观光来舒缓生活和工作压力，同时借此机会与家人朋友增进感情。排在第三位的是 65 岁以上的游客，占总调查人数的 18.58%，这部分客人基本处于退休状态，闲暇时间非常充裕，由于身体素质不断下降，不能再进行比较剧烈的旅游活动，所以更倾向于选择休闲舒适的旅游行为。华南国家植物园周边有世纪绿洲、君临天下、宝翠园、育龙居等社区，已退休居民可办理仅 10 元每月的优待月票在植物园锻炼身体、休闲娱乐，因而，植物园 45 ～ 64 岁之间的游客和 65 岁以上的游客明显居多。紧跟其后的是 26 ～ 44 岁的游客，占总调查人数的 17.65%，这个年龄层次的客人有独立的经济收入且工作及社会压力相对较大，他们希望通过出行游玩来缓解工作和社会压力。除此之外，18 周岁以下的游客占 0.62%，所占比例最低。这个年龄层次一般都是中小学生为主，他们没有独立的经济收入、学业负担较重，没有过多时间参与户外活动，并且出游一般选择跟随学校组织或者跟父母同游，填写问卷可能性降低。调查结果说明华南国家植物园客源以中青年为主。

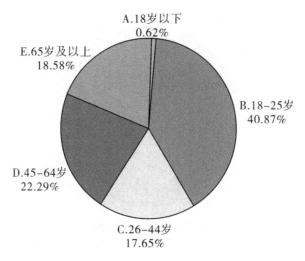

图 5.3　游客年龄比例

3. 文化程度结构

如图 5.4 所示，被调查的游客中，学历层次为本科、大专的所占的比例最大，占 58.51%，占调查总数一半以上，说明华南国家植物园的主要客源群体为大专、本科等大学生群体。其次，高中、中专学历占 21.36%。排在第三位的是研究生及以上学历，占 14.24%。最后，受初中及以下教育程度的游客所占比例最少，仅为 5.88%。总的来说，华南国家植物园客源以本科或大专及高中或中专教育程度的游客为主。

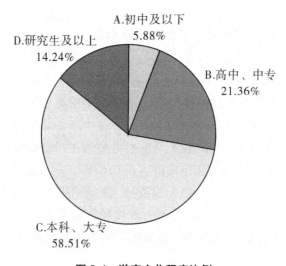

图 5.4　游客文化程度比例

4．职业结构分析

如图 5.5 所示，来华南国家植物园的游客中，职业为学生、公司职员和企事业管理人员占的比例较高，分别占了调查总人数的 31.89%、18.27% 和 14.86%。其次是离退休人员和公务员，分别占 11.76% 和 10.84%，这两种职业的游客所占比例都较为接近 10%。教师占 4.64%，专业技术人员占 4.02%，其他占 3.72%，这三项所占的比例最低。从以上调查结果来看，我们可以得知，学生、公司职员和企事业管理人员所占比例较高，因为前者有较充裕的出行时间，而后两者则有独立的经济收入，工作和生活方面的压力都比较大，对于出行散心、缓解疲劳和压力有比较大的需求。所以这部分的客人可以成为华南国家植物园景区的主要客源之一。对于离退休人员、公务员和教师等职业的游客，他们在出行时间安排方面相对来说比其他行业较为自由，并且在经济收入层面，这几个职业类别的游客不存在较大的压力。退休人员有充裕的时间闲聚、外出散步，而教师则有较多的节假日及寒暑假，因此，这部分的游客也是华南国家植物园非常重要的客源。

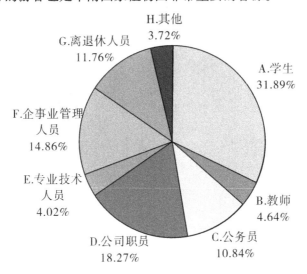

图 5.5　游客职业比例

由调查结果可知，游客的出行频率与其职业的性质、可支配的空闲时间等有密切联系，所以研究游客的职业结构对提升华南国家植物园景区的满意度有重要的现实意义。

5. 月均收入结构

如图5.6所示，月收入水平在2000元以下的游客群体所占比例最大，为
30.65%；结合以上游客职业结构分析，可以认为这部分游客绝大部分是学生
群体尤其是大学生，这也跟上述游客的年龄结构、文化水平结构等调查分析
相吻合。大学生对外界事物充满好奇心，更愿意参与旅游活动。华南国家植
物园集科研与旅游等功能为一体，在放松身心的同时还能增长见识，这非常
符合学生群体的兴趣所在。月均收入2 001～5 000元、5 001～8 000元和
8 001～10 000元的游客分别占24.77%、26.01%和12.38%，这部分游客主
要是公司职员、教师等收入较为稳定的群体。月收入水平在10 000以上的游
客人数最少，占被调查游客总数的6.19%。这部分游客主要是企事业管理者，
一般来说他们对旅游的期望比较高，对旅游目的地的选择也会有更高的要求，
倾向于选择商务、公务型等旅游模式。

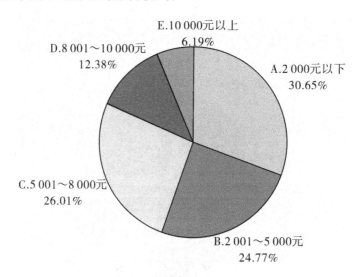

图5.6 游客月均收入比例

6. 客源地分布结构

如图5.7所示，来自广州的游客人数最多，占调查总人数的68.11%。这
说明华南国家植物园对广州的游客吸引力最大，因为本地游客交通用时较短、
游玩时间比较充裕、交通住宿等各方面花费成本也相对来说比较低。其次是

省内的其他城市的游客，所占比例为 28.48%；国内其他省市的游客占了 3.41%，而来自国外游客为 0%，说明华南国家植物园尽管在科研领域已被评为世界一流植物园，但在旅游发展方面其在国内其他省市及境外市场当中知名度还不够高，园区应有针对性地进行市场宣传与推广，以进一步提高其知名度和影响力。另外，无论国内还是国外，植物园都非常普及，同类旅游产品多、共性大，可替代性强，因而不利于吸引更多的省外或国外游客前来观光游览。

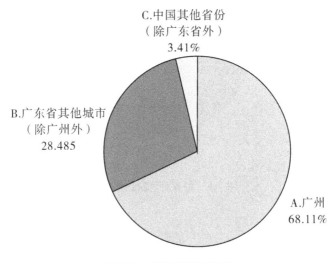

图 5.7　游客现居地比例

三、游客的旅游行为特性分析

本部分主要分析广州华南国家植物园景区游客的旅游行为特性，主要分析游客在出游前及出游时的旅游特性，包括游玩次数、旅游地的了解途径、旅游目的、停留时间等，以了解华南国家植物园的游客行为，并为旅游项目的开发规划提供参考依据。

1.　游玩次数

如图 5.8 所示，29.72% 的游客是第一次到华南国家植物园旅游，游玩 2～4 次的游客占调查人数的 43.34%，说明大部分游客到华南国家植物园的游玩总次数集中在 1 ～ 4 次。游玩 5 次以上的游客多是居住在华南国家植物园周围的居民和高校学生：附近居民到华南国家植物园进行日常休闲；附近高校学生将华南国家植物园作为社交的良好场所进行烧烤、游戏等团体活动。

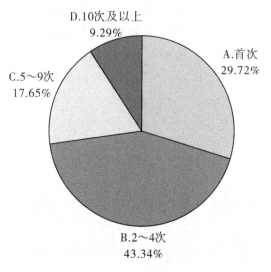

图5.8　游客游玩次数比例

2.　了解途径

　　如图5.9所示，居住在附近和由亲朋好友介绍是占比最大的两种途径。居住在附近占了最大的比例（41.74%），说明华南国家植物园的地理位置有较大的优势，附近居民区较多，从而成为一定的客源市场。这与上述分析华南国家植物园的地理位置、周边配套设施以及周边环境等情况相吻合。其次，通过亲朋好友介绍这种途径了解到华南国家植物园的游客所占比例为36.64%，可见这是游客了解到华南国家植物园的重要途径。通过电视和网络渠道得知华南国家植物园的游客比例为9.91%，说明华南国家植物园在电视和网络渠道的宣传推广力度不够。随着信息技术的发展，电视、网络已经在人们的生活中起着越来越重要的作用，因此，电视、网络是宣传华南国家植物园旅游业优质的窗口和平台。再次是其他途径和报纸杂志，均是4.50%，而通过旅行社途径了解华南国家植物园的游客人数所占比例最小，仅为2.70%，说明华南国家植物园在旅行社宣传方面做得还不够，目前与旅行社合作开展的项目非常有限。总的来说，华南国家植物园应该通过各种途径加大对旅游景区的宣传，吸引更多的游客前往游览观光。

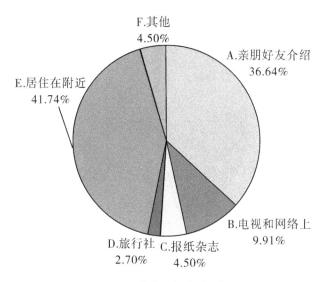

图 5.9　游客了解方式比例

3．游玩目的

由图 5.10 可看出，以欣赏风景为旅游目的游客占的比例最多，为 27.57%，说明在现阶段游客还是比较倾向于观光旅游。另外慕名而来和为增广见识而来的游客所占的比例也较多，分别为 17.43% 和 10.14%。华南国家植物园为科研型景区，出于增广见识的旅游目的与景区的性质相匹配；慕名而来则与上文分析吻合，口碑宣传是最好的旅游宣传方式，同时也是吸引潜在客源市场的主要助力。现代都市生活节奏非常紧张繁忙，人们需要迎合需求进行社会交际，因此社会交际的所占比例为 12.57%。除此之外，人们普遍生活工作压力巨大，缺乏同家人朋友相处的时间和机会，人们需要释放压力及借出外旅游增进与家人朋友之间的感情，这两者分别占了被调查总人数的 13.11% 和 7.43%。再次是锻炼身体和其他目的，分别占了 10.14% 和 1.62%。值得注意的是，华南国家植物园周边居民小区众多，很多小区居民都办理了月卡或者是年卡前来锻炼身体和进行日常休闲，尤其是中老年居民。

4．游玩停留时间

由图 5.11 可知，在华南国家植物园游玩半天的游客所占比例最高，为

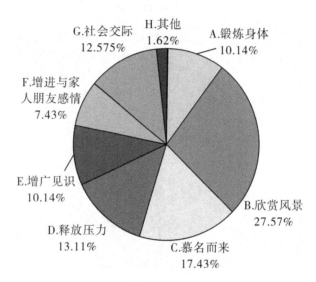

图 5.10 游客游玩目的比例

46.13%；其次是游玩半天以下的游客，占 39.94%，其中部分游客应该是居住在附近的居民，是园区的常客。停留一天和一天以上的游客所占比例分别为 11.15% 和 2.79%。大部分游客在华南国家植物园停留半天及半天以下，由此，华南国家植物园要加大开发多样化旅游项目的力度，增强园区对游客的吸引力，进一步完善住宿配套设施，从而增加游客的停留时间。

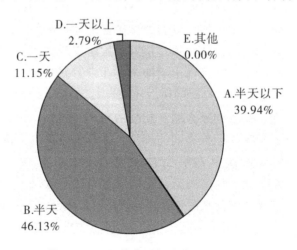

图 5.11 不同停留时间的游客所占比例

5. 旅游各要素满意度评价

图 5.12 为游客对华南国家植物园的各个旅游要素满意度评价的平均分。从中可以看出，游客对华南国家植物园的景区总体氛围、景区安全、景区资源丰富程度、达到景区交通便利程度、景区旅游秩序、提示/标志设施、景区线路设计等的满意度平均分都接近 4，即比较满意。华南国家植物园门票价格、游乐场价格、旅游交通服务和餐饮可口程度等各旅游要素的满意度评价平均分接近于 3，评价一般，说明这些要素有可能未达到游客的满意度需求。满意度低于 3 的旅游要素有信息问讯处设置、餐饮设施、旅游商店服务、旅游纪念品价格、餐饮价格，可知华南国家植物园的这些要素并没有很好地满足游客需求。

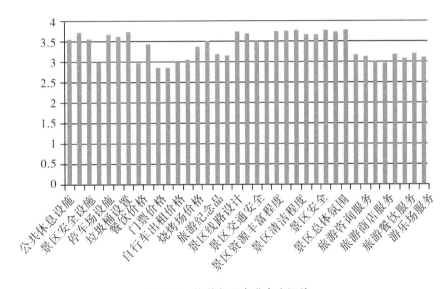

图 5.12　旅游各要素满意度评价

根据调查结果，大部分游客对景区资源观赏性、景区安全、旅游环境等都比较满意，而对旅游餐饮及价格还有信息问讯处设置不满意，因此，华南国家植物园应该针对游客的需求改善景区的餐饮服务，并且适当调整规范旅游价格，增强旅游产品特色，改善相关的信息服务，不断提高游客对华南国家植物园的满意度评价，为园区树立良好的口碑宣传，从而赢得更多的客源市场。

6. 总体满意度评价

从图 5.13 可以得到，华南国家植物园游客总体满意度和旅游性价比得分均为 3.63，处于一般和满意之间，可知游客对游览华南国家植物园的总体满意度偏向于满意，而重游意愿和口碑宣传意愿分别为 3.48 和 3.45，接近 3.5，处于一般和愿意之间，可知游客日后有机会的话还是愿意重游华南国家植物园以及向别人推荐宣传和介绍华南国家植物园。

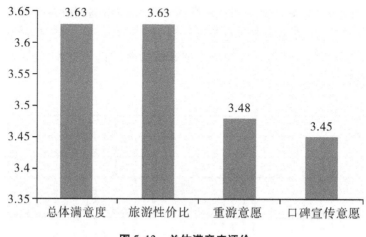

图 5.13　总体满意度评价

第三节　游客满意度的计算结果及分析

一、华南国家植物园游客满意度测评指标分析

游客对华南国家植物园各个测评指标的满意度，如表 5.3 所示。可以据此判定各个测评指标的重要性排序，发现核心影响因素。在调查的 37 项华南国家植物园旅游指标中，景区总体氛围、景区资源观赏性、景区安全、景区交通容量、景区资源丰富程度、垃圾桶设置、到达景区交通便利程度、提示/标志设施、景区旅游秩序、景区线路设计、停车场设施、景区清洁程度、景区环境保护工作、公共厕所设施、公共休息设施、景区安全设施、景区内部

交通便捷程度、景区交通安全这 19 项指标的满意度为3.5 ~ 4.0，即是接近于满意；烧烤场价格、门票价格、游乐场价格、旅游交通服务、餐饮可口程度、售票人员服务、旅游信息服务、旅游纪念品质量、旅游咨询服务、游乐场服务、旅游餐饮服务、自行车出租价格、旅游观光车价格、导游讲解服务这 13 项的满意度为3.0 ~ 3.5，即是接近于一般满意；信息问讯处设置、餐饮设施、旅游商店服务、旅游纪念品价格、餐饮价格这 5 项的满意度为2.5 ~ 3.0，即是接近一般，说明华南国家植物园需要改善相关旅游指标，满足游客需求，提高游客满意度。

表 5.3　测评指标满意度

测评指标	平均值	测评指标	平均值
公共休息设施	3.58	景区内部交通便捷程度	3.51
提示/标志设施	3.73	景区交通安全	3.50
景区安全设施	3.58	景区交通容量	3.77
信息问讯处设置	2.98	景区资源丰富程度	3.75
停车场设施	3.67	景区资源观赏性	3.78
公共厕所设施	3.61	景区清洁程度	3.67
垃圾桶设置	3.74	景区环境保护工作	3.66
餐饮设施	2.97	景区安全	3.78
门票价格	3.43	景区旅游秩序	3.73
旅游纪念品价格	2.85	景区总体氛围	3.79
餐饮价格	2.85	售票人员服务	3.17
旅游观光车价格	3.00	旅游咨询服务	3.14
自行车出租价格	3.07	导游讲解服务	3.02
游乐场价格	3.39	旅游商店服务	2.96
烧烤场价格	3.50	旅游信息服务	3.17
餐饮可口程度	3.20	旅游餐饮服务	3.08
旅游纪念品质量	3.15	旅游交通服务	3.21
到达景区交通便利程度	3.74	游乐场服务	3.10
景区线路设计	3.70	—	—

二、华南国家植物园游客满意度计算分析

本部分计算分析华南国家植物园的游客满意度，采取的方法主要是加权平均法，公式如下：

$$TSI = \sum_{1}^{n} X_n \times Y_n$$

式中，

X_n = 游客对第 n 个测评指标的评价

Y_n = 第 n 个测评指标的权重

TSI = 游客满意度

根据上述公式，在不同测评指标层次下可算出华南国家植物园各项测评指标游客满意度和华南国家植物园的游客总体满意度。

首先对各项测评指标进行因子分类，即形成一级指标因子集 $S1$ = 旅游设施（公共休息设施、提示/标志设施、景区安全设施、信息问讯处设置、停车场设施、公共厕所设施、垃圾桶设置、餐饮设施），$S2$ = 旅游价格（门票、旅游纪念品、餐饮、旅游观光车、自行车出租、游乐场、烧烤场）、$S3$ = 商品质量（餐饮可口程度、旅游纪念品质量），$S4$ = 旅游交通（到达景区交通便利程度、景区线路设计、景区内部交通便捷程度、景区交通安全、景区交通容量），$S5$ = 旅游环境（景区资源丰富程度、景区资源观赏性、景区清洁程度、景区环境保护工作、景区安全、景区旅游秩序、景区总体氛围），$S6$ = 旅游服务（售票人员服务、旅游咨询服务、导游讲解服务、旅游商店服务、旅游信息服务、旅游餐饮服务、旅游交通服务、游乐场服务）。

接着我们计算各个指标的权重值 Y_n，满意度赋值分别为 1（非常不满意），2（不满意），3（一般），4（满意），5（非常满意），因测定的是满意程度，所以取 3、4、5 的赋值即可，这三种赋值的平均权重分别为 3/（3 + 4 + 5）= 0.25，4/（3 + 4 + 5）= 0.33，5/（3 + 4 + 5）= 0.42。假设指标：景观特色为 A，赋值 3、4、5 的被调查者人数分别为 a、b、c，则权重

$$Y_A = \frac{0.25a + 0.33b + 0.42c}{25 \text{ 个指标权重之和}}$$

经过计算，可以得出表4.3. 由表可知，华南国家植物园的游客满意度 $TSI = 3.44$。

表5.4　华南国家植物园各测评要素的满意度和权重

指标	满意度	权重	指标	满意度	权重
公共休息设施	3.58	2.4795	景区内部交通便捷程度	3.51	2.4176
提示/标志设施	3.73	2.5816	景区交通安全	3.5	2.3768
景区安全设施	3.58	2.4630	景区交通容量	3.77	2.6557
信息问讯处设置	2.98	1.7519	景区资源丰富程度	3.75	2.6427
停车场设施	3.67	2.5641	景区资源观赏性	3.78	2.6138
公共厕所设施	3.61	2.4832	景区清洁程度	3.67	2.5846
垃圾桶设置	3.74	2.6351	景区环境保护工作	3.66	2.5273
餐饮设施	2.97	1.7943	景区安全	3.78	2.6454
门票价格	3.43	2.3132	景区旅游秩序	3.73	2.6200
旅游纪念品价格	2.85	1.6665	景区总体氛围	3.79	2.6738
餐饮价格	2.85	1.6454	售票人员服务	3.17	2.0930
旅游观光车价格	3.00	1.9176	旅游咨询服务	3.14	2.0222
自行车出租价格	3.07	1.9784	导游讲解服务	3.02	1.8514
游乐场价格	3.39	2.2943	旅游商店服务	2.96	1.7822
烧烤场价格	3.50	2.3959	旅游信息服务	3.17	2.0230
餐饮可口程度	3.20	2.1024	旅游餐饮服务	3.08	1.9346
旅游纪念品质量	3.15	2.0535	旅游交通服务	3.21	2.0489
到达景区交通便利程度	3.74	2.6176	游乐场服务	3.10	1.9986
景区线路设计	3.70	2.5784			
游客总体满意程度	3.44				

同理可得出一级指标因子集的满意度 $S1 = 3.53$，$S2 = 3.19$，$S3 = 3.18$，$S4 = 3.62$，$S5 = 3.73$，$S6 = 3.21$，即旅游设施满意度为 3.53，旅游价格满意度为 3.19，商品质量满意度为 3.18，旅游交通满意度为 3.62，旅游环境满意度为 3.73，旅游服务满意度为 3.21，如图 5.14 所示。

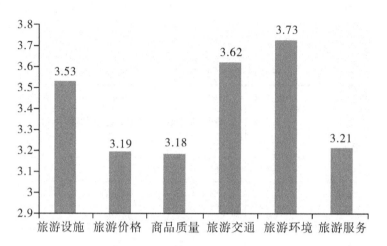

图 5.14　一级指标满意度评价

从图 5.14 可看出，$S5 > S4 > S1 > S6 > S2 > S3$，即旅游环境满意度 > 旅游交通满意度 > 旅游设施满意度 > 旅游服务满意度 > 旅游价格满意度 > 商品质量满意度，旅游环境、旅游交通和旅游设施的游客满意度分别为 3.73、3.62 和 3.53，均在 3.5 ~ 4.0，即为一般满意。旅游服务、旅游价格和商品质量的游客满意度分别为 3.21、3.19 和 3.18，均为 3.0 ~ 3.5，说明华南国家植物园在这三项满意度测评指标当中的情况还不太理想，存在非常多需要改进的方面。在这六项指标中，旅游商品质量的满意评价得分是最低的，说明景区需要提高旅游商品质量，以免影响整个园区的健康发展。华南国家植物园的游客总体满意程度 TSI 计算结果为 $TSI = 3.44$，处于 3.0 ~ 3.5。综合上述各项指标来看，游客对华南植物的总体评价是接近于一般满意。

第四节　结论

本章以华南国家植物园为研究对象，初步构建了华南国家植物园旅游满意度的影响评价指标。通过实地和线上问卷调研，采用 SPSS 23.0 统计软件进行数据分析，得出下面的结论：

第一，在经过信度和效度相关检验的基础上，旅游者的总体满意度和具体各项旅游指标的实际满意度相一致，符合问卷设置逻辑检验的一致性。

　　第二，华南国家植物园指标因子中评分最高的 3 个旅游因素影响指标是景区总体氛围、景区安全、景区资源丰富程度，评分最低的 3 个旅游因素影响指标是旅游商店服务、旅游纪念品价格、餐饮价格。旅游满意度总体得分是 3.44，介于一般和满意之间，即为一般满意。

　　通过数据分析，明确华南国家植物园旅游发展的问题和不足所在，并基于旅游满意度测评提出优化策略：全面进行质量管理；健全景区旅游价格管理机制；加强广告与口碑宣传。

　　与 2016 年研究结果对比，华南国家植物园的旅游满意度由 3.69 降低为 3.44，仍处于一般和满意之间，说明景区在经营与管理方面有待提高。

第6章　2012年广州长隆欢乐世界游客满意度测评研究

作为华南地区有名的主题公园，长隆欢乐世界每年都吸引着大量的游客前来游玩。在周末、黄金周和各种主题节庆活动期间，更是人满为患。那么，游客对来长隆欢乐世界游玩是否满意？游客是否愿意再次来长隆欢乐世界玩？长隆欢乐世界经营重点在哪里？为了解决这一系列问题，本章将对长隆欢乐世界开展游客满意度测评研究。

开展游客满意度测评将有助于旅游景区了解和掌握游客的需求和期望，为旅游景区寻找准确的市场定位；发现和识别游客需求的发展趋势和潜在的市场机会，制定游客满意的服务基准；评估旅游景区服务质量、管理水平和经营绩效；确认影响旅游景区游客满意度的关键性指标，判断轻重缓急，明确改进方向；控制旅游景区经营管理活动的全过程，提高旅游景区质量管理体系运行的有效性；与竞争对手的绩效相比较，制定行之有效的竞争策略。

第一节　广州长隆欢乐世界概况

长隆欢乐世界是长隆集团斥巨资打造的新一代游乐园，首期占地面积1 000多亩，游乐设施近70套，设备先进、科技含量高、游乐设备多，日接待游客能力达5万人。

长隆欢乐世界地处广州番禺迎宾路，东连华南快速干线，西接105国道，星光快速干线紧靠游乐园，地铁 3 号线直接连接长隆欢乐世界，多路公交车可从广州市区直达，交通十分便利。

长隆欢乐世界由国际知名的主题公园设计机构——加拿大 Forrec 公司规划设计。与许多国内主题游乐园不同的是，长隆欢乐世界采用了欧陆风格设计，开创了国内欧陆式游乐园模式之先河。国内游乐园大多重主题包装轻游乐设备，而长隆欢乐世界重游乐设备和自然生态环境。长隆欢乐世界采用国际一流的游乐设备，科技含量非常高，结合长隆版块原有自然、生态特色，让游客在优美的自然生态环境中体验刺激、享受愉悦、放松身心。

长隆欢乐世界游乐设备丰富，大部分游乐设备均从欧洲原装进口，其设计与技术为国际领先水准。长隆欢乐世界创造了游乐设备的四项亚洲第一：其中十环过山车是亚洲首台、全世界第二台（仅在英国有一台），单项设备投资超过人民币 1 亿元，由全球著名游乐设备提供商 Intamin 公司设计制造，该设备打破游乐设备环数最多的世界记录，并创造了吉尼斯世界记录；摩托过山车是亚洲首台，其从 0 到 80 公里弹射式加速仅需 2.8 秒，可与 F1 赛车速度相媲美，并获得世界游乐行业协会年度设计金奖；U 型摩天滑板车也是亚洲第一台，30 多米高的巨型滑板，急速下滑与急速旋转双重体验，是园内最刺激的游乐设备之一；号称"世界水上游乐之王"、老少皆宜的水车大战也是亚洲第一台。还有许多游乐设备在国内均属首次引进，除游乐项目外，园区内全天还有魔幻、杂技、歌舞以及大型巡游等多种表演节目供游客观看。

长隆欢乐世界分为以儿童游乐项目为主的适合全家游玩的哈比王国、以大型惊险刺激设备为主的尖叫地带、以中古欧洲风格为主的旋风岛、以水为主题的欢乐水世界、以表演为主的中心演艺广场、以购物休闲为主的白虎大街六大主题园区。

除拥有众多的游乐设备，长隆欢乐世界内还拥有两个集中的表演场：中心演艺广场和欢乐剧场。园区内演出魔术、杂技、歌舞以及大型嘉年华巡游，同时在园区内有许多流动街头表演，极大丰富了园区的互动体验。长隆欢乐世界园区内餐饮购物一应俱全。在不同的主题园区，设有不同的主题餐厅和主题商店。在哈比王国和开心乐园，有儿童喜爱的哈比餐厅和全家人都喜欢的无国界食街；在尖叫地带，有青少年喜欢的西式快餐店夏威夷餐厅和蛋糕屋；在欢乐水世界和旋风岛，有椰林餐厅和古堡餐厅。不同区域内不同的主题购物商店达 10 个之多，此外还有 3 个柯达快相店。

长隆欢乐世界全年每天开放，游园时间为 10：00—19：00，黄金周与暑假会延长关园时间。长隆欢乐世界的目标是建成世界一流、中国最好的游乐园。

第二节 广州长隆欢乐世界游客满意度研究模型

一、模型的构建

游客满意度指数模型是一个因果关系模型，该模型包括 6 个量，即质量感知、价值感知、顾客期望、总体满意度、顾客抱怨和顾客忠诚。其中，顾客期望、质量感知、价值感知决定着游客的满意度，是模型的输入变量或前提变量。在前提变量的作用下，产生顾客的满意度、顾客抱怨和顾客忠诚 3 个结果变量。测量模型的构建应当根据旅游行业的特点，旅游业是综合性的行业，包括住宿、餐饮、交通、游览、娱乐和购物六大要素。因此我们在构建质量感知的测量模型的时候，分别从这 6 大要素来考虑分析，以便进行针对性测量。根据 ACSI 模型和长隆欢乐世界的特点，长隆欢乐世界游客满意度研究模型如图 6.1 所示。

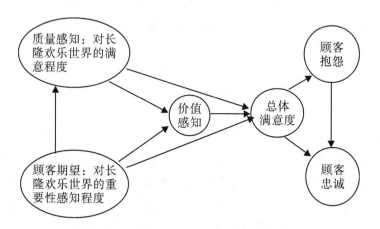

图6.1 长隆欢乐世界游客满意度研究模型

二、游客满意度测评指标体系

该指标体系分为 4 个层次，相应的指标也分为 4 级（见图 6.2）。

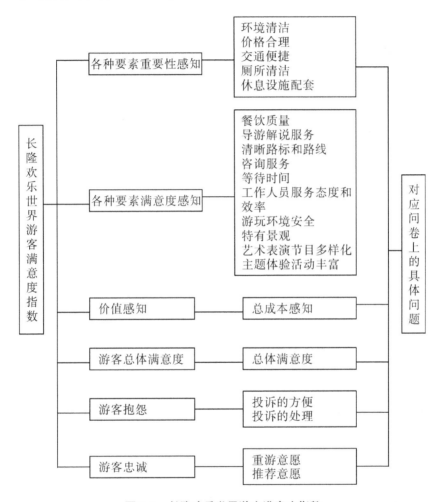

图 6.2　长隆欢乐世界游客满意度指数

（1）"长隆欢乐世界游客满意度指数"是总的测评目标，为一级指标，即第 1 层。

（2）测评模型中的 6 个潜变量包括游客对长隆欢乐世界各要素的重要性感知程度、游客对各要素的满意程度、价值感知、总体满意度、游客抱怨和游客忠诚。它们是二级指标，即第 2 层次。

（3）将二级指标展开，其中游客对长隆欢乐世界各要素的重要性的感知与满意程度可以分为 15 个具体的指标；感知价值包括对总花费的感知和价格的感知；游客抱怨可以分为投诉方便性和投诉的处理；游客忠诚可以分为重游意愿和向亲友推荐意愿。二级指标展开后的要素构成三级指标，即第 3 层。

（4）根据长隆欢乐世界提供服务的特征，将三级指标展开设计为问卷上的问题，形成长隆欢乐世界游客满意度测评指标体系的四级指标，即第 4 层。

三、调查问卷设计

调查问卷包括导语、问题与答案、致谢 3 大部分内容。作为问卷主体的问题与答案部分的内容包括 6 个方面，即游客的人口统计学特征、游览特征、游览动机、重要性与满意度，投诉方便与投诉处理、重游意愿与推荐意愿等。问卷采用了封闭式单选题、三点不同等级的量表、李克特五点量表等形式。具体来说，这 6 个方面分别是：

（1）游览特征：这部分全部为封闭式问题，且较为简单，便于游客填答。因此集中置于问卷的第一部分，包括游客出游频率、结伴方式、交通工具、信息渠道、停留时间、总体花费等。

（2）游览动机量表：罗伯特·麦金托什（R. McIntosh, 1997）把旅游动机归纳为 4 种基本类型：即身体方面的动机、文化方面的动机、社交方面的动机、地位和声望方面的动机。本章关于动机因素的选项，包括一般的生理、心理、社交等方面的因素，同时结合长隆欢乐世界的特点，共设计了 10 个动机指标选项。通过对这些动机指标的调查，了解游客来长隆欢乐世界的主要动机，以期得到关于促使游客来到长隆欢乐世界旅游及重游长隆欢乐世界的信息。问卷采用李克特量表，将游客出游客动机指标分为非常不重要、不重要、一般、重要、非常重要，相应赋值为 1、2、3、4、5。

（3）重要性—满意度量表：通过调查关于长隆欢乐世界所提供的服务、设施的重要性与满意度的问题可以帮助长隆欢乐世界的管理人员判断，对于来长隆欢乐世界游玩的游客来说，什么样的服务与设施是重要的，而游客又对所提供的服务与设施是否满意。通过对重要性信息的了解，帮助管理人员将主要资源与精力投入游客认为重要的方面，明确他们在哪些方面做得好，哪些方面游客认为不是很重要，但却做得好的。这部分包含两个李克特五点不同等级的量表。问卷量表的设计实际上是对游客满意测评指标量化的过程，即用数字来反映游客对长隆欢乐世界产品和服务质量的态度。本章使用态度测量技术对测评指标体系进行量化，采用李克特量表，将满意程度分为：非常不满意、不满意、一般、满意、非常满意，相应赋值为 1、2、3、4、5；同时采用李克特量表，将目的地构成要素的重要程度分为非常不重要、不重要、一般、重要、非常重要，相应赋值为 1、2、3、4、5。

（4）总体满意度、总成本感知、投诉的方便和投诉的处理、重游意愿和推荐意愿：用以调查每个受访游客在总体上对本次长隆欢乐世界旅游的感知及今后重游意愿和推荐意愿。

（5）人口统计学特征：主要包括被调查者的性别、年龄、职业、学历、月收入、居住地。对人口统计学特征的调查，可帮助长隆欢乐世界的管理人员更好地了解游客。

（6）其他意见与建议：询问游客对长隆欢乐世界建设与管理方面的意见和建议。这部分内容的整理结果未直接列入研究结果中，而主要作为解释某些统计数据及做出结论与建议时的参考之用。

第三节　问卷统计结果与分析

本章的问卷调查选取长隆欢乐世界的游客为调查对象，采用实地发放和网上发放相结合的形式进行调查。问卷总共发放 170 份，回收 163 份，回收率达到 95.9%，其中回收有效问卷 150 份，回收问卷有效率达到 88.24%。本部分将根据对有效问卷的统计，对所得数据进行相关分析。

一、问卷信度分析

利用统计分析软件 SPSS 19.0 对涉及游客态度和感知的项目进行内部一致性测验，得到克隆巴赫 α 系数为 0.907。结果表明，问卷具有高信度。本章还同时分别对游客游览动机量表、指标重要性量表、指标满意度量表进行了内部一致性检验，结果是：游览动机克隆巴赫 α 系数为 0.924，指标重要性量表克隆巴赫 α 系数为 0.872，指标满意度量表克隆巴赫 α 系数为 0.836。克隆巴赫 α 系数均大于 0.8，具有高信度，说明问卷的可靠性非常好。

二、描述性分析

本部分分别对来长隆欢乐世界游玩的游客的人口统计学特征、游览特征、出游动机、抱怨以及忠诚做总体描述分析。

1. 人口统计学特征分析

本部分是对被调查者的性别、年龄、职业、受教育程度、月收入等做总体描述，目的是了解到长隆欢乐世界旅游的游客构成情况，为后面的游客人口统计学特征与游客对测评指标的满意度感知是否有显著影响做准备。（见表6.1）

表 6.1　长隆欢乐世界游客人口统计学特征频数分析表　　（$n=150$）

	个人背景	百分比/%		个人背景	百分比/%
性别	男	47.33	职业	工人	10.67
	女	52.67		居家	14.67
年龄	<18 岁	6.67		专业技术人员	6.67
	18～30 岁	54.00		学生	25.33
	31～40 岁	25.33		退休	1.33
	41～55 岁	7.33		军人	2.00
	≥56 岁	6.67		其他	—
学历	初中及以下	12.67	月收入	2 000 元及以下	20
	高中及中专	39.33		2 001～3 000 元	16
	大专及本科	46.67		3 001～4 000 元	26.67
	研究生以上	1.33		4 001～6 000 元	28.66
	公务员	2.67		6 001～8 000 元	2
	企事业管理人员	9.33		8 001～10 000 元	2.67
	公司职员	27.33		10 001 元以上	4

（1）性别方面，女性游客较男性游客数量较多，两者分别占样本总量的

52.67%和47.33%。女性多于男性的原因,可能是女性更加愿意表达自己的感受。而在接受访问以及填答问卷方面,有可能是女性较之男性更有耐心。

(2)年龄方面,在150名回答者中,以18～30岁和31～40岁年龄段的中青年游客人数较多,分别占样本总量的54%和25.33%,两者共占被调查人数的79.33%。而小于18岁、41～55岁及56岁以上的游客人数很少,分别占被调查者总数的6.67%、7.33%和6.67%。这与长隆欢乐世界的游玩环境更吸引年轻人以及需要释放工作和家庭压力的中年人的情况相符合。

(3)学历方面,在150名回答者中,以大专及本科程度的游客最多,占46.67%;其次是高中及中专程度的游客,占39.33%;而研究生以上的学历游客最少,占1.33%。

(4)职业方面,在150名回答者中,以学生和公司职员所占比例最高,分别为25.33%和27.33%;其次是居家和各行业工人,分别占14.67%和10.67%;而专业技术人员、企事业管理人员、国家公务员以及军人人数最少,分别占9.33%、6.67%、2.67%和2%。此结果表明,游客中以充满爱玩之心的学生以及相对收入较高、较稳定的职业的从业人员为主体。

(5)月收入方面,在150名回答者中,所占比例最高的是月入4 001～6 000者,其后依次是3 001～4 000元以及2 000元及以下的游客,分别占26.67%和20%。这种情况与前述的学生身份收入低以及工作稳定、待遇较高、学历高的被调查者居多有关。

2. 游客游览特征分析

本部分对游客游览特征做简单的统计,目的是了解到长隆欢乐世界旅游的游客的消费行为特征(见表6.2)。因有些题目为多选项,故存在合计大于100%的情况,特此说明。

表 6.2　长隆欢乐世界游客游览特征　　　　　　　　(n = 150)

变　量	选　项	百分比/%
游览频率	第 1 次	71.33
	2 次	16.00
	3 次	8.00
	4 次	2.00
	5 次及以上	2.67
结伴方式	与家人亲戚	39.33
	与朋友、同学或同事	24.67
	公司、机关或学校社团	16.67
	旅游团成员	13.33
	独自一人	6.00
交通方式	自驾车	28.67
	公交	4.67
	地铁	39.99
	出租车（包车）	24.00
	其他	2.67
信息渠道	亲朋好友介绍	20.00
	电视媒体广告	56.67
	互联网	23.33
	其他	3.33
停留时间	半日	74.00
	一天	22.67
	其他	3.33
总成本感知	合理	34.67
	还行、能接受	50.00
	不合理	15.33

　　（1）在游览频率方面，询问的是游客在长隆欢乐世界自 2006 年下半年开

业以来，这是第几次来长隆欢乐世界。在 150 名回答者中，第一次到长隆欢乐世界游玩的游客占到 71.33%，来二次以上的游客占到 16%。可以看出，长隆欢乐世界的重游率不低。

（2）在结伴方式上，与家人亲戚共同出行游客占绝大多数，其比例为 39.33%；与朋友、同学或同事共同出行的占 24.67%；随同公司、机关或学校社团出行占 16.67%，跟旅游团出行的占 13.33%；独自出行的游客最少，只占 6.00%。

（3）在交通方式方面，在 150 名调查者中，以地铁游客所占比例最高，达到 39.99%；其次就是自驾车游客，占 28.67%；而乘出车或包车的可以占到 24.00%，乘坐公交车以及其他交通工具的游客最少，分别占 4.67% 和 2.67%。

（4）在信息获取途径方面，在 150 名调查者中，以电视媒体广告为主来获取相关信息的游客占 56.67%，其次是互联网和亲朋好友介绍来玩的游客，分别占 23.33% 和 20%。长隆欢乐世界通过大量的广告吸引了众多的游客前来。

（5）停留时间方面，停留半天的游客所占的比例最大，为 74%；其次是停留一天的游客，占 22.67%。表明长隆欢乐世界在延长游客停留时间方面仍有潜力，可以采取加强宣传、丰富景区活动、改进相关服务质量等措施。

（6）在花销方面，绝大多数即 84.67% 游客认为他们的花销价格可以接收，只有 15.33% 的游客认为有些贵，不合理。这说明旅游费用已不是影响人们到长隆欢乐世界游玩的关键因素。通过访问，极少数认为价格不合理的游客认为自己的付出和收获极不平衡，主要表现在等待时间较长、开放项目较少等。

3．游客出游动机分析

旅游动机是促使一个人有意于旅游以及到何处去、做何种旅游的心理动因。到长隆欢乐世界游玩的游客，也是因为某些内在的需求，才会产生出游动机，进而引发出游行为。本部分对到长隆欢乐世界游玩的游客的出游动机的同意程度进行百分比、平均数、标准差的统计分析，并把游客对长隆欢乐世界旅游动机的重要性平均数结果进行排序分析，以了解游客来长隆欢乐世界的主要动因，以期得到关于促使游客到长隆欢乐世界游玩及重游长隆欢乐世界的信息。

从表6.3中可以看出，游客出游动机的重要性程度排在前4位的是：与家人和朋友一起享受闲暇时间、感受游乐器械制造的刺激欢乐、休息放松、增进身心健康和追求新的生活体验；后3位分别是：欣赏主题公园的怡人风光、慕名而来、为满足孩子的游玩愿望。这说明在大众心目中，长隆欢乐世界是一个休闲放松的场合，通过感受游乐器械制造的刺激欢乐来摆脱日常工作和生活的压力，与亲人朋友一起休息放松。

表6.3　游客出游动机重要程度等级

变量	动机同意程度/%					均值*	标准差	排序
	非常不同意	不同意	一般	同意	非常同意			
慕名而来	0.0	0.0	2.7	18.7	78.7	3.93	2.72	8
观看艺术表演	0.0	0.7	1.3	4.0	94.0	4.70	1.48	6
欣赏主题公园的怡人风光	0.0	0.0	0.7	20.0	79.3	3.97	2.71	7
感受游乐器械制造的刺激欢乐	0.0	0.0	0.0	0.0	100.0	5.00	0.00	1
休息放松，增进身心健康	0.0	0.0	0.0	0.0	100.0	5.00	0.00	1
与家人和朋友享受闲暇时间	0.0	0.0	0.0	0.0	100.0	5.00	0.00	1
为满足孩子游玩愿望	56.0	0.0	0.0	0.0	44.0	2.20	2.59	9
暂时摆脱繁忙工作	0.0	0.0	2.0	1.3	96.7	4.83	1.09	5
追求新的生活体验	0.0	0.0	0.0	0.0	100.0	5.00	0.00	1

*得分越高，同意程度越高，1代表非常不同意，5代表非常同意。

4. 游客抱怨分析

本部分对游客投诉是否方便以及游客对投诉处理的及时性和投诉结果是否满意的平均数进行统计分析，求得游客认为投诉是否方便的平均值为3.07。

问卷中对投诉方便性的赋值为1、2、3、4。1代表"不方便"，2代表"还行、能接受"，3代表"方便"，4代表"不知道"。从均值来看，游客认为投诉处于方便与不知道之间。通过访谈分析，34.7%的游客对投诉是否方便持"还行，能接受"的态度，超过一半的游客（54.5%）不知道该如何投诉以及该在哪里投诉，仅有6.6%的游客认为不方便。游客对于投诉处理结果和处理方式是否满意的平均值为3.22，可以看出游客对于投诉结果及方式处于满意与不知道之间。因此可以看出，对于"游客抱怨"，绝大多数游客不知道在哪里投诉以及投诉结果，这说明投诉设置对游客的不便利性。

5．游客忠诚分析

本部分对游客重游意愿及推荐意愿的平均数进行统计分析，求得游客重游意愿的平均值为2.22。问卷中对重游意愿的赋值为1、2、3。1代表"不太可能再来"，2代表"有可能会再来"，3代表"一定再来"。从均值来看，游客的重游意愿较高。问卷中对推荐意愿的赋值为1、2、3、4、5，1代表"绝对不会"，5代表"非常乐意"。游客推荐意愿的平均值为4.02，可以看出游客的推荐意愿比较高。

三、重要性与满意度描述性分析

1．长隆欢乐世界各要素重要性分析

本部分是对长隆欢乐世界各要素的重要程度进行平均数、标准差的统计分析，并把游客对长隆欢乐世界各要素的重要性平均数结果进行排序。从表6.4可以看出，游客对各要素的重要性评价均大于3，说明各个指标均是游客较为重视和敏感的因素。

表6.4　长隆欢乐世界各要素重要性分析

项　　目	均　　值	标准差
清洁的环境	4.50	0.46
合理的价格	5.00	0.00
交通便捷性	5.00	0.00

续表6.4

项　目	均　值	标准差
清洁的厕所	5.00	0.00
公共休息设施	4.20	0.67
特色餐饮的提供	4.50	0.44
清晰路标和游览线路的安排	4.60	0.35
旅游咨询服务	4.30	0.00
各环节等待时间长度	5.00	0.00
工作人员的服务态度和效率	5.00	0.00
安全的游玩环境	5.00	0.00
公园特有的自然、文化景观	3.60	0.87
艺术表演节目多样化	4.00	0.73
主题体验活动丰富	4.50	0.43
总体满意	4.90	0.12

2. 长隆欢乐世界各要素满意度分析

本部分是游客对长隆欢乐世界各要素的满意度进行平均数、标准差的统计分析,并把游客对长隆欢乐世界各要素的满意度平均数结果进行排序分析。从表6.5可以看出,从游客对长隆欢乐世界各要素的满意程度看,从高到低依次为:主题体验活动丰富(4.80)、交通便捷性(4.50)、艺术表演节目多样化(4.50)、安全的游玩环境(4.30)、清洁的环境(4.20)、清洁的厕所(4.00)、清晰路标和游览线路的安排(3.70)、工作人员的服务态度和效率(3.60)、公共休息设施(3.40)、旅游咨询服务(3.00)、各环节等待时间长度(3.00)、特色餐饮的提供(2.80)和合理的价格(2.50)。由此可见,特色餐饮的提供和合理的价格满意程度较低,长隆欢乐世界总体满意的均值为4.38,游客对长隆欢乐世界的总体满意程度较高。

表 6.5　长隆欢乐世界各要素游客满意度分析

项目	均值	标准差	排序
清洁的环境	4.20	0.59	5
合理的价格	2.50	0.78	12
交通便捷性	4.50	0.62	2
清洁的厕所	4.00	0.52	6
公共休息设施	3.40	0.68	9
特色餐饮的提供	2.80	0.72	11
清晰路标和游览线路的安排	3.70	0.92	7
旅游咨询服务	3.00	0.62	10
各环节等待时间长度	3.00	0.81	10
工作人员的服务态度和效率	3.60	0.65	8
安全的游玩环境	4.30	0.57	4
公园特有的自然、文化景观	4.00	0.68	6
艺术表演节目多样化	4.50	0.40	2
主题体验活动丰富	4.80	0.34	1
总体满意	4.38	0.82	3

四、满意度综合评价的测试模型与判定

对长隆欢乐世界游客满意度的 6 个因子所包含的变量按满意度赋值，求取该 6 个因子的均值，如表 6.6 所示。

表 6.6　长隆欢乐世界游客满意度水平测评结果

变量	因子命名	均值
特有的景观		
安全的游玩环境	F1 公园环境	4.00
清晰的路标和游览线路的安排		

续表6.6

变　量	因子命名	均　值
艺术表演节目多样化	F2 旅游内容	4.65
主题活动丰富		
特色餐饮提供	F3 旅游接待	2.80
环境清洁	F4 基础设施	3.90
厕所清洁		
休息设施配套		
价格合理	F5 可进入性	4.15
交通便捷		
各项目等待时间长度	F6 旅游服务	3.13
旅游咨询服务		
工作人员的服务态度与效率		

表中，

（F1 + F2 + F3 + F4 + F5 + F6）/6 = 3.77

Pizam 和 Reichel（1978）根据平均得分将满意度水平划分成 4 个层次：平均分 1.00 ～ 1.99 为最低；平均分为 2.00 ～ 2.99 为低；平均分为 3.00 ～ 3.99 为高；平均分 4.00 以上为很高。符全胜在研究世界遗产地综合满意度时将满意度水平划分为低、中、高 3 个层次：即低满意度，1 ≤ 均值 < 2.5；中满意度，2.5 ≤ 均值 < 3.5；高满意度，3.5 ≤ 均值 < 5。本章应用这一划分标准。长隆欢乐世界综合满意度大于 3.5 小于 5，属于高满意度。在上述 6 个因子中，可进入性、公园环境、旅游内容和基础设施均达到高满意度，最让游客不满意的是旅游接待。

五、重要性—满意度四分图分析

测评游客对长隆欢乐世界各要素的满意度，对于了解管理情况对游客的影响是至关重要的。在本章中的 6 个因子结构中，共涉及 14 个项目（见表6.7）。为了进一步了解长隆欢乐世界所提供的各要素对游客满意的影响，本章运用重要性—满意度四分图分析法，将游客对每个项目的重要性和满意度情况进行对比，确定目前的长隆欢乐世界各要素中哪些是应继续保持的竞争优势，哪些是亟须改进的关键，哪些是优先顺序较低的锦上添花因素，哪些是投入较多实际效果却并不明显的项目。

表 6.7　各要素重要性与满意度对比

变量	重要性		满意度		差距
	平均数	标准差	平均数	标准差	
环境清洁	4.50	0.46	4.20	0.59	0.30
价格合理	5.00	0.00	2.50	0.78	2.50
交通便捷	5.00	0.00	4.50	0.62	0.50
厕所清洁	5.00	0.00	4.00	0.52	1.00
休息设施配套	4.20	0.67	3.40	0.68	0.70
特色餐饮	4.50	0.44	2.80	0.72	1.70
清晰路标和线路	4.60	0.35	3.70	0.92	0.90
咨询服务	4.30	0.00	3.00	0.62	1.30
等待时间	5.00	0.00	3.00	0.81	2.00
工作人员服务态度和效率	5.00	0.00	3.60	0.65	1.50
游玩环境安全	5.00	0.00	4.30	0.57	0.70
特有景观	3.60	0.87	4.00	0.68	−0.60
艺术表演节目多样化	4.00	0.73	4.50	0.40	−0.50
主题活动丰富	4.50	0.43	4.80	0.34	−0.30

对表 6.7 中的数据按照因子归类统计，得表 6.8。

表 6.8　因子的重要性与满意度水平对比

变量	因子命名	重要性	满意度	差距
特有的景观				
安全的游玩环境	F1 公园环境	4.33	4.00	0.33
清晰的路标和游览线路的安排				

续表6.8

变量	因子命名	重要性	满意度	差距
艺术表演节目多样化	F2 旅游内容	4.25	4.65	-0.40
主题活动丰富				
特色餐饮提供	F3 旅游接待	4.50	2.80	1.70
环境清洁	F4 基础设施	4.75	4.10	0.65
厕所清洁				
休息设施配套				
价格合理	F5 可进入性	5.00	3.50	1.50
交通便捷				
各项目等待时间长度	F6 旅游服务	4.67	3.17	1.50
旅游咨询服务				
工作人员的服务态度与效率				

据此，首先利用 SPSS 19 软件对表 6.8 中的 6 个因子作散点图（见图 6.3）。根据上文中所提到的符全胜划分满意度的标准，将 3.5 作为划分满意度与重要度级别的分界点。图 6.3 显示，第一象限中的指标是重要程度和满意程度都比较高的，应该维持现状或者继续改进，这个象限主要包括基础设施、公园环境、可进入性和旅游内容这 4 项优势项目；第二象限是重要程度较高，而满意程度较低的因子，包括旅游接待和旅游服务，这两项属于急需改进的项目；第三象限是重要程度较低，满意程度也较低的"双低"因子；第四象限是重要程度较低，而满意程度较高的要素。这 6 个因子全部集中在第一、二象限。

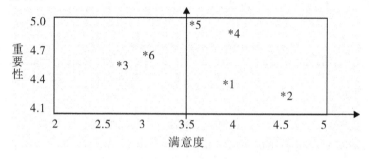

图 6.3　长隆欢乐世界各因子重要性—满意度四分图

注：1. 公园环境；2. 旅游内容；3. 旅游接待；4. 基础设施；5. 可进入性；6. 旅游服务。

对表6.7中14个变量的数据作散点图。根据上文中所提到的符全胜划分满意度的标准，将3.5作为划分满意度与重要度级别的分界点，得到图6.4。

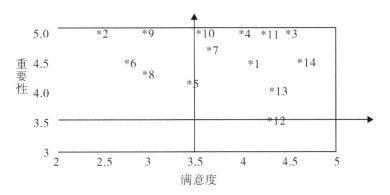

图6.4 长隆欢乐世界各要素重要性—满意度四分图

注：1. 环境清洁；2. 价格合理；3. 交通便捷；4. 厕所清洁；5. 休息设施配套；6. 特色餐饮；7. 清晰路标和线路；8. 咨询服务；9. 等待时间；10. 工作人员服务态度和效率；11. 游玩环境安全；12. 特有景观；13. 艺术表演节目多样化；14. 主题活动丰富。

对图6.4进行整理，得到表6.9。

表6.9 长隆欢乐世界各要素重要性—满意度对比表

象 限	因 素
第一象限：需保持优势的项目	环境清洁
	交通便捷
	厕所清洁
	清晰路标和游览线路
	工作人员服务态度和效率
	游玩环境安全
	特有景观
	艺术表演节目多样化
	主题活动丰富

续表6.9

象　　限	因　　素
第二象限：急需改进的项目	价格合理
	休息设施配套
	特色餐饮
	咨询服务
	等待时间
第三象限：需密切注意的项目	无
第四象限：需调整的项目	无

　　图6.3、图6.4和表6.9显示了长隆欢乐世界旅游构成要素的重要性和游客满意度程度分析的结果。需保持的优势项目包括特有景观、安全的游玩环境、清晰的路标和游览线路、艺术表演节目多样化、主题活动丰富、环境清洁、厕所清洁、交通便捷、工作人员的服务态度与效率9个要素，这些要素对长隆欢乐世界的生存和发展有着举足轻重的作用，是长隆欢乐世界的核心竞争力所在，应努力培养和维持这类优势项目。急需改进的项目包括合理价格、休息设施配套、特色餐饮、咨询服务、等待时间等要素，这类要素是影响长隆欢乐世界提高产品和服务质量的主要方面，必须认真分析游客满意程度低的原因，并采取相应的对策和措施，尽快使其转入竞争优势；没有处于第三象限和第四象限的因素，因此没有需要调整的因素。

第四节　数据讨论分析与相关对策

一、数据讨论分析

　　（1）游客对各要素的重要性评价方面：所有指标都是游客较为重视和敏感的因素。其中安全的游玩环境、各环节等待时间长度、工作人员服务态度和效率最重要，说明游客对于环境安全性、等待时间的长短以及工作人员的态度效率等有着较为苛刻的要求。

（2）满意度方面：游客对于各环节等待时间的满意度较低，处于不满到一般之间；相比而言，游客对除等待时间之外的其他各要素和总体的满意度较高，均处于一般到满意之间。

（3）研究表明，综合来看，游客对长隆欢乐世界游客满意度属于高满意度。在 6 个因子里面，公园环境、旅游内容和基础设施均达到高满意度，最让游客不满意的是旅游服务和旅游接待。

（4）重要性—满意度分析：安全的游玩环境、环境清洁、厕所清洁、休息设施配套、公园特有景观、清晰的路标和游览线路的安排、艺术表演节目多样化和主题活动丰富这 8 个要素属于重要程度和满意程度都较高的因素，这些因素对欢乐世界的生存和发展有着举足轻重的作用，是欢乐世界的核心竞争力所在，应努力培养和维持这类优势项目；特色餐饮、价格合理、交通便捷、等待时间、旅游咨询服务和工作人员服务态度及效率等这些因素属于重要程度高，而满意度低的因素，这些因素是阻碍欢乐世界提高服务质量的主要方面，必须认真分析游客满意程度低的原因，并采取相应的对策和措施，尽快使其转入竞争优势；导游解说服务，属于重要程度和满意程度都很低的因素，这个因素应该视其发展方向而定，根据其转化为亟待改进因素还是锦上添花因素来决定对策。

二、提高游客对长隆欢乐世界满意评价的对策

本章以进一步提高游客对长隆欢乐世界的满意度为目标，研究所得到的测评指标体系是影响旅游者对长隆欢乐世界旅游评价的关键因素的集合，四分图分析表明不同的因素对于游客的重要程度不同，游客的满意度评价也不同。改善不同的因素会有不同的效果，不同的因素对提高长隆欢乐世界游客满意度有不同的价值。因此，应根据各个影响要素的轻重缓急，有区别地对待各要素，以提高游客对长隆欢乐世界的满意评价。

（1）交通便捷是满意度最高的一个因子。长隆欢乐世界一直吸引着广州市内以及附近城市源源不断的游客，正是因为抵达长隆的交通四通八达，十分方便。就广州市区来说，有直达的地铁，出地铁口后有接驳巴士把客人送到园区门口。其次，长隆欢乐世界还与交通运输集团合作，比如澳中旅巴士的广州线设有专门的长隆站，想去长隆的游客十分方便。因此这个优势项目需要维持和进一步发扬，保证长隆的游客量持续增加。

（2）主题活动丰富是另外一个令游客十分满意的项目。一个乐园的生命不仅仅在于机动项目等硬件设备，还应该有赋予游乐设备灵魂的主题活动。长隆设计了许多应节的主题性活动。中西合璧，例如开展万圣节、圣诞节、除夕和七夕等特有主题活动，并有一系列的表演，带给游客无穷的乐趣和极大的新鲜感，是长隆发展经久不衰的重要发展方向。在这个项目上还可以进一步完善的是提高活动的参与性，这样更能提高游客的体验度，满意度自然就提高了。

（3）收费价格是长隆欢乐世界需要改进的项目，多数游客对欢乐世界园内收费价格贵不满意，饮食或纪念品的价格都让人有一种距离感。游乐园不是为了与游客产生距离感，而是需要给游客一种的宾至如归的亲切感，因此，情感性的营销十分重要。虽然收费贵是多数游乐园的共性，但是可以有技巧地把价格稍作调整。建议推出几个价格层次的旅游商品以满足不同层次的消费者，既能产生良好的口碑，形成长隆商品品牌特色，也能大大促进园内消费的提高，增加收入。要注意的是，不同层次的商品的质量都需保证。改善这一问题也可以从另外一个角度入手，增加园内的一些免费服务项目，例如免费的饮用水、免费的伞具借用等，让客人感觉门票价格已包含需要的项目，性价比高。

（4）各环节等待时间长也是游客较不满意的一项。这与游客数量大有密切联系，为了减轻这一情况，经营者可以考虑在园内发布游玩攻略，起到一个温馨提示的作用，引导游客的游玩线路。也可以像上海世界博览会那样，提示游客所在位置的等候时间，这样游客就能更好安排自己的游玩顺序，不至于人员过度集中。在排队人数较多时安排工作人员与排队游客进行互动小游戏，如猜谜等，体现对游客的关怀。分散游客的过度集中也可通过淡旺季予以调整，比如在淡季的时候推出优惠或有趣的活动来吸引游客，这样从总体上说，游客数量太集中或游玩项目等候时间长的问题可以得到一定的缓解。

（5）休闲配套设施中，休息设施尤为重要。游乐园中以家庭为单位的游客占不少数量，妈妈、小孩甚至老人家玩累了的时候，经营者需要提供防晒防雨的休息区域让他们歇息。休息区域的数量、面积和选址都需要合理布局，这样游客才能玩得舒心，也可增加游客在园内的逗留时间，给经营者带来其他的有利机会。

（6）特色餐饮是游客最不满意的因素，却是被经营者忽略的重要因素。要改善这一情况，长隆可从下列方面考虑：一是自己设计特色美食，自己聘人，自负盈亏。也可以引入合作伙伴，把餐饮交由合作伙伴经营。笔者建议两者相结合，自己设计的可以树立特色品牌，得到游客的认可。引入合作伙伴可以丰富餐饮的选择性，满足不同需求的游客。笔者建议长隆自己设计的特色美食可以是小吃类的，成本低、可控制性好、趣味性高，符合游乐园轻松好玩、休闲浪漫的风格。

（7）咨询服务也是游客较不满意的因素，表现为游客不清楚投诉的方法，也没有方便游客表达意见的途径。笔者建议在园内增设几个集咨询、休息功能为一体的服务区，能方便游客咨询以及表达建议，把无形的服务有形化，让游客感觉服务就在身边，每时每刻、举手可得。

第五节　结论

在文献研究的基础上，建立起长隆欢乐世界游客满意度测评指标体系，利用四分图法对其欢乐世界各要素的重要性—满意度做综合分析，得出的主要结论为：

（1）来长隆欢乐世界游玩的游客的人口统计学特征为女性游客较男性游客数量较多，以 18～30 岁和 31～40 岁年龄段的中青年游客为主，大专及本科学历程度的游客最多，以学生和公司职员所占比例最高，月收入为 4 001～6 000 元者所占比例最高。

（2）来长隆欢乐世界游玩的游客游览特征，分析结果为：第一次到长隆欢乐世界游玩的游客占到 63.5%，游玩两次以上的游客占到 36.5%。可以看出，长隆欢乐世界的重游率不低。在结伴方式上，与朋友、同学或同事共同出行的游客占到绝大多数；在交通方式方面，乘地铁前来的游客所占比例最高；在信息获取途径方面，以电视媒体广告为主来获取相关信息的游客最多；停留时间方面，停留半天的游客所占的比例最大；在花销方面，绝大多数的游客认为他们的花销价格可以接受。

（3）来长隆欢乐世界游玩的游客，其出游动机分析结果为：与家人和朋友一起享受闲暇时间、感受游乐器械制造的刺激欢乐、休息放松并增进身心健康是相对比较重要的出游动机；游客抱怨分析中，绝大多数游客不知道在哪里投诉以及知晓投诉结果；游客忠诚度分析中，游客的重游意愿较高，推荐意愿也比较高。

（4）长隆欢乐世界旅游构成要素的重要性和游客满意度程度分析结果为：需保持的优势项目包括特有的景观、安全的游玩环境、清晰的路标和游览线路的安排、艺术表演节目多样化、主题活动丰富、环境清洁、厕所清洁、交通便捷、工作人员的服务态度与效率等9个要素；急需改进的项目包括合理价格、休息设施配套、特色餐饮、咨询服务、等待时间等要素。据此结果对交通便捷、丰富主题活动、合理定价、特色餐饮、调整等待时间以及咨询服务提出了相关建议。

第7章　基于游客满意度的长隆欢乐世界个性化服务设计研究

第一节　研究区域概况

一、长隆欢乐世界的基本概况

长隆欢乐世界是长隆集团旗下的一个集乘骑游乐、特技剧场、巡游表演、生态休闲、特色餐饮、主题商店、综合服务于一体的具国际先进技术和管理水平的超大型主题游乐园。其由国际知名的加拿大 Forrec 公司主持设计，拥有 70 多套多从欧洲原装进口的游乐设施，如垂直过山车、十环过山车、火箭过山车、飞马家庭过山车、U 型滑板、超级水战、特技表演、超级大摆锤以及目前亚洲最先进的四维影院等。长隆欢乐世界是一个不断创新、引人注目的主题乐园，从长隆欢乐万圣节、广州草莓音乐节、台湾原创华语户外盛典春浪音乐节、百威风暴电音节等狂欢节庆的举办，到人气综艺节目《高能少年团》和《王者出击》的录制，到热门国内外电影 IP《变形金刚5》《捉妖记2》的引入，再到新引进的游乐项目垂直过山车和增加的全新游乐区域欢乐小镇，这个占地面积约 2 000 亩的欢乐世界自 2006 年开园以来已经接待了超过 3 000 万游客，不断打造新的节庆主题活动，给众多游客带来了很多的欢乐。

二、长隆欢乐世界的各项服务

1. 购票 & 取票

（1）欢乐世界开放多种购票渠道。其一，现场购票；其二，通过长隆官网、长隆官微和其他代理商网上预订购票；其三，办理欢乐世界年卡或四园通玩年卡；其四，酒店＋门票捆绑订购或订房送门票的方式获取门票。

（2）欢乐世界针对不同的人群有不同的票价，不仅有成人票、小童票、长者票、青少年/学生票、大学生票、工行联名卡权益票，还有其他套票，如家庭票、多园通用票等，其在不少活动期间还会推出优惠票，吸引更多游客的到来。

（3）欢乐世界不仅购票渠道和票种多，取票也十分快捷方便。游客在网上预订门票后于入园当天闭园前两个小时凭取票号或取票二维码到自助取票机或园区售票区前取票；持年卡还可以直接验证年卡和指纹进园；现场购票也可到售票区直接购票，排队时间短、出票快，让游客免去等待的苦恼。

2. 交通

（1）长隆度假区内设有穿梭巴士，其线路从长隆地铁广场出发，经过长隆野生动物世界南门、长隆熊猫酒店、长隆国际大马戏/长隆欢乐世界北、长隆酒店，最后到长隆野生动物世界南门和长隆地铁广场，且 8:50—19:30 时间段内每 10 分钟一班车，19:40—22:00 时间段内每过 15 分钟发一班车，但节假日、特殊天气或平日游客较多时将会视具体情况而调整发车时间。

（2）搭乘地铁从汉溪长隆站 D/E 出口出来，步行至欢乐世界南门仅仅需几分钟；选择公交出行可以搭乘 304 路或 562 路到长隆野生动物世界站下车；长隆欢乐世界附近有三个停车场：长隆旅游度假区 3 号停车场、长隆旅游度假区 7 号停车场、长隆旅游度假区 9 号停车场，节假日等人流较多时还可能开设一些小型停车场。

因此，欢乐世界的可进入性很高，游客不必担心交通问题，可以放心出行。

3. 指示指引

入园前：从地铁口出来，就可以看到一个指向欢乐世界的大大的指示牌，照着指示走几分钟就到达欢乐世界门口，这一路的指示牌既大块又引人注目。这些指示牌在不同的主题活动期间也会有契合其主题的内容，令游客在进园前就满怀期待。

园内：①离门口不远处有园区地图和各表演的演出时间表，也有线上智慧景区地图，让游客可以根据开放时间及个人喜好选择相关设施游玩，不会错过喜欢的项目。②主干道都有指示牌。

4. 游乐设施

欢乐世界有七大区域，分别是欢乐小镇、旋风岛、惊叫地带、哈比儿童王国、彩虹湾、欢乐水世界和幻影天地。其中，哈比儿童王国比较适合孩童游玩，其中的奇妙车队、空中警察、飞虎队、欢乐摩天轮等让孩子感到其乐无穷。还有一个宝贝乐园，乃专门为儿童设计的大型室内恒温儿童游乐城，项目多达 30 项，是培养亲子之情的不二选择。追求刺激的游客会比较喜欢尖叫地带，十环过山车、火箭过山车、摩托过山车、龙卷风暴、急速跳跃，每一个都可以令人心跳加速。喜欢高科技的游客可以选择幻影天地，四维影院给游客带来极致 4D 观影体验，而星际决战则让游客沉浸在 360°的全景奇幻星际探险旅程中。还有许多其他游玩项目，此处不一一列举。园内每个设施前都有工作人员操作设施并进行安全讲解和维持秩序，火箭过山车等刺激的游玩项目还有抓拍，会拍下游客在高空中的表情，游客可以付费购买自己的相片。热门项目排队的游客过多时，工作人员会将游客引导到人较少的项目，减少游客等待的时间。

5. 员工服务

欢乐世界的员工布满整个游乐园的每一个地方，售票处、检票处、游乐设施旁、商店里、道路旁、餐饮处、咨询点等等，他们是与游客接触的一线员工，他们的服务在很大程度上影响游客对长隆欢乐世界的满意度，所以员工的职业素养很重要。

6. 其他

园内还提供了很多其他服务，有些需要付费，如快速通道手环，可让游客走某些热门游玩项目的 VIP 通道，免去等待时间；行李间、储物柜存放服务；婴儿车、轮椅的租借服务。此外还有代客充电（数码摄像机、相机、手机）、寻人服务、失物招领、长隆俱乐部会员卡查询等其他免费服务。

第二节　问卷设计与调查

一、调查问卷设计

在进行大量的资料查询后，本章选取了长隆欢乐世界的取票和购票服务、指示指引服务、交通服务、游乐设施服务、员工服务、餐饮服务及其他一些服务作为主要研究因子，结合游客的人口特征和对长隆欢乐世界的整体满意度及开放性问题来进行了问卷设计，问卷内容主要分为四部分：

第一部分包括游客游玩次数、出游方式、了解长隆的途径、购票方式及对长隆年卡的了解。

第二部分主要用李克特五分法对取票和购票、指示指引、交通、游乐设施、员工服务、餐饮服务和其他服务进行测量；其中餐饮和其他服务在李克特量表基础上增添了一个不了解的选项，因为考虑到很多游客特别是第一次游玩的游客可能对长隆欢乐世界里的五大餐厅、快速游玩通道及主体商店并不了解。

第三部分用李克特量表设计了游客对长隆欢乐世界的推荐意愿和总体满意度，此部分还有三个开放性问题：①长隆欢乐世界令您最满意的是＿＿＿；②长隆欢乐世界令您最不满意的是＿＿＿；③长隆欢乐世界令您最印象深刻的是＿＿＿。这三个问题设计的初衷是更深层次地挖掘游客的潜在需求。

第四部分是人口统计特征的一些问题，包括游客的性别、年龄、职业、平均月收入和居住地。

二、问卷派发和回收

研究中利用线上线下结合的方法进行派发收集问卷，因为调查对象是长隆欢乐世界的游客，所以问卷的实地派发就在长隆欢乐世界的园内，以确保样本都是游玩过长隆欢乐世界的。线上选取的都是去过长隆欢乐世界的游客，问卷调查时间为 2019 年 3 月到 4 月。线上回收 187 份，线下回收 136 份，共收集问卷 323 份，剔除线下回收的无效问卷 5 份，有效问卷共 318 份，有效率达 98%。

第三节 样本概况

一、人口基本特征统计

为了了解游客的基本情况，根据样本，对游客的性别、年龄阶段、职业、月收入、居住地进行频数分析。据分析可得：

（1）性别：女性占比 55%，男性占比 45%，两者占比相差不大。这说明喜欢欢乐世界的游客中，性别之分不明显，而且数据可靠，适合做分析。

（2）年龄阶段：18 岁以下的占比 1.89%，18～25 岁年龄段的占比 54.72%，26～45 岁年龄段的占比 24.53%，46～64 岁年龄段的占比 14.15%，65 岁及 65 岁以上的占比 4.72%。数据表明 18～25 岁年龄段的人群占比最高，达一半以上，26～45 岁的人群占了近 1/4，即游客中这两个年龄阶段的人占了绝大部分。原因在于，因为年轻人比较青睐游乐园，很多青壮年会带小孩出游，填写问卷的人一般由大人来完成，所以这两个年龄阶段人群占比高是符合情理的。

（3）受教育程度：初中及以下占比 12.36%，高中及中专占比 19.57%，大专及本科占比 54.43%，硕士及以上占比 13.64%。可以看出游园的人受教育的程度普遍较高，其中大专及本科占比最高，超过一半。广州作为广东省省会，其高校数量多，受教育程度高的人自然也多。

（4）职业：公务员占比 8.18%，企事业管理人员占比 8.18%，公司职员占比 34.59%，工人占比 5.35%，居家占比 3.46%，专业技术人员占比 9.75%，教育工作者占比 7.55%，学生占比 20.44%，退休人员占比 0.63%，军人占比 0.33%，其他占比 1.56%。从中可以看出进长隆欢乐世界游玩的人群中学生比较多，毕竟年轻人比较活泼，喜欢刺激性的玩乐；公司职员占比高于 1/3，占比最高，这说明大部分进园的人群都有一定的经济基础，可以接受门票的价格。

（5）平均月收入：2 000 元及以下占比 23.27%，2 001～5 000 元占比 25.16%，5 001～8 000 元占比 19.50%，8 001～10 000 元占比 20.44%，10 001～20 000 元占比 10.06%，20 000 元以上占比 1.57%。数据显示平均月收入 5 000 元以下的人群占比近一半，进欢乐世界的游客中一部分人群是学生，没有经济来源，多靠家人给的生活费，故而平均月收入多在 2 000 元以下；还说明门票价格在高工资与低工资人群中普遍可以接受，只是接受的程度不一样。

（6）居住地：来自广州的占比 66.98%，来自广东省其他地方的占比 21.38%，来自中国其他省份的占比 8.81%，来自国外的占比 2.83%。广州游客占比高说明广州本地游客较多，广东省游客占了近九成，则说明长隆欢乐世界客源多在本省。珠三角地区是很大的一个客源市场，其经济发展水平较高，对于休闲比较重视。

二、游客的其他数据统计

1. 游玩次数

到欢乐世界游玩 1 次的人数占比 31.13%，游玩 2 次占比 30.5%，游玩 3 次占比 19.81%，游玩 4 次占比 11.64%，游玩 5 次及以上占比 6.92%；说明欢乐世界具有足够的吸引力，重游率也不低。

2. 交通方式

最近一次出行选择公交车出行的占比 21.07%，地铁 40.57%，出租车 17.92%，自驾车 18.55%，其他 1.89%。这说明公共交通出行的人较多，交通便捷，可进入性强。

3．了解途径

通过互联网了解欢乐世界的信息的占比56.29%，电视媒体广告49.06%，报刊45.6%，亲朋好友介绍48.11%，其他2.2%。说明传播方式广泛，了解途径多样，宣传力度不低。

4．购票方式

选择网上购票的人占比45.6%，现场购票38.99%，年卡13.52%，其他1.89%。说明选择网上购票的人较多且购票进园有多种方式，包括网上、现场、年卡、跟团等。

5．年卡

对于长隆欢乐世界年卡不了解的游客占比23.58%，知道但不了解的占比41.51%，知道且了解的占比21.07%，了解且购买过的占比13.84%。说明游客对于年卡的了解程度不高，需要增加宣传力度。

三、关于游客满意度的数据分析

为了检验购票和取票、进园前的指示指引（指示牌、指引人员等）、园内的指示指引（指示牌、指引人员等）、停车场、免费穿梭巴士、机械类（十环过山车、垂直过山车等）、观赏类（特技表演、四维影院等）、亲子类（哈比王国等）、检票进园处、餐饮处、主题商店处、游乐设施处、游走指引等各个因子的能否用来进行分析，我们先对它们进行了信效度的分析。

1．信度分析

将以上因子的量表题进行克隆巴赫信度分析，得到的信度系数值为0.962，大于0.9，说明研究数据信度质量很高。针对"分析项已删除后的 α 系数"，分析项被删除后的信度系数值并没有明显的提升，说明各个测量因素全部应该保留，进一步说明研究数据信度水平高。针对"CITC 值"，分析项对应的 CITC 值均高于0.6，说明分析项之间具有良好的相关关系，同时也说明信度水平良好。综上所述，研究数据信度系数值高于0.9，删除测量因素后，信度系数值并不会明显提高，说明数据信度质量高，可用于进一步分析。

2. 效度分析

为了检验以上各个因子的设计是否合理、是否有意义，将使用因子分析方法进行研究，分别通过 KMO 值、共同度、方差解释率值、因子载荷系数值等指标进行综合分析，以验证出数据的效度水平情况。本章利用 KMO 值判断各因子的量表题是否有效度，得出的 KMO 值为 0.968，远高于 0.8，意味着数据具有效度。共同度值用于排除不合理研究项，而用来分析的因子的量表题选项对应的共同度值均高于 0.4，说明研究项信息可以被有效地提取。

3. 回归分析

为了了解以上各因子对欢乐世界总体满意度的影响程度，研究中我们将购票和取票、进园前的指示指引（指示牌、指引人员等）、园内的指示指引（指示牌、指引人员等）、停车场、免费穿梭巴士、机械类（十环过山车、垂直过山车等）、观赏类（特技表演、四维影院等）、亲子类（哈比王国等）、检票进园处、餐饮处、主题商店处、游乐设施处、游走指引等因子作为自变量，而将游客对长隆欢乐世界的总体满意度作为因变量进行线性回归分析，结果见表 7.1。

表 7.1　各项因子对于总体满意度的线性回归分析表

	非标准化系数		标准化系数	t	p	VIF	R^2	调整 R^2	F
	B	标准误	Beta						
常数	−0.396	0.204	—	−1.941	0.053	—			
购票和取票	0.143	0.056	0.143	2.558	0.011*	2.654	0.642	0.626	41.899 (0.000**)
进园前的指示指引	0.152	0.052	0.140	2.918	0.004**	1.942			
园内的指示指引	0.133	0.052	0.117	2.545	0.011*	1.792			

续表7.1

	非标准化系数		标准化系数	t	p	VIF	R^2	调整 R^2	F
	B	标准误	Beta						
停车场	0.072	0.053	0.066	1.359	0.175	1.991			
免费穿梭巴士	0.084	0.051	0.076	1.651	0.100	1.798			
机械类（十环过山车、垂直过山车等）	0.161	0.049	0.161	3.285	0.001**	2.026	0.642	0.626	41.899 (0.000**)
观赏类（特技表演、四维影院等）	0.125	0.051	0.110	2.452	0.015*	1.715			
亲子类（哈比王国等）	0.096	0.048	0.095	2.007	0.046*	1.897			
检票进园处	-0.040	0.060	-0.034	-0.667	0.505	2.266	0.642	0.626	41.899 (0.000**)
餐饮处	0.091	0.052	0.087	1.731	0.084	2.149			
主题商店处	0.048	0.051	0.042	0.937	0.350	1.742			
游乐设施处	-0.005	0.059	-0.005	-0.091	0.928	2.178			
游走指引	0.084	0.053	0.082	1.590	0.113	2.257			

因变量：游客对长隆欢乐世界的总体满意度；$D-W$ 值：1.960；* $P<0.05$ ** $P<0.01$。

从表7.1可以看出，模型 R 平方值为0.642，意味着上述13类因子可以解释游客对长隆欢乐世界的总体满意度的64.2%变化原因。

对模型进行 F 检验时发现模型通过 F 检验（$F = 41.899$，$P < 0.05$），也说明上述因子中至少一项会对游客对长隆欢乐世界的总体满意度产生影响关系。

模型公式为：

游客对长隆欢乐世界的总体满意度 $= -0.396 + 0.143 \times$ 购票和取票 $+ 0.152 \times$ 进园前的指示指引（指示牌、指引人员等）$+ 0.133 \times$ 园内的指示指引（指示牌、指引人员等）$+ 0.072 \times$ 停车场 $+ 0.084 \times$ 免费穿梭巴士 $+ 0.161 \times$ 机械类（十环过山车、垂直过山车等）$+ 0.125 \times$ 观赏类（特技表演、四维影院等）$+ 0.096 \times$ 亲子类（哈比王国等）$- 0.040 \times$ 检票进园处 $+ 0.091 \times$ 餐饮处 $+ 0.048 \times$ 主题商店处 $- 0.005 \times$ 游乐设施处 $+ 0.084 \times$ 游走指引。

另外，针对模型的多重共线性进行检验发现，模型中的 VIF 值全部均小于 5，意味着不存在着共线性问题；并且 $D - W$ 值在数字 2 附近，说明模型不存在自相关性，样本数据之间并没有关联关系，模型较好。最终具体分析可知：

购票和取票的回归系数值为 0.143（$t = 2.558$，$P = 0.011 < 0.05$），意味着购票和取票会对游客对长隆欢乐世界的总体满意度产生显著的正向影响关系。进园前的指示指引（指示牌、指引人员等）的回归系数值为 0.152（$t = 2.918$，$P = 0.004 < 0.01$），意味着进园前的指示指引（指示牌、指引人员等）会对游客对长隆欢乐世界的总体满意度产生显著的正向影响关系。园内的指示指引（指示牌、指引人员等）的回归系数值为 0.133（$t = 2.545$，$P = 0.011 < 0.05$），意味着园内的指示指引（指示牌、指引人员等）会对游客对长隆欢乐世界的总体满意度产生显著的正向影响关系。停车场的回归系数值为 0.072（$t = 1.359$，$P = 0.175 > 0.05$），意味着停车场并不会对游客对长隆欢乐世界的总体满意度产生影响关系。免费穿梭巴士的回归系数值为 0.084（$t = 1.651$，$P = 0.100 > 0.05$），意味着免费穿梭巴士并不会对游客对长隆欢乐世界的总体满意度产生影响关系。机械类（十环过山车、垂直过山车等）的回归系数值为 0.161（$t = 3.285$，$P = 0.001 < 0.01$），意味着机械类（十环过山车、垂直过山车等）会对游客对长隆欢乐世界的总体满意度产生显著的正向影响关系。

观赏类（特技表演、四维影院等）的回归系数值为 0.125（$t = 2.452$，$P = 0.015 < 0.05$），意味着观赏类（特技表演、四维影院等）会对游客对长隆欢乐世界的总体满意度产生显著的正向影响关系。亲子类（哈比王国等）

的回归系数值为 0.096（$t = 2.007$，$P = 0.046 < 0.05$），意味着亲子类（哈比王国等）会对游客对长隆欢乐世界的总体满意度产生显著的正向影响关系。检票进园处的回归系数值为 -0.040（$t = -0.667$，$P = 0.505 > 0.05$），意味着检票进园处并不会对游客对长隆欢乐世界的总体满意度产生影响关系。餐饮处的回归系数值为 0.091（$t = 1.731$，$P = 0.084 > 0.05$），意味着餐饮处并不会对游客对长隆欢乐世界的总体满意度产生影响关系。主题商店处的回归系数值为 0.048（$t = 0.937$，$P = 0.350 > 0.05$），意味着主题商店处并不会对游客对长隆欢乐世界的总体满意度产生影响关系。游乐设施处的回归系数值为 -0.005（$t = -0.091$，$P = 0.928 > 0.05$），意味着游乐设施处并不会对游客对长隆欢乐世界的总体满意度产生影响关系。游走指引的回归系数值为 0.084（$t = 1.590$，$P = 0.113 > 0.05$），意味着游走指引并不会对游客对长隆欢乐世界的总体满意度产生影响关系。

　　总结分析可知：在前述 13 个因素中，购票和取票、进园前的指示指引（指示牌、指引人员等）、园内的指示指引（指示牌、指引人员等）、机械类（十环过山车、垂直过山车等）、观赏类（特技表演、四维影院等）、亲子类（哈比王国等）6 个因素会对游客对长隆欢乐世界的总体满意度产生显著的正向影响关系。但是停车场、免费穿梭巴士、检票进园处、餐饮处、主题商店处、游乐设施处及游走指引 7 个因子并不会对游客对长隆欢乐世界的总体满意度产生影响关系。故而本章选取会对游客对长隆欢乐世界的总体满意度产生显著的正向影响关系的六项影响因素进行具体研究分析。

四、对长隆欢乐世界总体满意度具有正向影响的因素

1. 游客对购票和取票服务满意度分析

　　（1）分析发现，游客对于购票和取票服务的满意度平均值为 3.7，也就是满意程度接近满意，但仍有改进空间。

　　（2）利用卡方检验（交叉分析）去研究平均月收入对于购票和取票的差异关系，发现：不同平均月收入样本对于购票和取票呈现出显著性（$P < 0.05$），意味着不同平均月收入样本对于购票和取票呈现出差异性。具体分析可知：

　　平均月收入对于购票和取票呈现出 0.01 水平显著性（$x = 41.59$，$P = 0.00 < 0.01$），通过百分比对比差异可知，月收入 2 000 元以下选择一般的比

例为 39.19%，明显高于平均水平 21.70%。月收入 20 000 元以上选择满意的比例为 60.00%，明显高于平均水平 36.48%。月收入为 8 001 ～ 10 000 元选择很满意的比例为 41.54%，明显高于平均水平 28.30%。月收入为 5 001 ～ 8 000 元选择很满意的比例为 38.71%，明显高于平均水平 28.30%。也即不同平均月收入样本对于购票和取票全部均呈现出显著性差异。

最后从数据可以看出收入较高的人群对于购票和取票服务的满意度较高，收入低的人群对于购票和取票服务的满意度较低；也就是说，购票和取票服务对收入低的人群影响较大。

2. 游客对指示指引服务满意度分析

（1）分析发现，游客对于进园前的指示指引服务满意度的平均值为 3.6，而对于园内的指示指引服务满意度的平均值同为 3.6，两者的满意程度都接近满意，而两者都对游客总体满意度有显著影响，所以不管是园内还是园外的指示指引都十分重要。

（2）利用卡方检验（交叉分析）研究平均月收入对于进园前的指示指引（指示牌、指引人员等）及园内的指示指引（指示牌、指引人员等）的差异关系，结果发现：不同平均月收入样本对于园内的指示指引（指示牌、指引人员等）不会表现出显著性（$P > 0.05$），意味着不同平均月收入样本对于园内的指示指引（指示牌、指引人员等）均表现出一致性，并没有差异性，也即不同月收入人群对于园内的指示指引的满意度落在一般和满意之间的占大部分，很满意次之，不满意和很不满意则占比较小。

另外，平均月收入样本对于进园前的指示指引（指示牌、指引人员等）呈现出显著性（$P < 0.05$），意味着不同平均月收入样本对于进园前的指示指引（指示牌、指引人员等）均呈现出差异性，但满意度发布情况与园内情况大致上相差不大。而进行月平均收入与交通选择的交叉分析还发现，各个月平均收入水平不一样的人群选择地铁和公交出行的占比都是最高的，选择地铁和公交出行的人数占了总人数的大部分，其中搭乘地铁出行的人最多。因而，进行指示指引服务的个性化服务设计要着重关联地铁与公交。

3. 游客对游乐设施满意度分析

（1）分析发现，游客对于园内机械类、观赏类和亲子类的满意度平均值分别为 3.8、3.7 和 3.6，其中对于机械类的满意度最高，观赏类次之，亲子类最低，但游客对三者的满意程度都是接近满意的。

（2）利用卡方检验（交叉分析）研究职业对于机械类、观赏类、亲子类3 项因子的差异关系，发现：不同职业样本对于机械类、观赏类、亲子类 3 项因子呈现出显著性（$P < 0.05$），意味着不同职业样本对于机械类、观赏类、亲子类 3 项因子均呈现出差异性，不同职业对于不同游乐设施的满意度情况如表 7.2 至表 7.4 所示。

表 7.2　不同职业对于机械类游乐设施的满意度

职业变量	很不满意	不满意	一般	满意	很满意	小计
公务员	4 (15.38%)	1 (3.85%)	4 (15.38%)	10 (38.46%)	7 (26.92%)	26
企事业管理人员	0 (0.00%)	0 (0.00%)	9 (34.62%)	6 (23.08%)	11 (42.31%)	26
公司职员	10 (9.09%)	9 (8.18%)	25 (22.73%)	38 (34.55%)	28 (25.45%)	110
专业技术人员	2 (6.45%)	2 (6.45%)	7 (22.58%)	10 (32.26%)	10 (32.26%)	31
教育工作者	1 (4.17%)	1 (4.17%)	2 (8.33%)	9 (37.5%)	11 (45.83%)	24
工人	1 (5.88%)	2 (11.76%)	6 (35.29%)	2 (11.76%)	6 (35.29%)	17
居家人群	2 (18.18%)	1 (9.09%)	1 (9.09%)	3 (27.27%)	4 (36.36%)	11
学生	0 (0.00%)	1 (1.54%)	11 (16.92%)	43 (66.15%)	10 (15.38%)	65
退休	0 (0.00%)	1 (50%)	0 (0.00%)	1 (50%)	0 (0.00%)	2
军人	0 (0.00%)	1 (50%)	0 (0.00%)	1 (50%)	0 (0.00%)	2
其他	0 (0.00%)	0 (0.00%)	0 (0.00%)	2 (50%)	2 (50%)	4

由表 7.2 可以看出，居家人群中对机械类游乐设施的不满意和很不满意的占比最高达 27.27%，公务员和公司职员次之，而企事业管理人员对于机械类设施没有不满意和很不满意的，学生对此类设施的满意度最高：满意和很满意的占比 81.53%（因为退休、军人和其他三个不同职业分类的样本量都不超过 5，所以不纳入分析）。

表7.3 不同职业对于观赏类游乐设施的满意度

职业变量	很不满意	不满意	一般	满意	很满意	小计
公务员	1（3.85%）	3（11.54%）	11（42.31%）	4（15.38%）	7（26.92%）	26
企事业管理人员	0（0.00%）	0（0.00%）	10（38.46%）	13（50%）	3（11.54%）	26
公司职员	3（2.73%）	12（10.91%）	51（46.36%）	18（16.36%）	26（23.64%）	110
专业技术人员	1（3.23%）	3（9.68%）	11（35.48%）	8（25.81%）	8（25.81%）	31
教育工作者	1（4.17%）	0（0.00%）	9（37.5%）	6（25%）	8（33.33%）	24
工人	0（0.00%）	0（0.00%）	6（35.29%）	2（11.76%）	9（52.94%）	17
居家人群	0（0.00%）	4（36.36%）	2（18.18%）	3（27.27%）	2（18.18%）	11
学生	0（0.00%）	2（3.08%）	19（29.23%）	35（53.85%）	9（13.85%）	65
退休	0（0.00%）	0（0.00%）	0（0.00%）	2（100%）	0（0.00%）	2
军人	0（0.00%）	0（0.00%）	1（50%）	0（0.00%）	1（50%）	2
其他	0（0.00%）	0（0.00%）	1（25%）	1（25%）	2（50%）	4

由表7.3可以看出，居家人群对于观赏类的游乐设施的不满意和很不满意占比是最高的，高达36.36%，而学生对于观赏类的游乐设施的满意度是最高的，占比67.7%；还有企事业管理人员和工人对此类设施没有不满意的。

表7.4 不同职业对于亲子类游乐设施的满意度

职业变量	很不满意	不满意	一般	满意	很满意	小计
公务员	2（7.69%）	3（11.54%）	8（30.77%）	5（19.23%）	8（30.77%）	26
企事业管理人员	0（0.00%）	0（0.00%）	17（65.38%）	2（7.69%）	7（26.92%）	26
公司职员	10（9.09%）	12（10.91%）	30（27.27%）	20（18.18%）	38（34.55%）	110
专业技术人员	2（6.45%）	2（6.45%）	12（38.71%）	9（29.03%）	6（19.35%）	31
教育工作者	1（4.17%）	1（4.17%）	6（25%）	7（29.17%）	9（37.5%）	24
工人	0（0.00%）	2（11.76%）	5（29.41%）	7（41.18%）	3（17.65%）	17
居家人群	3（27.27%）	0（0.00%）	4（36.36%）	2（18.18%）	2（18.18%）	11
学生	0（0.00%）	2（3.08%）	25（38.46%）	35（53.85%）	3（4.62%）	65
退休	0（0.00%）	0（0.00%）	0（0.00%）	1（50%）	1（50%）	2

续表7.4

职业变量	很不满意	不满意	一般	满意	很满意	小计
军人	0（0.00%）	0（0.00%）	1（50%）	1（50%）	0（0.00%）	2
其他	0（0.00%）	0（0.00%）	2（50%）	1（25%）	1（25%）	4

由表 7.4 可以看出，居家人群对于亲子类的游乐设施的不满意和很不满意占比还是最高的，高达 27.27%，而学生对于亲子类的游乐设施的满意度是最高的，占比 58.47%；企事业管理人员对于此类设施没有不满意的。

总的来说，学生对于三类游乐设施的满意度都十分高，但是满意度机械类 > 观赏类 > 亲子类；居家人群对于三类游乐设施的满意度是最低的；企事业管理人员对于三类游乐设施没有不满意的，但是感觉一般的不在少数，没有明显的偏向。

五、游客对欢乐世界的印象

1. 长隆欢乐世界最让人满意的词云图

图 7.1 是去长隆欢乐世界最让人满意的"词云"。从中可以看出，不同的人会有不一样的关注点，如游乐设施、公仔、拍照、发朋友圈、游玩、帅哥美女等等，但是最主要的还是玩。其中最引人注目的是过山车，过山车的惊险刺激是很多人进长隆欢乐世界的首选，火箭过山车、垂直过山车、十环过山车等都是热门游玩项目。

图 7.1　长隆欢乐世界最让人满意的词云图

2. 长隆欢乐世界最让人不满意的词云图

图 7.2 是长隆欢乐世界最令人不满意的"词云"。从中可以看出，人多、食物、排队是让人最不满的地方。每到节假日，很多人出游，而长隆又是比较热门的旅游目的地，人自然更多，所以就要排队，特别是在热门游玩项目前排队所耗费的时间自然就多。其外还有服务态度、遮阳等其他不满。

图 7.2　长隆欢乐世界最让人不满意的词云图

3. 长隆欢乐世界让人印象最深刻的词云图

图 7.3 是长隆欢乐世界让人印象最深刻的"词云"，从中可以看出，过山车排最显著位置。长隆欢乐世界的几大过山车惊险刺激，在游乐项目中比较著名，处处充满了尖叫声；此外，鬼屋、公仔等等也令人印象深刻。

图 7.3　长隆欢乐世界最让人印象深刻的词云图

六、小结

游客对于购票和取票服务的满意度平均值为 3.7，对于进园前的指示指引服务满意度的平均值为 3.6，对于园内机械类、观赏类和亲子类项目的满意度平均值分别为 3.8、3.7 和 3.6。这几项服务的满意度均有很大的提升空间。

通过上面的一些数据分析，考虑长隆欢乐世界需要和进行如下个性化服务设计：

（1）收入低的人群受门票价格影响较大。价格会影响低收入人群对长隆欢乐世界的整体满意度。交叉分析发现，月平均收入在 2 000 元以下的人群对于整体满意度选择"一般"的比例为 32.43%，明显高于平均水平 18.24%。换言之，这样的门票价格付出与他们实际的游玩体验不符，不能带给他们惊喜，所以不易产生满足感。

（2）进行指示指引服务的个性化服务设计要着重关联地铁与公交。因为选择地铁和公交出行的人较多，所以这些地方的人流也会较多，对于这部分需要更多的优化设计。

（3）学生对于三类游乐设施的满意度都十分高，但是满意度是机械类 > 观赏类 > 亲子类；居家对于三类游乐设施的满意度是最低的；企事业管理人员对于三类游乐设施没有不满意的，但是感觉一般的也不在少数，没有明显的偏向。当在设施上难以提升就在细微之处洞察他们的需要。

（4）从最令游客满意、不满意和印象深刻的词频可以知道，每逢节假日或活动日人流量会很大，排队人会很多，故等待时间会偏长。此外还有觉得园内食物贵且不够好吃、纪念品不够有趣等问题。

第四节　个性化服务的分析和改进策略

很多时候，我们可以选择从很多小的方面入手去影响整体的满意度，因为总体满意度是受多种因素影响的，其中，游客个人的情感是最不确定的影响因素。我们可以从游客的心理感观出发去思考提升游客满意度的策略。

一、提供超值服务

所谓超值服务就是超出游客预期的服务，比如买冰激凌送一小张纸巾，一张小小的纸巾就能让顾客产生惊喜，这就是从细微之处洞察到顾客的其他需求。同理，长隆欢乐世界要想提升游客满意度，就要有其独特的、个性化的服务，能提前察觉游客的不同需求。长隆欢乐世界在入园处提供纸质地图，即使游客没拿到纸质地图也没关系，因为还有线上的智慧地图，可让游客随时随地查看。那不会看地图、没有方向感的人怎么办呢？没关系，只需要另外付些费用，随行导游就能领你参观游玩。那老弱病残的人能在长隆欢乐世界里游玩吗？这里有轮椅、婴儿车租借服务，谁都能感受生命的活力。但是这些并不能让游客产生超值的感受，因为导游、轮椅、婴儿车、游览观光车、物品寄存、快速游玩通道等少数人会用到的服务都是付费服务，需要额外的支出，所以难以成为游客眼中的超值服务。

既然如此，长隆欢乐世界可以寻找更细微的游客需求，用更少的成本去满足游客的需求，让游客产生超值的感受。例如，当热门游玩项目的人较多需要排队等待时，排队区域可以播放一些明显在长隆欢乐世界录制的综艺节目，让游客在观看后有更高的兴致，产生明星效应；人偶在与人交往中无往不利，因为人偶的外表一般比较呆萌且没有攻击性，所以人对人偶的戒心会比较轻，两者就可以有更好的互动，故人偶要主动与人互动，这也可以成为游客很美好的回忆；在游客面对挑战时，一个幽默风趣的工作人员比一个沉默寡言的工作人员更能减缓游客的紧张情绪，所以工作人员不仅要够可靠，而且还要是一个优秀的心理导师。

二、补偿安慰

当游客因为外在的客观因素不能尽情游玩时，就会出现消极情绪，这时候，一个小小的补偿性或纪念性的东西就能缓解或消除游客的消极情绪，甚至提高游客的兴致，使他们对服务更加满意。例如天气不好、喜欢的设施不开放、有事需要提早离开等等情况出现时，欢乐世界可以采取怎么样的措施让游客留有更好的印象呢？或许可以采取如下措施：因天气不好部分游玩设施不开放时，各处商店、餐厅可以进行打折优惠，这样既能吸引到更多游客进行二次消费，又能缓解游客焦躁情绪；当游客不得不提早离园时，提早离开欢乐世界就会留有遗憾，若最先出园的前 30 名游客被赠予小小的、精致的、具有自身特色的纪念品，不仅可以安慰游客，还为自己做了宣传；下雨天为没伞的游客提供免费的一次性雨衣，用极低的成本就可以获得游客的好感。

有时候因为种种原因不能提供原有的服务，达不到游客的预期，主题公园不能有事不关己、高高挂起的心态。因为患难见真情，主题公园若能从游客的角度照顾游客的感受，游客将受到感动，进而消除消极影响。所以，长隆欢乐世界要设身处地为游客思考，想其所想，虑其所虑，这样才能赢得游客好感。

三、加大年卡宣传力度

长隆欢乐世界有三种年卡：老人用的吉祥卡、给青少年用的成长卡和成年人用的普通卡。但是此次调查发现，有 20% 以上的人不知道年卡的存在，知道年卡但不了解的人更是占了 40% 以上。一般情况下买了年卡的人都会去注册会员，而会员制度是客户关系管理的重要手段之一，所以长隆欢乐世界需要加大对年卡的宣传力度，让更多人知悉长隆年卡，以培育、收获更多的忠诚游客。

第五节　结论与研究不足之处

通过问卷调查数据得知：在长隆欢乐世界，游客对于购票和取票服务的满意度平均值为 3.7，对于进园前的指示指引服务满意度的平均值为 3.6。对于园内机械类（十环过山车、垂直过山车等）、观赏类（特技表演、四维影院等）和及亲子类（哈比王国等）的满意度平均值分别为 3.8、3.7 和 3.6，并且学生偏向于机械类和观赏类的游乐设施，工人喜欢观赏类游乐设施多于机械类游乐设施，教育工作者对于三类游乐设施都偏向满意且没有明显的喜好偏向。企事业管理人员对于三类游乐设施没有不满意的，但是感觉一般的也不在少数，需要进一步提高满意度。我们提出的个性化服务设计的策略为：提供超值服务、补偿安慰及加大对长隆欢乐世界年卡的宣传力度。

长隆欢乐世界在珠三角地区的游乐型主题公园中独占鳌头，拥有进口的、亚洲先进的游乐设施，能带给游客高科技的体验。它位于广州长隆度假区中心位置，有着良好的可进入性，是广州旅游的名片之一。但是，随着国家新政策的出台，迪士尼、六旗、环球影城等外资企业纷纷涌进来分主题公园这块蛋糕。国内在建主题公园的数量也创新高，主题公园业内的竞争将会越来越大、愈演愈烈。长隆要继续守好在广东和珠三角的市场，进一步提升自己，就要设计更好的适合自己的个性化服务，提升顾客的满意度，去获得更多忠诚的客户，让自己立于不败之地。

本章尚有许多不足之处：对于外国文献，只选取较为经典的；对我国的关于个性化服务文献，总结不够。没有建立起一个更好的分析框架，数据分析偏浅薄，问卷设计可以继续优化。

第8章　广州白云山风景名胜区旅游满意度测评研究

第一节　研究区概况

白云山坐落在广州市北部，自古就有"羊城第一秀"之称，为我国国家级风景名胜区，广东首批5A级旅游景区之一。其承担城市公园功能，具有休闲健身娱乐作用，在国内具有较高知名度，是国内优秀的观光游览接待基地，也是广州市重要的旅游景区之一。

一、交通状况

白云山景区位于广州市中心，地理位置独特，交通方便。作为珠三角城市群中心，其东有东莞、深圳，西有佛山，南有中山和珠海。白云山周围交通线路密集，接近高速公路和市内的主干线，有多条公交线路可达风景区，形成了纵横交错的市内和连接市外的交通网，有利于散客到达。（见图8.1）白云山景区内有可通汽车的主干道，还有多条贯通各景点的步行登山道。风景区内还有游览中巴、游览电瓶车和登山缆车，为游客上下山提供方便。

二、白云山客流量概述

随着白云山旅游景区的发展，白云山已成为人们闲时休憩的好去处，而

图 8.1　白云山风景区地理位置

注：图片来源于百度地图。

且吸引越来越多的游客前来参观。全年景区客流量近 500 万人次，日均客流量 2 万～3 万人次，尤其是重要节假日，全山最大客流量 10 万～20 万人次。广州白云山风景名胜区的知名度越来越高，引起人们的高度关注，因此，游客对白云山旅游风景名胜区的满意度测评研究具有典型性和代表性。

三、白云山旅游资源特点

由表 8.1 中可看出，白云山景区的旅游资源非常丰富，主要包括自然资源与人文资源两大方面。其中，自然资源有地景、水景、生景和园景，人文资源有建筑、胜迹和风物。从景源构成来看，人文景观资源所占比例较大，其中的胜迹、园景等比例较大，建筑的比例较小；而自然风景资源中，地景比例较大，风物的比例较小。可以看出，白云山的人文景观和自然景观资源兼备，人文景观和自然风景交相呼应，自然风景特色明显。白云山的旅游资源丰富多彩、特色鲜明，有利于吸引游客前来游览。

表 8.1 白云山旅游资源

分类		景 观	个数
自然景观	地景	蒲涧濂泉、蒲谷溪流、摩星岭主峰、虎头岩、黄龙出洞、英雄洞、锦绣南天	7
	水景	麓湖、黄婆洞水库、上坑水库、下坑水库	4
	生景	大鸿鹄、鸣春谷、孖髻岭	4
	园景	云台花园、回归林、星海园、桃花洞、白云松涛、山顶公园、云溪生态公园、中日青年友谊林、可憩大草坪、雕塑公园	10
人文景观	建筑	广州碑林、明珠楼	2
	胜迹	能仁寺、白云仙馆、将军坟、卢家墓、苏家墓、戴鸿慈墓、松风、梁佩兰墓、景泰僧归、五龙谷庙遗址、上景泰寺遗址、下景泰寺遗址、蒲涧寺遗址、濂泉寺遗址	14
	风物	郑仙岩	1
总 计			42

注：资料来源于白云山管理局《广州白云山风景名胜区总体规划》（2007—2025）。

四、白云山资源价值概述

广州白云山风景名胜区产业结构单一，基本上都是第三产业的旅游业。1991 年前，白云山的景区少、景点少，而且不上档次，基本设施和服务设施比较落后，游客不多。白云山的门票和服务收入每年只有 300 万元左右。1991 年以后，政府加大了对白云山的投入，白云山景点、景区增多，档次提高，而且具有欣赏价值、科学价值、历史价值、保健价值和游憩价值。白云山风景名胜区的门票和服务收入也随之增加。所以，白云山需要做好旅游景观资源的开发利用，树立与维持景区在旅游者心目中的良好形象。

第二节 广州白云山游客满意度的测评体系

一、测量指标体系的建立

旅游活动是涉及"食、住、行、游、购、娱"这六大方面的综合活动。所以在建立测评指标体系的时候要把这些问题都考虑进去。根据 TDCSI 模型，本章所构建的白云山游客满意指数测评体系不仅反映了影响游客评价白云山服务质量的主要因素，同时也反映了游客对白云山旅游产品的实际需求。本章在提出构建白云山游客满意度测评指标体系理论框架的基础上，形成一个逐级展开的多层次、多维度的指标体系。

二、游客满意度测评指标体系构建原则

参考相关的测评原则，对白云山风景名胜区的游客满意度测评指标体系将遵循选取因子的有效性、评测指标的可测性和评测体系的层次性等原则。

1. 选取因子的有效性

指标的设定要合理，包括"食、住、行、游、购、娱"等六个方面。游客满意度指标体系中的各个因子应该真实、客观和有效地反映游客对白云山旅游景区的满意程度以及影响游客满意度大小的重要程度，并能够灵活地反映出游客的真实评价。

2. 评测指标的可测性

游客满意度的评测实际是一个将各项指标量化的过程，需要用数字反映游客对白云山旅游景区的各个方面的态度，因此需要对各项评测指标进行量化。为了指标体系具有实效的可测性和可比性，各项指标体系应该尽量简化，计算方法也不宜繁杂，这样便于数据的获得，有利于提高指标评测的有效性和可操作性。

3．评测体系的层次性

评价指标体系一旦形成，需要尽量保持评测体系内容的稳定性，以有利于白云山满意度评价指标体系的完善和发展。但是由于游客满意度评测项多样化，不同类型的旅游景区有不同的特点，需要对指标体系的内容进行调整。白云山的指标体系可以根据 TDCSI 测评模型进行多层次构建。

三、白云山游客满意度测评指标体系

结合旅游学的特性和旅游景区等方面的内容，对白云山满意度调查建立形成一个多层次和多维度的稳定的指标结构体系，该指标体系主要分为三个层次（见图 8.2）。

（1）"白云山旅游景区游客满意度"是第一层次的指标，也是总的评测目标。

（2）第二层次的结构目标主要包括旅游景观、服务设施、旅游服务、旅游交通、景区环境、旅游价格这 6 个测评指标。

（3）第三层次的目标是在第二级指标的基础上展开进行的，具体包括游客对白云山旅游景区的 23 个实际体验要素。

四、问卷设计与数据统计分析方法

广州白云山风景名胜区测评研究的主要数据来源于通过问卷调查方式获取的第一手资料。问卷调查法主要是通过设计测量项目向被调查者搜集资料。问卷设计的合理性和科学性将影响获取数据的科学性和准确性，进而影响到分析结果的可靠性。所以，问卷设计的内容、数量和结构等都要围绕研究的目的和内容来进行设计。本研究的问卷主要分为三个部分。

第一部分：主要包括游客的旅游特性等几个方面的内容。

第二部分：问卷的主要内容，是对影响游客对白云山旅游景区满意度的突出要素进行测评。影响白云山游客满意度的要素主要包括旅游景观、服务设施、旅游服务、旅游交通、景区环境和旅游价格等 6 个方面。

第三部分：主要包括游客的基本背景资料，包括游客的性别、年龄、来源地、职业、教育背景和月平均收入等。

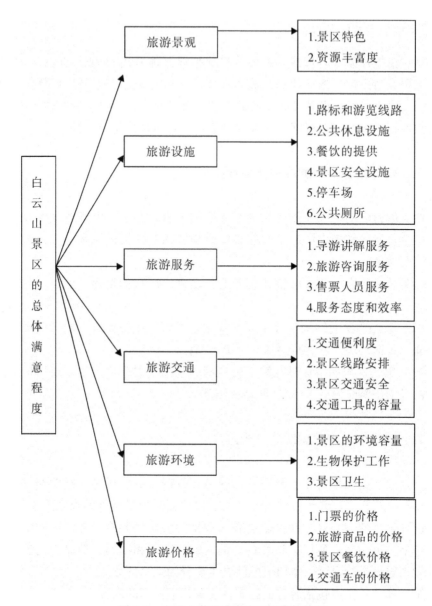

图 8.2　白云山游客满意度测评指标体系

　　问卷调查实际上是利用数字来反映游客对白云山旅游景区的服务和管理等各个方面的满意态度和评价。本章研究过程中对游客对白云山的评价指标体系也进行了量化，采用李克特五点量表法，将满意度分为五个级别，分别

是非常不满意、不满意、一般、满意、非常满意，对各个级别相应的赋值为
1、2、3、4、5。

五、白云山游客满意度的问卷调查

白云山游客满意度调查采用与被调查者一对一访谈的方式，这种方式可
以保证问卷的回收率，并能随时解答受访者不清楚的问题，发现问卷中存在
的问题，以便对问卷中语意不明之处和有关指标进行修改和调整。

本章的调查问卷设计遵循合理性、有效性、可信性和可操作性等原则，
数据主要是 2014 年 2 月初至 3 月底由李丽珍同学在白云山景区内和问卷星网
站调查所得。调查对象都是到白云山景区旅游的游客，当场发放问卷，当场
收回。调查中实行控制、有选择地发放问卷，以确保被访者的代表性和典型
性。通过对这些数据的搜集和整理，获得了翔实可信的第一手资料。本次调
查总共发放问卷 230 份，回收 225 份，回收率达到 97.82%，其中有效问卷
216 份，有效回收率达到 93.91%。本章将根据对有效问卷的统计，采用 Excel
和 SPSS 17.0 对所得的数据进行各项统计分析并得出结论。

第三节　广州白云山风景名胜区游客满意度实证分析

一、人口统计学特征分析

这部分是对被调查游客的性别、年龄、来源地、职业、受教育水平、月
平均收入等方面进行描述统计，以了解白云山旅游景区的游客的构成情况。

1. 男女比例分析

调查结果显示，游览白云山的女性游客比男性游客多；其中，女性占调
查总数的 51.85%，男性游客占调查总数的 48.15%（见图 8.3）。可以看出，
白云山游客构成中，女性游客比男性游客的旅游积极性更高。

游客男女比例

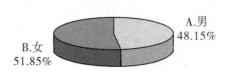

图8.3　白云山游客男女比例

2. 年龄结构分析

在被调查的游客中，年龄为19～30岁的游客人数最多，占调查总人数的36.11%。其次，46～60岁的游客占了30.09%。排在第三位的是31～45岁的游客，占被调查人数的17.59%；18岁以下的游客占13.89%；排在最后的是60岁以上的人群，只占了调查人数的2.31%。可以看出，中青年游客是白云山游客的主要客源群，因为这部分游客有比较多的空闲时间、爱运动、身体比较好，喜欢外出游玩或户外运动。游览白云山一方面可以观光旅游和锻炼身体，另一方面可以放松心情、舒缓压力。（见图8.4）

游客年龄结构

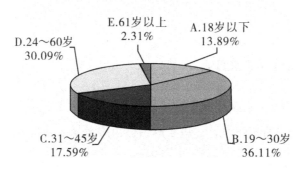

图8.4　白云山游客年龄结构

3. 客源地分布结构

来自广州的游客占比最大，占总调查人数的59.72%；其次是广东省（除广州外）的游客，占了28.24%；国内其他省的游客占了9.26%；国外的游客仅占了2.78%。调查结果说明，白云山名胜景区对广州市内的游客更具吸引力。从这组数据可以看出，白云山的客源市场还存着巨大的市场潜力，随着白云山景区的旅游宣传促销，会有更多的外地游客到选择到白云山进行旅游观光。（见图8.5）

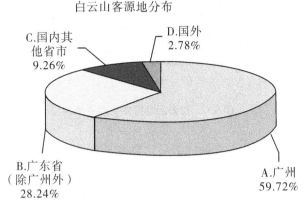

白云山客源地分布

图8.5　白云山客源地分布

4. 文化水平结构

调查结果显示，白云山游客中，大专/本科学历的游客占比最大，占总调查人数的56.48%，高中/中专学历占19.44%，而本科以上学历占12.50%，最多只接受过初中教育的游客仅占了11.57%。所以，我们可以认为白云山的主要客源为受过大专和本科教育的群体。（见图8.6）

5. 游客职业结构

学生和退休人员占的比例较高，分别占了调查总人数的37.96%和28.70%；其次是公司职员和教师，这两种职业的游客群分别占去被调查人数的11.57%和7.41%；再次是自由职业者和企业管理人员，分别占到调查游客人数的6.94%和4.63%；公务员占了2.31%，其他占0.46%，这两项占比最小。学生和退休人员所占比例较高，是因为学生和退休人员有较多的出游时间，而且退休人员空闲时间比较多，喜欢闲聚、外出和散步等休闲运动。这部分游客是白云山景区的主要客源之一。公司职员和教师社会地位较高，经济收入较高，有很好的出游前提，这部分游客客源可以逐步转化成白云山游

游客文化水平结构

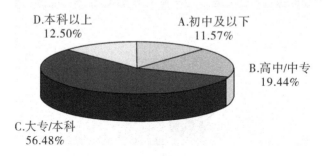

图8.6 白云山游客文化水平结构

客的主体。随着人们生活质量的提高，游客不断追求更高的生活质量，追求时尚的生活方式和身心健康，这些都是游客选择旅游活动的动机。自由职业者和企业管理人员以及其他职业的游客相对占的比例较低，这和游客的职业性质、业余空闲时间少等具有一定的关联性。所以，研究白云山游客的职业结构对提高白云山游客满意度有很大的意义。（见图8.7）

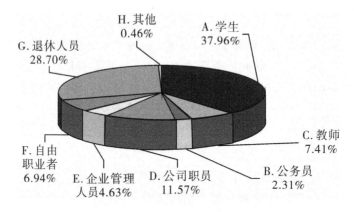

图8.7 白云山游客的职业结构

6. 月收入水平结构

大多数游客的收入水平居于1 500～3 000元，这部分游客占了总人数的38.43%；其次是1 500元以下的游客，占了总人数的28.70%。结合前述游客职业结构分析，可认为这部分游客中很大一部分是大学生。随着大学生客源市场的兴起，学生游客的团体力量不容忽视。大学生喜欢新鲜事物，对自然界充满好奇心，愿意参与到旅游活动中。收入在 3 001 ～ 5 000 元的游客占了23.15%，这部分游客主要是公司职员或教师等有固定职业和收入稳定的客户群。但是占人数最少的是 5 000 元以上的游客，这部分的游客仅占被调查人数的9.72%。因为这部分游客主要是企业管理者，通常他们对旅游的期望值比较高，对于旅游目的地的选择要求也相对更高，他们主要更倾向于商务休闲旅游。（见图 8.8）

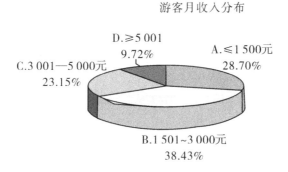

图8.8　白云山的游客个人月收入分布

二、游客的旅游行为特征分析

本部分主要分析白云山游客旅游前和旅游时的行为特征，包括旅游目的、了解的途径、出游结伴方式、游玩总次数、游玩停留时间等。对这些游客的旅游行为特征的研究有利于了解广州白云山风景名胜区的客源行为，并为开发规划更好的旅游项目提供基础依据。

1. 旅游目的

以欣赏风景为旅游目的游客占的比例最多，占了75.46%，说明游客倾向于观光旅游。另外，慕名而来和锻炼身体占的比例也较多，分别占调查人数的40.74%和39.35%。可见，口碑宣传是最好的旅游宣传方式，也是吸引潜在客源市场的重要方式。现在的游客也越来越注重身体健康，户外旅游活动也逐渐成为潮流。此外，释放压力、增长见识和增进家人朋友感情也是游客选择白云山的主要原因，这三项分别占被调查人数比例的22.22%、26.39%和29.17%。以社会交际为旅游目的的占了16.67%，其他占了3.24%。（见图8.9）

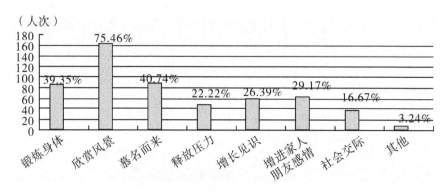

图8.9　游客游览白云山的目的

2. 获取信息途径

通过亲戚朋友介绍和电视网络了解旅游信息这两项的比例较大。由亲戚朋友介绍的，占54.63%；这种方式很传统，但是很有效。当游客在旅游目的地获得较大的满意度时，游客通常会向自己的亲戚好友宣传自己的旅游经历和取得的成就。所以，白云山旅游景区要注重游客反馈回来的信息，根据游客的需求提供更好的旅游产品和旅游管理服务。通过电视和网络了解白云山的，占了37.96%；这主要是因为随着信息技术的发展，电视、网络已逐步取代传统的媒体传播方式，在人们的生活中起着越来越重要的作用，所以，电视、网络是宣传白云山旅游业的很好的窗口和平台。再次，由于居住在附近而得知白云山风景名胜区的游客占25.46%，说明白云山的地理位置占有一定优势，附近居民比较多，成为一定的客源市场。随后是通过报纸杂志报道和旅行社的途径了解白云山的，分别占调查人数的23.61%和23.15%，说明通过资料宣传也占很重要的份额，因为通过各种途径宣传也是旅游产品的促销中很重要的一种手段和方法（见图8.10）。白云山应该通过各种途径加大对旅游景区的宣传，从而吸引更多的游客。

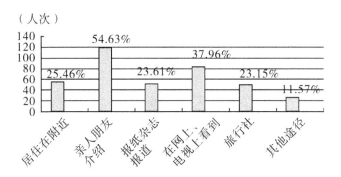

图 8.10　游客获取白云山信息的途径

3．旅游结伴方式

随朋友、同学和同事出游的比例最高，占了 56.94%；与家人亲戚出游的，占总比例的 35.19%；随公司、机关或学校社团出游的，占 29.63%；独自一人旅游的游客占比 16.20%；与旅游团成员一起的，占 14.35%。由此可以看出，团队旅游依然是白云山景区主要的客源旅游方式，这些客源是最好的旅游资源，他们的行为对潜在客源产生重要的影响。(见图 8.11)

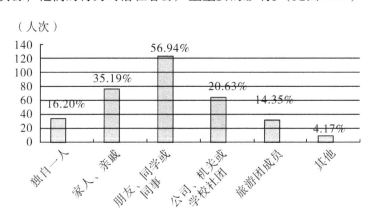

图 8.11　游玩白云山的结伴方式

4．游览总次数

43.06% 的游客都是第一次到白云山旅游，去过 2 ～ 5 次的游客占调查人

数的 37.96%，去过 6～9 次的占 13.43%；去过 10 次以上的占 5.56%。（见图 8.12）

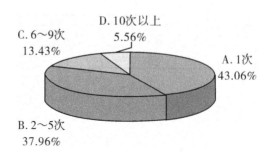

图 8.12　游览白云山的总次数

5．游览停留时间

在白云山游玩一天的游客所占比例最多，占调查人数的 42.59%；其次是游玩半天的游客，所占比例是 37.96%。大部分游客都比较愿意在白云山停留较长时间。在白云山停留不足半天或停留一天以上的游客所占比例比较少，分别占 9.26% 和 7.87%，其他占 2.31%。（见图 8.13）

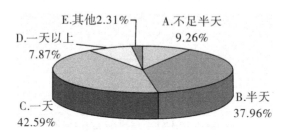

图 8.13　游客每次游玩白云山停留的平均时间

四、游客的体验行为特征分析

本部分对游客的旅游体验后期行为特征进行统计分析，主要分析以下旅游行为特征：期望实际感知、旅游价值体验、旅游总体满意度评价、景区重游意愿和景区推荐意愿等。此外，还研究了游客的游后体验行为，考察游客在结束白云山旅游之后的看法和评价，为以后的研究提供基础资料。

1. 对旅游要素满意度评价

从游客对白云山的各个旅游要素满意度评价的平均值看，游客对白云山的旅游景观特色、景区交通安全、景区的环境容量、生物保护工作、景区卫生和门票价格等的满意度平均值都接近4，即比较满意。对白云山的餐饮的提供、导游讲解、旅游商品的价格、景区餐饮价格和交通车的价格等的满意度平均值接近3，即对这些旅游要素满意度评价一般，而且这些要素有可能仍未达到游客的满意度需求。也就是说，大部分游客对景区的旅游景观、旅游安全、旅游环境都比较满意，而对旅游餐饮和旅游价格的评价一般。因此，景区应该针对游客的需求改善景区的餐饮服务，另外也要考虑合理规范旅游产品特色和价格，提高游客对白云山的总体满意度，这有利于白云山树立良好的口碑，赢得更多的忠诚顾客。（见图 8.14）

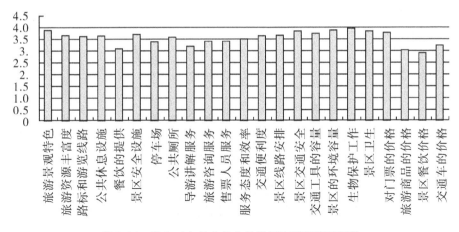

图 8.14　游客对白云山各个旅游要素的满意度评价

2. 期望实际感知

78.24% 的被调查者都认为白云山与期望中比较评分为 5 ～ 7 分，即大部分游客都认为白云山与期望比较相符。其次，16.20% 的调查者认为白云山与期望相似度有 8 ～ 10 分，即认为白云山与期望非常相符。只有 5.56% 的游客认为白云山与期望中的旅游地不太相符，没有被调查者认为白云山与期望一

点都不符。(见图 8.15)

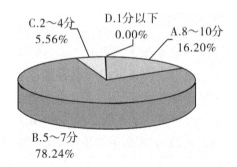

图 8.15　游览白云山的实际体验与期望中的比较

3.　旅游价值体验

大部分游客认为白云山的旅游价值一般,占调查人数的 58.33%;觉得很值得、很有意义的占 23.15%;觉得既浪费钱又浪费时间的占 9.72%;觉得浪费时间的占 5.56%;觉得浪费钱的占 3.24%。(见图 8.16)可见,白云山仍未完全突出旅游价值,还未达到游客期望中的标准。因此,白云山仍需要加大旅游资源的开发力度,进一步体现旅游价值。

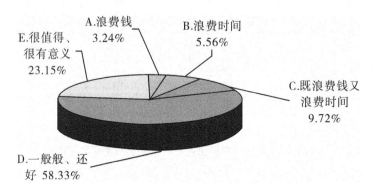

图 8.16　游客在白云山的旅游价值体验评价

4.　景区总体满意度

59.72% 的游客对其感到满意,22.69% 的游客感到一般,9.72% 的游客感到不满意,7.87% 的游客感到非常满意,但没有游客感到非常不满意。(见

图 8.17）调查结果说明，白云山风景名胜区基本上满足游客的体验需求，但仍需改进，以减少不满意游客，增加更多的满意游客，提高游客对白云山的总体满意度，这有利于白云山树立良好的口碑，赢得更多的忠诚顾客。

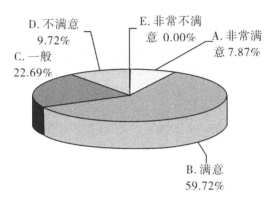

图 8.17　游客对白云山的总体满意程度评价

5. 重游意愿

很多游客对白云山旅游景区有重游意愿。8.53%的游客非常愿意重游白云山，59.69%的游客愿意重游白云山。此外，30.23%的游客表示不确定，但是从中我们可以看出，这部分游客是潜在的客源市场。若白云山推出新的旅游产品和旅游项目，这部分游客还是可能选择重游白云山景区。只有1.55%的游客表示不愿意重游白云山，没有游客表示非常不愿意。（见图8.18）

6. 推荐意愿

9.72%的游客非常愿意将白云山景区推荐给他人，61.11%的游客愿意将白云山景区推荐给他人，23.61%的游客表示不确定是否愿意推荐其给他人，5.56%的游客表示不愿意推荐给他人，但是没有游客表示非常不愿意将其推荐给他人。（见图8.19）游客愿意推荐，有利于白云山景区树立良好的形象，已游者的推荐意愿对其他潜在游客的影响作用非常大。

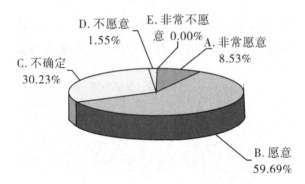

图 8.18　游客对白云山的重游意愿

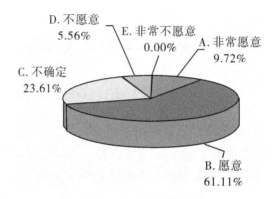

图 8.19　游客对白云山的推荐意愿

五、满意度相关因子分析

为了进一步研究游客对白云山的总体满意度评价和旅游景观、旅游设施、旅游服务、旅游交通、旅游环境和旅游价格这 6 个因子之间的关系，本章运用 SPSS 17.0 进行了相关分析和回归分析检验。以下分析是在所调查的 216 份有效问卷中抽取 50 份有代表性的调查问卷进行统计分析。将游客总体满意度作为因变量，旅游景观、旅游设施、旅游服务、旅游交通、旅游环境和旅游价格 6 个因子作为自变量，检验其相关性。

1. 描述性统计

表 8.2 清楚地描述性统计了影响白云山满意度的相关因子（旅游景观、旅游设施、旅游服务、旅游交通、旅游环境和旅游价格）的样本量（50）、最小值、最大值、均值、标准误差、方差。其中，方差、标准误差和方差用以判定该组测量数据的可靠性。方差越大，数据的波动越大；方差越小，数据的波动就越小，随机变量和其数学期望（即均值）之间的偏离程度就越小。如表 8.2 所示，各要素的平均误差都在 0.07 左右，说明白云山满意度的预测模型描述实验数据具有较好的精确度。

表 8.2　白云山满意度相关因子的描述性统计

	样本数	最小值	最大值	均值	均方误差	标准误差	方差
旅游景观	50	2.50	4.50	3.3600	0.07290	0.51547	0.266
旅游设施	50	2.90	5.00	3.4414	0.06718	0.47500	0.226
旅游服务	50	2.50	4.60	3.4088	0.06572	0.46472	0.216
旅游交通	50	2.32	4.70	3.4602	0.07645	0.54058	0.292
旅游环境	50	2.76	4.98	3.9666	0.07947	0.56191	0.316
旅游价格	50	2.50	4.85	3.4784	0.07691	0.54383	0.296

2. 模型概述

表 8.3 清楚地显示了白云山满意度的回归模型的的相关系数（R）、判定系数（R^2）、调整的判定系数以及标准误差。该模型的相关系数的平方根是 0.793，判定系数为 0.629，调整后的判定系数为 0.577，标准误差为 0.32293。判定系数越接近于 1，表明自变量和因变量之间的共变量比率越高。白云山游客满意度回归直线与各观测点越接近，用各自变量的变化来解释因变量（总体满意度）的部分就越多。可以看出，关于白云山满意度要素的数据和模型的拟合程度一般。

表 8.3　白云山满意度的回归模型概述

模型	R	R^2	调整的 R^2	标准误差
1	0.793 *	0.629	0.577	0.32293

*6 个因子：旅游价格、旅游景观、旅游交通、旅游设施、旅游环境、旅游服务。

3．方差分析

表 8.4 统计了白云山满意度相关因子的平方和、自由度、均方、检验统计量（F）以及 F 检验的显著性水平。本模型中，回归平方和为 7.596，残差平方和为 4.484，总平方和为 12.080，检验统计量 F 为 12.139，显著性水平小于 0.5，可以认为以旅游景观、旅游设施、旅游服务旅游交通、旅游环境和旅游价格等 6 个因子为自变量，总体满意度为因变量所建立的回归方程模型有效。

表 8.4　白云山满意度相关因子的方差分析

	模型	平方和	自由度	均方	F 值	显著性水平
1	回归	7.596	6	1.266	12.139	0.000[a]
	残差	4.484	43	0.104		
	总计	12.080	49			

4．回归系数

本模型中因变量总体满意度对六个自变量（旅游景观、旅游设施、旅游服务、旅游交通、旅游环境和旅游价格）的非标准化回归系数分别是 0.432、0.175、0.220、0.253、−0.121 和 0.286；分别对应的显著性 t 值检验分别是 3.338、−1.223、1.276、2.016、−0.863 和 2.588。另外，分别对应的 F 检验的显著性水平分别是：0.469、0.002、0.228、0.209、0.03、0.393、0.013。由于旅游景观、旅游交通和旅游设施的显著水平均小于 0.05，可以认为这三个变量对因变量总体满意度有显著的影响，而旅游设施、旅游服务和旅游环境这三个因子的显著水平均大于 0.05，可以认为这三个变量对因变量总体满意度不具有显著的影响。可以认为本模型中的回归方程为 $Y = 0.288 + 0.432a + 0.253b + 0.286c$，其中 Y 表示总体满意度，a 表示旅游景观，b 表示旅游交通，c 表示旅游价格。（见表 8.5）

表 8.5　白云山满意度相关因子的回归系数

因子	非标准化回归系数		标准化回归系数	t 值	显著性水平
	B 值	标准误差	Beta 值		
常量	0.288	0.395		0.731	0.469
旅游景观	0.432	0.129	0.449	30.338	0.002
旅游设施	0.175	0.143	0.167	-1.223	0.228
旅游服务	0.220	0.173	0.206	1.276	0.209
旅游交通	0.253	0.125	0.275	2.016	0.030
旅游环境	-0.121	0.140	-0.137	-0.863	0.393
旅游价格	0.286	0.110	0.313	2.588	0.013

第四节　数据分析与对策

一、数据分析结果反应的问题

本章进一步以提高游客对白云山的满意度为目标，通过对问卷调查数据的分析、统计和整合（见表 8.6），总结以下影响游客满意度最突出的 4 个问题。

表 8.6　游客认为白云山应该改进的方面

指标	选项	样本数/n	百分比/%
提高景区满意度的建议	A. 开发旅游资源，创新景观特色和娱乐特色	157	72.69
	B. 完善旅游设施、公共设施和安全设施等	132	61.23
	C. 改善旅游商品特色，合理规范商品价格	146	68.22
	D. 提高景区工作人员服务质量	45	20.27
	E. 改善景区内环境卫生	57	25.93
	F. 改进和完善地理标识系统	113	52.31
	G. 改进和完善山内交通和游览观光车价格	123	58.14
	H. 其他	9	2.33

1. 旅游资源单一

调查结果中显示，游客对白云山景区需要改进的建议，其中 72.69% 的受访者认为白云山需要加大开发旅游资源，创新景观特色和娱乐特色。这也说明白云山景区的旅游产品单一，旅游产品不够丰富。

2. 旅游商品缺乏特色和价格过高

表 8.6 显示，68.22% 的游客建议改善旅游商品特色，合理规范旅游商品价格。在受访者对于景区 23 个旅游要素的满意度调查中，他们对于旅游商品这一项的不满意程度在 23 项目中评分比较低，说明了白云山景区旅游商品缺乏特色，价格也相对偏高，游客才会不满意。

3. 基础设施落后及不完善

61.23% 的受访者认为白云山需要完善相关基础设施，58.14% 的游客认为白云山需要改进和完善山内交通和游览观光车价格，说明白云山景区基础设施落后、不完善，观光车的价格偏高。

4. 地质标识牌不合理

52.31% 的受访者认为白云山需要改进和完善地质标识牌系统，说明了白云山风景名胜区的地质标识牌不完善。

二、数据分析

白云山风景名胜区作为一个国家 5A 级景区，近年来的知名度和美誉度也越来越高，但是仍有很多地方需要改进。在景区的开发和规划中，要时刻关注游客满意度，了解游客满意度的情况，提高游客的满意度，增强市场竞争。对白云山游客满意度的调查统计分析，有以下结论。

1. 在游客特性与旅游动机因素的差异分析方面

研究结果显示，游客的性别、年龄、教育程度、个人月收入、居住地、职业性质等个人特性的不同，均会造成其旅游动机的差异。性别方面，女性游客比男性游客稍多，但总体相对平衡；年龄方面，白云山的游客主要集中在 19～30 岁、46～60 岁，即中青年游客和中老年游客人数较多，而其他年龄段的游客人数较少；在学历方面，大专、本科以上的人数占比最多；职业方面，学生所占的比例最高，其次是退休人员；月收入方面，1 500～3 000元之间的游客最多；在客源地方面，主要是以广东省内客源为主，而省内游客中有一大半来自广州市本地。在旅游动机方面，以欣赏风景为旅游目的的游客占比最多，说明游客比较倾向于观光旅游。另外，慕名而来和锻炼身体的游客占的比例也较多，说明当代中青年游客比较倾向于观光旅游和锻炼身体的户外活动，显示游客个人特性与旅游动机显著相关。

2. 在旅游动机与行前期望的相关分析方面

研究结果显示：白云山游客的旅游动机与行前期望部分皆呈显著相关性，表示旅游动机与行前期望相关。以欣赏风景为旅游目的的游客占比最多，占了调查人数的 75.46%，说明游客倾向于观光旅游。另外，慕名而来和锻炼身体的游客占比也较多，分别占调查人数的 40.74% 和 39.35%。出于观光动机的游客对景区内的旅游景观类的资源期望比较大，慕名而来的游客对景区内的总体期望值都比较高，为了锻炼身体而来白云山的游客对景区内的环境、设施的期望值会比较高。

3. 在游客行前期望与实际体验满意度方面

78.24% 的被调查者认为白云山实际体验与期望相比，评分为 5～7 分，

155

即大部分游客都认为白云山比较符合游前期望。59.72%的游客对白云山总体满意度的评价感到满意，证明白云山旅游服务质量较高，应继续保持与发展。大部分游客都认为白云山的旅游价值一般，即游客实际旅游体验满意度仍未达到游客行前期望值，白云山景区应对现有旅游产品和服务质量进行改善与提升，从而提高游客的满意度。总体而言，游客对景区的总体满意度又直接导致游客忠诚和游客抱怨这两种结果。据调查结果显示：若游客满意，会选择重游景区，而且会正面宣传该景区；若不满意，则会向相关部门投诉，甚至负面宣传该景区。所以，白云山应该提高游客满意度，以有利于景区发展。

4. 旅游景区相关因素与总体满意度方面

从游客对白云山的各个旅游要素满意度评价的平均值看（见图8.14），游客对白云山的旅游景观、旅游交通、旅游环境的满意度平均值都接近4，即比较满意。对白云山的餐饮的提供、导游讲解、旅游商品的价格、景区餐饮价格、交通车的价格的满意度平均值接近3，即对这些旅游要素满意度评价一般。另外，统计分析显示：由于旅游景观、旅游交通和旅游设施的显著水平都小于0.05，可以认为这三个变量对因变量总体满意度有显著的影响。因此，景区应该针对游客的需求改善景区的餐饮服务，并在市场调查的基础上合理规范旅游产品价格。提高游客对白云山的总体满意度，有利于白云山树立良好的口碑，赢得更多的忠诚顾客。

数据分析显示，游客对白云山旅游景区的总体满意度评价属于一般，对旅游环境的满意度均属最满意，对旅游价格的满意度值最低。所以，白云山风景名胜区应不断关注游客的满意度，以加强产品质量、服务质量和基础设施建设为手段，实现景区的可持续发展。

三、提高游客满意度的对策

对游客满意度做定性与定量分析，目的是为旅游景区提供未来发展的技术参考。为提高游客的满意度，增强市场竞争力，吸引更多的顾客和稳定客源，更好地造福于旅游者，我们对白云山提出以下提高满意度的对策。

1. 对景区进行标准化服务和全面质量管理

白云山景区应积极关注顾客的质量需求，以提高服务质量为中心。白云山景区应对现有旅游产品和服务质量进行改善与提升。全面质量管理包括景区旅游环境、旅游设施、交通设施和地质标识牌等的管理。

首先，完善景区内的基础设施，如娱乐设施、餐饮设施、交通设施和公共设施等。景区应该针对游客的需求改善景区的旅游设施，合理规范旅游观光车价格，以提高游客对白云山的总体满意度。这有利于白云山树立良好的口碑，赢得更多的忠诚顾客。

其次，完善景区地质标识牌系统，在游客集散地、环保汽车等处增加动态导览设施。目前，白云山景区内缺少醒目的景点线路导游图，路标指示也不是很明确，游客在景区内只是自由步行参观，或随意地跟随团队，或者是搭乘景区内的交通车进行参观游览。如果景区管理者可以把旅游景点规划成几条合理的线路，那么，景区内的游览秩序和游览安全度会大大提升，游客也容易达到满意的效果。

最后，是旅游环境的维护。旅游旺季还要增加景区内垃圾桶等基础设施，以减少景区环境压力，同时安排工作人员指挥景区出口处交通，以减少交通事故的发生率。

总而言之，宜加大开发力度，丰富旅游项目，不断地完善景区基础设施，更加注重景区游客的满意对景区的评价，重视旅游产品推陈出新，从而提高游客对广州白云山名胜景区的满意度。

2. 发挥景区特色并提供个性化服务

白云山风景名胜区应加大开发旅游资源、创新景观特色和娱乐特色，包括旅游资源特色、旅游产品特色和旅游服务特色等。增加旅游产品和旅游服务的多样性，并进行旅游产品的创新。目前国内旅游景点的产品和服务具有相似性，旅游项目和内容也大体一致，和国际旅游企业相比，我国旅游企业缺乏创新意识。服务的差异化包括景区特色和员工服务的个性化，前者需要专家根据资源状况和市场需求创新开发，后者需要搞好内部营销。因此，白云山应该把服务的标准化与差异化相结合，改善旅游商品特色，满足各层次旅游消费者的需要。

第一，应该突出白云山幽静轻松与娱乐休闲结合的景区特色。游客对景区讲解满意度为一般，而且景区内现有的环境解说与动态导览设施相对较少。应针对景区路线设计与景区解说资源，向游客提供更详细、更生动和更有特色的讲解。

另外，也要提高景区内景点的娱乐性、参与性和多样性，提供个性化的产品和服务。针对企事业单位群体以及学生群体的素质拓展训练，就是针对消费人群的特殊要求而提供的个性化服务。先增加景区内娱乐设施项目（素质拓展乐园），白云山风景名胜区应根据不同的消费人群，设计出不同的娱乐项目。当然，景区也可以根据个体旅游者的需求设计出适合个体旅游者的旅游项目，并不断更新设施，提高游客重游率。

第二，景区应不断引进新的珍稀动植物品种，减少与其他景区的雷同率，以吸引游客并提高重游率。

3. 加强广告宣传和满意游客的口碑传播效应

白云山风景名胜区主要是以"观光休闲、科学考察"为目的，但是也不能忽略对游客满意度的研究。旅游产品是无形的，游客在购买前无法体验和试用，旅游景区营销应建立在形象和信息基础上，而不是个人经验的基础上。媒体的传播、宣传手册、公众舆论和公关是景点营销的重点。总的来说，开发初期和旅游旺季到来之前，要加强广告宣传和销售推广，以提高知名度和唤醒需求；淡季则要加强公共关系工作，以增强认知度，储蓄人气；认真搞好游客服务，提高游客忠诚度，发挥满意游客的口碑传播效应。

第五节　研究结论

数据分析显示，游客对白云山风景名胜区的总体满意度评价属于一般，游客对白云山的旅游环境的满意度均属最满意，游客对旅游价格的满意度值最低。目前，白云山旅游满意度测评存在以下四点不足之处：旅游产品单一及缺乏特色、基础设施落后、旅游商品和餐饮价格不合理、景区地标系统不合理。综上所述，根据对游客的行为特征和行为规律的研究，我们对提升白云山旅游景区游客满意度提出如下对策：对景区进行标准化服务和全面质量管理，发挥景区特色并提供个性化服务，加强广告宣传，扩大满意游客的口碑传播效应。

第9章 广东丹霞山旅游满意度测评研究

丹霞山作为广东省四大名山之首、国家 5A 级风景名胜区、世界自然遗产、世界地质公园，要力争在同类旅游景区中脱颖而出，就需要提高景区的服务质量，提升景区的吸引力，利用"申遗"成功和"武广、京广"高铁全线开通的契机，吸引更多的游客，提升景区的知名度和美誉度。为此，丹霞山需要关注景区的游客满意度，把提高游客满意度放在首位，才能增强其市场竞争力。

第一节　研究区概况

一、丹霞山概况

中国红石公园——丹霞山风景区已被列为国家级风景名胜区，拥有世界自然遗产、世界地质公园、国家风景名胜区、国家自然保护区、5A 级景区、国家地质公园等多张"名片"。其位于广东省韶关市仁化县和浈江区境内，地理区域为东经 113°36′25″至 113°47′53″，北纬 24°51′48″至 25°04′12″之间，面积 292 平方千米。丹霞山风景区是广东省面积最大、景色最美、以丹霞地貌景观为主的风景区和自然遗产地，以其"山威不减岳军雄"，与鼎湖山、罗浮山、西樵山合称为"广东四大名山"。

丹霞山是中国第8项世界自然遗产。北京时间2010年8月2日5：03分，在巴西首都巴西利亚（当地时间2010年8月1日18：03分）召开的第34届世界遗产大会上，以广东丹霞山为首申报的中国丹霞世界自然遗产，成为中国的第8项世界自然遗产。

中国丹霞是一个系列提名的世界自然遗产，提名地包括广东丹霞山、贵州赤水、福建泰宁、湖南崀山、江西龙虎山、浙江江郎山等6个省的6处国家级风景名胜区，此次全部被正式批准列入世界遗产名录。

丹霞山风景区主要分为丹霞景区、韶石景区、巴寨景区、仙人迹景区与锦江画廊游览。丹霞山目前开放的主要是阳元山景区、丹霞山景区两大景区（见表9.1），丹霞山主景区内还分了翔龙湖游览区和锦江游览区，还有竹筏漂流项目、巴寨景区。锦江画廊和巴寨景区以自然山水观光为主，集科普、攀岩、考察、探险、休闲度假为一体。

表9.1　丹霞山开放景点一览表

丹霞山主峰景区	丹霞山	丹霞山主峰景区分上、中、下三个景观层。下层为锦石岩景层。有始建于北宋的锦石岩石窟寺、梦觉关、通天洞、百丈峡及最典型的赤壁丹崖等景点。中层为别传寺景观层，有岭南十大禅林之一的别传寺，还有一线天、双池碧荷等景点。登丹梯铁索即上至顶层，可登高望远，饱览丹霞秀色，是观日出、赏晚霞的大好去处
	翔龙湖景区	位于丹霞山南侧谷地，因其湖面轮廓酷似一条腾飞的青龙而得名。沿湖有龙须涧、九龙峰、仙居岩、雾隐岩、乘龙台、祈龙台等自然景点18处
	锦江景区	锦江似一条玉带自北而南穿行于丹霞山群峰之中，沿岸赤壁临江，朱碧辉映，翠竹夹岸，秀色可餐。目前开辟水上游程10公里，沿途几十处景点串珠分布。下游至望江亭，可见仙山琼阁及山石盆景风光；上游直到阳元山景区，经过景点有鲤鱼跳龙门、锦岩大赤壁、群象过江等
	巴寨景区	以自然山水观光为主，是集科普、攀岩、考察、探险、休闲度假为一体的风景区

续表 9.1

阳元山景区	因有天下奇景阳元石（高 28.5 米，直径 7 米）而得名。景区游览面积 6 平方千米，主要景点为阳元石，北为坤元山，一阴一阳遥相对应。另有古寺混元洞、七座天生桥、三处古山寨及众多拟人拟物、拟禽拟兽的山石造型等。细美寨建于明代，寨门扼悬崖栈道之口，险若华山西峰

二、中国丹霞地貌的景观价值

中国的丹霞地貌被定义为"以赤壁丹崖为特征的红色陆相碎屑岩地貌"，即丹霞地貌以红色陡崖坡为特色。这种陡崖坡的任意组合构成了不同的丹霞地貌单体形态，如梁状、堡状、墙状、柱状、锥状等，更有复杂多变的次级地貌形态和群体地貌形态。加上红层不同的岩性和外动力环境，更使得丹霞地貌形态各异、富有特色，具有极高的美学价值。此外，红色的山块往往与盆地的河流组合，形成丹山碧水景观，红色的山石与植被的组合，形成绿树丹崖景观等，使得丹霞地貌景观更加丰富多彩。

三、中国丹霞地貌区的古文化价值

丹霞地貌区还孕育和沉淀了丰富的人类文化遗产。丹霞地貌最突出的形态要素是赤壁丹崖，单体或群体形态上常呈完整的块状或城堡状，紫红色调，给人庄重和神圣之感，同中国传统文化表现权威、富贵、吉祥的色彩一致，也是中国宗教崇尚的主色调，从环境角度加强了宗教场所的威严感和神秘感。这种自然风光与神秘意境的结合，常使丹霞地貌区成为宗教圣地，如道教名山——江西龙虎山。

组成赤壁丹崖的厚层红色砂岩层，其岩性致密均一、硬度较小，易于雕刻，因而留下大量摩崖石刻、摩崖造像等，如龟峰和丹霞山上广为分布的摩崖石刻群。

四、丹霞山的历史人文特点

丹霞山有着悠久、丰厚的历史文化内涵，有丰富多彩的人文特点。相传人类始祖女娲曾在丹霞山取水造人，在锦江采五色石补天，卧于江畔，脱身成石。舜帝南巡时曾在丹霞山登山奏韶乐，命三十六石，此后历代文人墨客赋诗题咏，怀古忧今，僧道纷至，香火大兴。隋唐以来成为岭南风景名山和佛教胜地，为众多圣贤和文人墨客所向往，留下许多传说、诗文、崖刻与碑刻，仅在长老峰主景区一带现存的摩崖石刻和碑刻就有130多处，均具有较高的可读性和可鉴性。遍布全山的天然洞穴有几十处被开辟为道场，保存至今并已经修复一新的锦石崖石窟寺和别传禅寺香客如云、游人不绝。

五、丹霞地貌

方圆290平方千米的红色山群"色如渥丹，灿若明霞"（明末虔州巡抚李永茂词），故称丹霞山。丹霞山由红色砂砾岩构成，以赤壁丹崖为特色，地质学上以丹霞山为名，将同类地貌命名为"丹霞地貌"，丹霞山成为世界上同类地貌的命名地和同类风景名山的典型代表。

丹霞地貌的发育始于第三纪晚期的喜马拉雅造山运动。这次运动使部分红色地层发生倾斜和舒缓褶曲，并使红色盆地抬升，形成外流区。流水向盆地中部低洼处集中，沿岩层垂直节理进行侵蚀，形成两壁直立的深沟，称为巷谷。巷谷崖麓的崩积物在流水不能全部搬走时，形成坡度较缓的崩积锥。随着沟壁的崩塌后退，崩积锥不断向上增长，覆盖基岩面的范围也不断扩大，崩积锥下部基岩形成一个和崩积锥倾斜方向一致的缓坡。崖面的崩塌后退还使山顶面范围逐渐缩小，形成堡状残峰、石墙或石柱等地貌。进一步的侵蚀使残峰、石墙和石柱也逐渐消失，形成缓坡丘陵。在红色砂砾岩层中有不少石灰岩砾石和碳酸钙胶结物，碳酸钙被水溶解后常形成一些溶沟、石芽和溶洞，或者形成薄层的钙华沉积，甚至发育有石钟乳。沿节理交汇处还发育出漏斗。在砂岩中，因有交错层理所形成绣锦般的地形，称为锦石。河流深切的岩层，可形成顶部平齐、四壁陡峭的方山，或被切割成各种各样的奇峰，有直立的、堡垒状的、宝塔状的等。在岩层倾角较大的地区，则侵蚀形成起伏如龙的单斜山脊；多个单斜山脊相邻，称为单斜峰群。岩层沿垂直节理发生大面积崩塌，则形成高大、壮观的陡崖坡；陡崖坡沿某组主要节理的走向发育，形成高大的石墙；石墙蚀穿后形成石窗；石窗进一步扩大，变成石桥。各岩块之间常形成狭陡的巷谷，其岩壁因红色而名为"赤壁"，壁上常发育有沿层面的岩洞。

广东的丹霞山、金鸡岭、苍石寨、南台石和五指石，江西的鹰溪、弋阳、上饶、瑞金、宁都，福建的武夷山、连城、泰宁、永安，浙江的永康、新昌，广西白石山、都峤山，四川窦圌山、青城山，陕西赤龙山，以及河北承德等地，都有典型的丹霞地貌。

丹霞地貌区常是奇峰林立、景色瑰丽，旅游资源丰富，如丹霞山、金鸡岭、武夷山等早已成为著名风景区。而且，沿垂直节理崩塌的陡崖使巨厚的红色砂、砾岩层暴露无遗，对研究、恢复红色盆地的古地理环境具有重要意义。

六、丹霞山层次划分

丹霞山风景区可划分为上中下三层。

上层景区有长老峰、海螺峰、宝珠峰、阳元山和阴元山。长老峰上建有一座两层的"御风亭"，是观日出的好地方，可容200多人。在亭上可看到周围的僧帽峰、望郎归、蜡烛峰、玉女拦江、云海等胜景。海螺峰顶有"螺顶浮屠"，附近有许多相思树。下有海螺岩、大明岩、雪岩、晚秀岩、返照岩、草悬岩等岩洞。宝珠峰有虹桥拥翠、舵石朝曦、龙王泉等景点。阳元山与阴元分别有男性和女性的生殖器官形状的石头，山势峻峭，上去有些难度。

中层景区以别传禅寺为主要景点，从这里到通天峡，两旁岩石像合掌一般，游人必须小心翼翼，手扶铁索，碎步而上。"幽洞通天"四个苍劲大字刻在石壁上，更增添了这里的险势，使人顿生寒意。但这段陡直的丹梯铁索已加建了稳固的铁栏，手扶铁索而上十分安全。

下层景区主要有锦岩洞天胜景。在天然岩洞内有观音殿、大雄宝殿，在洞中，还可看到马尾泉、鲤鱼跳龙门等风景。这里有一块很著名的"龙鳞片石"，随四季的更换而变换颜色。下层景区要钻隧道、穿石隙，较为刺激。丹霞山下有一条清澈的锦江，环绕于峰林之间，游客可乘舟漫游，欣赏沿江两岸景色和摩崖石刻。

第二节　调查问卷设计

本项研究采取结构式问卷调查的方式收集原始资料，采用 Excel 软件对所得的数据进行各项统计分析并得出结论。

调查过程中，黄玉清同学与被调查者进行一对一的调查，这种方式可以保证问卷的回收率以及随时解答受访者不清楚的问题，同时也能够发现问卷中存在的问题，以便对问卷中语意不明之处和有关指标进行修改和调整。

调查地点选在丹霞山的几个大宾馆，以及游客等待景区公交车的地方，为的是选定刚结束旅程的游客作为调查对象。本次调查总共发放问卷 135 份，回收 130 份，回收率达到 96.30%，其中有效问卷 122 份，有效回收率达到 93.85%

一、设计原则

为了收集到充分必要、真实可信的顾客反馈信息，本章所涉及的调查问卷遵循的一个大原则是一方面能够将问题希望表达的意思准确无误地传达给被调查游客，同时设计的问题也是被调查游客乐于回答的。具体要遵循的原则是主题鲜明、层次合理、通俗易懂、题量适当、便于处理。在设计问题时要有针对性、问题定义要清楚、避免使用容易产生不同理解的字和词、避免出现诱导性的问题等。

二、设计内容

本章的问卷调查设计总共分为以下 7 个部分，在设计问题的的时候采用封闭式、半封闭式两种问答方式。

第一部分是对该问卷的说明，包括问卷的制作单位、问卷所设计的课题名称、问卷设计的目的和致谢。

第二部分是旅游者的社会人口学统计特征分析，如被调查者的性别、年龄、文化程度、职业、月收入、客源地这 6 个指标。

第三部分是调查受访者的旅游消费特性，包括景区重游率、旅游动机、停留天数、旅游消费额、获取旅游信息渠道这五大部分。

第四部分是问卷主体的部分，总体上遵循 TDCSI 模型的二级指标来设计，但是对于三级指标，本章根据丹霞山的实际情况有所变动，主要是分为：游客感知质量、游客期望、游客感知价值、游客投诉、游客抱怨和游客忠诚度。

第五部分为补充文件，询问游客对丹霞山需要改进的地方。这个问题是半封闭式形式，旅游者根据问题在一定范围内可以自由发挥。

第三节　问卷统计结果与数据分析

一、社会人口学特征分析

此部分包括被调查者"个人信息"的 6 个问题，主要是对被调查者的年龄、来源地、受教育程度、职业结构和月收入等做描述性统计分析，目的是了解丹霞山旅游景区的游客构成情况。根据本次回收的有效问卷 122 份，结果说明如下。

1. 性别

如图 9.1 所示，从性别方面看，由于男女在旅游偏好上的差异受社会地位、家庭地位、审美观等诸多因素制约，男性游客略比女性游客多。男性占调查总数的 57%，而女性占调查总数的 43%，从中可以明显地看出，丹霞山游客性别构成中，男性游客比女性游客的积极性略高一点。

图9.1　被调查游客的性别统计

2. 年龄

从受访者的年龄结构来看，如图9.2所示，在被调查的游客中，17～25岁的游客人数最多，有48人，占调查总人数的39.34%；其次是26～45岁的游客，有43人，占到了调查总人数的35.25%；排在第三位的是16岁以下的，占到了被调查人数的10.66%，排在最后两位的分别是46～60岁和61岁以上的人群，分别占了9.83%和4.92%。从图中可以看出，中青年游客是丹霞山的主要客源。主要原因是，中年人有稳定的经济来源，家庭幸福美满，在事业处于顶峰时期需要旅游来缓解工作的压力，而青年人喜欢挑战自己，愿意尝试各种新鲜事物，喜欢追求新的活动方式、体验不同的生活方式。这两部分人选择到丹霞山旅游，一方面可以满足自我实现的价值，另一方面可以观光休闲，达到放松心情和缓解工作和社会压力的目的。丹霞山游览以登山为主要形式，老年人由于身体素质的限制，不宜参加这种活动。

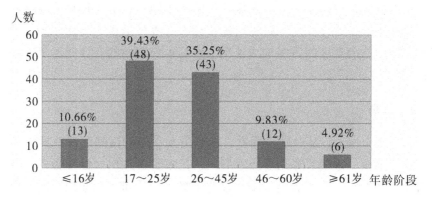

图9.2　被调查游客的年龄结构图

3. 文化程度

从图9.3中可以得出，在受教育程度方面，大专、本科学历的有72人，占总调查人数的59.02%；其次是高中、中专学历人群，占总调查人数的15.57%，最后是本科以上和初中及以下的人群，占比分别是14.75%和10.66%。如果以大专学历为界，可以看出，丹霞山游客的文化程度以高学历人群居多。这主要有两个原因：一是丹霞山虽然有观光休闲的价值，但是它同时还有极其重要的科学研究价值，丹霞地貌有较高的科学价值，受过高等教育的人对科研价值的兴趣比较浓；二是随着我国教育的发展，具有大专和本科学历的人所占比例越来越多，他们追求精神的满足，旅游意愿较强烈。

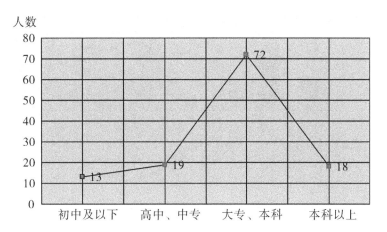

图9.3　被调查者的受教育情况

4．职业结构

如图9.4所示，从122名受访者的职业结构来看，学生所占比例最高，有37人，占30.33%；其次是企事业管理人员和其他职位的人，都是有22人，各占被调查人数的18.03%；排在第四位的教师及专业技术人员有16人，占被调查总人数的13.11%；接下来的是公务员，有11人，占总人数的9.02%；离退休人员、服务业者、农民分别有7人、4人、3人，分别占被调查总人数的5.74%、3.28%、2.46%，这三部分的人数占比较少。

从图中可以看出，学生占被调查总人数的比例比较最高，教师占比也是排在了第四位，这一方面是由于教师及专业技术人员和学生寒暑假的时候都不用上课、休闲时间比较多，并且教师有稳定的工作和收入，学生的求新意识和探索意识比较强，所以这两部分的游客成为丹霞山景区的主要客源之一。企事业管理人员社会地位比较高，经济收入比较稳定，具有很好的出游前提，这部分游客客源慢慢地转化为丹霞山客源的主体。而农民、退休人员和服务业者所占的比例较少，这是因为，这部分游客的经济收入不够稳定、休闲时间不够，特别是对于服务业者和农忙时期的农民。而退休人员则会受到身体素质的影响，需家人陪伴，从而影响出游。

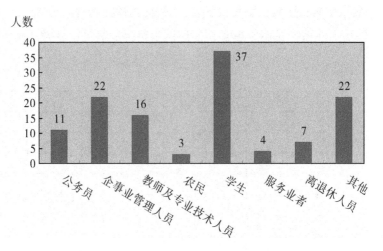

人数

图 9.4 受访者的职业结构

5. 收入状况

如图 9.5 所示，从 122 名受访者的收入情况来看，月收入为 1 501 ～3 000 元的人数最多，有 37 人，所占的比例是 30.33%；其次是 3 001 ～ 5 000 元，有 35 人，所占的比例是 28.69%；排在第三位的是不高于 1 500 元的，有 33 人，占被调查总人数的 27.05%；紧接着是 5 001 ～ 10 000 元，有 10 人，占 8.2%；排在最后面的是 10 001 元以上的，有 7 人，仅占 5.74%。月收入不高于 1 500 元的约占 1/4，是因为这部分群体是学生。随着客源市场的兴起，越来越多的大学生利用周末和节假日的时间采取"穷游"的方式去旅游，体验不同的生活。同时，大部分学生群体对自然界的新鲜事物比较感兴趣。收入状况数据与之前的职业结构分析相符合。1 500 ～ 5 000 元这部分的群体占了被调查总人数的大部分（59.02%），是因为这部分群体是企事业管理人员，或是教师及专业技术人员，他们有较稳定可观的收入。

6. 客源地

从客源地的情况看，广东省的游客仍是丹霞山景区的主要客源，占被调查总人数的 79.51%；省外游客占 20.49%。在广东省游客中，韶关市内的游客占 51.55%，而仁化县内的游客占广东韶关市内游客的 40%。广东省内、韶关市外的游客占广东省游客人数的 48.45%。详细数据见表 9.2 和表 9.3。

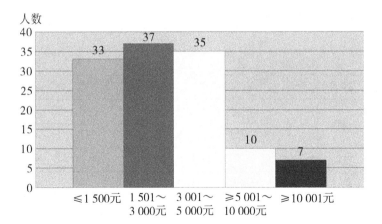

图9.5　受访者的月收入情况

表9.2　受访者的来源地汇总

—	人数	百分比（%）	—	人数	百分比（%）
广东省内	97	79.51%	韶关市内	50	51.55%
			除韶关市内	47	48.45%
广东省外	25	20.49%	—	—	—

表9.3　受访者的来源地

省内	市	人数	县	人数	省外	人数	市	人数
广东 （97人）	韶关	50	南雄	5	广西	3	贵港	1
			仁化	20			南宁	1
			曲江	2	山西	4	晋中	1
			乳源	7	湖南	6	怀化	4
			浈江区	4	台湾	1		
			新韶	1	湖北	2	恩施	1
			始兴	1			武江	1
			乐昌	1	北京	3	朝阳	2
	佛山	6	南海	2	黑龙江	1	大庆	1
	广州	12	海珠区	1	浙江	1	温州	1
			番禺区	2	宁夏	1	—	—

续表9.3

省内	市	人数	县	人数	省外	人数	市	人数
广东 （97人）	深圳	8		—	—	—	—	—
	清远	3	阳山	1	—	—	—	—
			清城	1	—	—	—	—
	江门	3	—	—	—	—	—	—
	潮州	3	饶平	1	—	—	—	—
	普宁	1	—	—	—	—	—	—
	东莞	11	—	—	—	—	—	—

从表9.2和表9.3可以看出，广东省是丹霞山景区的主要客源地，广东省韶关市区内的客源就占了一半。这主要是因为丹霞山景区通过让当地居民办理年卡来让当地人享受优惠的政策，因此在节假日时期，特别是双休时期，当地居民都喜欢到丹霞山散心、锻炼身体和进行家庭聚会。随着人们生活水平的提高，自驾游形式，特别是以家庭出游为主的形式越来越兴起，所以像广州、深圳、东莞等广东省内的游客都喜欢开车到丹霞山去旅游，或者是坐高铁到丹霞山。省外游客之所以那么少，是因为丹霞山在2010年8月3日申遗成功，其知名度在国内外才迅速得到提升，但稳定的客源市场还没有形成，加上丹霞山的宣传做得不够。

二、受访者的旅游消费特性

此部分主要描述受访者的旅游消费特性，包括被调查者的景区重游率、旅游动机、停留天数、旅游消费额、获取旅游信息渠道这五大方面，目的是了解丹霞山旅游景区的游客消费的情况。结果说明如下。

1. 重游率

从图9.6可以看出，在122名受访者中，有63人（52%）是第一次来丹霞山旅游，有34人（28%）是第二次来丹霞山的，第三次来丹霞山旅游的有25人（占20%）。主要是因为在被调查者中约有41%的游客（50人）是韶关市内的，这部分人在周末或者节假日都会来丹霞山放松心情，重游率比较高。

第一次来的游客占了一半，说明丹霞山的客源市场还不是很稳定。

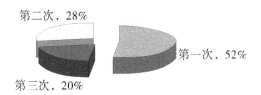

图9.6 受访者的重游率

2. 获取旅游信息渠道

从图9.7可以看出，有48%的被调查者了解丹霞山的途径是通过亲朋好友的，其次有25%的人是通过互联网了解丹霞山，排在第三和第四分别是电视广播和其他，分别占去了24%和23%，排在最后四位的是旅游宣传册、报纸杂志、旅行社、课本，分别占去11%、10.7%、7%、5%。

因为通过亲朋好友而了解丹霞山的游客占比达48%（59人），所以丹霞山景区一定要注重游客的满意度，让景区形成良好的口碑效应，从而起到更好的宣传丹霞山的作用。其次，随着互联网的普及，很多人都是通过网络来了解相关的旅游信息，因此，丹霞山在做旅游宣传时一定不能忽略了互联网这个重要的平台。

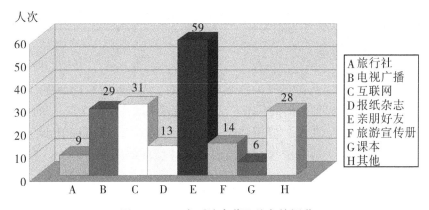

图9.7 122名受访者获取信息的渠道

3. 旅游动机

旅游动机是旅游者选择旅游目的地和旅游者出外旅游的内在的主要驱动力。从表9.4可以看出，观光休闲、享受自然风光，身心放松、缓解压力，自我锻炼这三项是游客最重要的旅游动机。而丹霞山作为发育较完整、类型较全面、较典型的丹霞地貌，它有重要的科学价值，因此丹霞山景区应该充分利用其历史优势、地质文化优势和自然环境优美优势，营造愉悦的观光休闲氛围，发挥科学考察价值，挖掘锦石岩和别传禅寺的佛教文化，挖掘景区内的众多诗文、游记、碑刻与摩崖的文化内涵，满足体验旅游者的深度需求。

表9.4　122名受访者的旅游动机

指标	选项	样本数/n	百分比（%）
旅游动机	身心放松、缓解压力	69	24.82
	观光休闲、享受自然风光	88	31.65
	开拓视野、尝试新事物	33	11.87
	探险、寻找刺激	21	7.55
	自我锻炼	36	12.95
	了解历史文化	20	7.19
	求学、休学	6	2.16
	购物	5	1.80

4. 停留平均时间

如图9.8所示，从游客平均停留时间来看，有69.67%的游客（85人）每次来丹霞山旅游停留的时间只有一天，停留两天的占27.87%（34人），而只有2.46%的游客（3人）停留的时间超过了两天。从中可以看出，丹霞山景区留不住游客，大部分游客在丹霞山景区停留的时间只有一天。在这一天的时间里，景区除门票收入（节假日120元/人，节假日100元/人）和部分游客会选择在景区吃饭之外，丹霞山景区并没有让游客把更多的费用花在住宿和购物方面，说明丹霞山景区并没有很好地带动当地的餐饮业、住宿业和娱乐业的发展。丹霞山现在开发的景区不到丹霞山总面积的1/10，因此，大部分游客一天就能够把丹霞山的主要景点看完。

如果丹霞山想留住游客，让丹霞山景区真正地带动当地相关产业的发展，成为仁化县的支柱产业之一，就应该对丹霞山景区进行合理规划，扩大景区的开发面积，让游客从不同的角度、全方位地欣赏美丽的丹霞地貌。

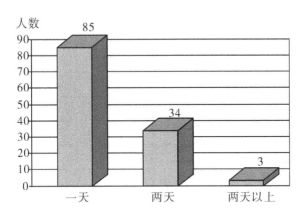

图9.8　受访者停留平均时间

5. 旅游消费额

从表9.5可以看出，来丹霞山旅游花费500左右元的人数是最多的，有21人，占被调查总人数的17.21%；其次是200左右元的，占16.39%；接着是花费300左右元的，占被调查总人数的8.20%；并列排在第四位是花费100左右元和1 000左右元，都占被调查总人数的7.38%；其中花费最高的是2 000左右元，占2.46%；并列排在最后一位的是4元和1800左右元，占去了被调查总人数的0.80%。从表中可以看出，受访者来丹霞山的旅游花费从4元～2 000元，不等，跨度非常大。主要是因为丹霞山对持有韶关市居民证的当地居民采取了优惠政策，当地居民只需花费30元就办一张年卡，在这一年里可无限次地进入丹霞山景区。特别是对于丹霞山附近和仁化县的居民来说，丹霞山就像他们家的后花园一样，每天吃完饭就去散散步，或者是和亲朋聚会，只需买一瓶水就足够在丹霞山玩上半天，因此，就出现了表格中来丹霞山景区游玩只需花费4元的情况。另外，花费不足150元的游客都是韶关市本地人。花费200～2 000元的受访者大部分是来自韶关市外的广东省内或者是广东省外的游客。

表9.5 受访者的旅游消费额

在景区的旅游花费/元	样本数/n	百分比（%）	在景区的旅游花费/元	样本数/n	百分比（%）
4	1	0.80	250	3	2.46
10	3	2.46	300	10	8.20
30	6	4.92	400	8	6.56
35	1	0.80	500	21	17.21
50	7	5.74	700	1	0.80
60	5	4.10	800	2	1.64
80	8	6.56	1 000	9	7.38
100	9	7.38	1 800	1	0.80
150	4	3.28	2 000	3	2.46
200	20	16.39			

三、影响满意度的各因素分析

此部分主要描述影响受访者对丹霞山满意度的因素，包括被调查者的感知质量、顾客期望、感知价值这三大功能质量，以及顾客满意度、顾客抱怨和顾客忠诚度这三大技术质量，目的是了解影响游客对丹霞山景区满意度的各种因素。结果如下。

1. 顾客感知质量分析

如表9.6所示，对于丹霞山景区提供的12项设施与服务，每一项的满意的人数都超过50%。其中，"公共休息设施"这项因子中，很满意的比例占了被调查总人数的38.46%，不满意的只有4.72%，而不满意的比例最低的是"清洁的环境"这项指标，仅仅占去了被调查总人数的3.3%。另外，游客主要对餐饮、购物和合理的价格相对不满，从这些数据中可以得知，游客对丹霞山景区所提供的12项设施与服务大体上是比较满意的。

表9.6　游客对丹霞山所提供的设施与服务的满意程度

项目/满意程度	百分比（%）		
	很满意	满意	不满意
交通	36.89%	54.92%	8.20%
住宿	26.13%	65.77%	8.11%
餐饮	23.64%	54.55%	21.82%
购物	17.09%	58.98%	23.93%
清洁的环境	35.54%	61.16%	3.3%
清洁的厕所	27.73%	66.39%	5.88%
合理的价格	24.59%	57.38%	18.03%
公共休息设施	38.46%	57.26%	4.27%
各环节等待时间长度	28.57%	62.18%	9.24%
旅游咨询服务	29.82%	63.16%	7.02%
工作人员的服务态度和效率	30.58%	59.50%	9.92%
清晰路标和游览线路的安排	33.33%	57.89%	8.77%

2. 游客期望、游客感知价值、游客满意度、游客抱怨、游客忠诚度分析

（1）游客期望分析。调查结果显示，有59.01%的人认为丹霞山与期望的相比相似度有8～10分，36.06%的人认为与期望的相似度有5～7分，只有4.92%的受访者认为与期望的相似度是2～4分，没有人认为丹霞山与期望中的完全不一样。

（2）游客感知价值分析。调查结果显示，对丹霞山景区整体的感知价值，有62.30%的受访者认为还好，认为很值得的受访者占33.61%，认为既浪费钱又浪费时间的受访者有1.64%，认为浪费钱的受访者占2.46%，没有人认为游览丹霞山是浪费时间。

（3）游客满意度分析。调查结果显示，60.66%的受访者对丹霞山之行是满意的，只有4.92%的受访者感觉不满意，34.43%的受访者认为还好，没有感到不满意和很满意的。

（4）游客抱怨分析。游客投诉调查结果显示，如果对丹霞山之行不满意，

会向景区投诉的游客有 31.97%，有 36.07 的人不会向景区相关部门投诉，不一定的人数占去了 31.97%。

负面口碑宣传调查结果显示，如果丹霞山之行不满意，那么有 27.87% 的受访者会建议自己的亲朋好友不要来丹霞山旅游，有 50% 的人不会干涉自己朋友的选择，不一定的人有 22.13%。

（5）游客忠诚度分析。重游选择调查结果显示，如果有机会的话，64.75% 的受访者会选择再来丹霞山，只有 4.92% 的人选择不会再来丹霞山，有 30.33% 的人认为不一定会来，要看情况。

正面口碑宣传调查结果显示，在被调查的游客中，有 78.69% 的人认为，如果对此次丹霞山之行满意的话会把丹霞山景区推荐给自己的亲朋好友；只有 3.28% 的选择不推荐，18.03% 的人认为不一定，还要看具体情况。因此，景区一定要重视游客的口碑宣传作用。

相关分析见表 9.7。

表 9.7　游客期望、游客感知价值、游客满意度、游客抱怨、游客忠诚度分析

指标	选项	样本数/n	百分比（%）
顾客期望分析	8～10 分	72	59.01
	5～7 分	44	36.06
	2～4 分	6	4.92
	1 分以下	0	0
感知价值	浪费钱	3	2.46
	浪费时间	0	0
	既浪费钱又浪费时间	2	1.64
	很值得	41	33.61
	还好	76	62.30
满意度	满意	74	60.66
	不满意	6	4.92
	还好	42	34.43

续表9.7

指标	选项	样本数/n	百分比（%）
游客投诉	会	39	31.97
	不会	44	36.07
	不一定	39	31.97
负面面口碑宣传	会	34	27.87
	不会	61	50
	不一定	27	22.13
重游选择	会	79	64.75
	不会	6	4.92
	不一定	37	30.33
正面口碑宣传	会	96	78.69
	不会	4	3.28
	不一定	22	18.03

第四节　数据分析结果反应的问题

一、分析结果反应的问题

本章以进一步提高游客对丹霞山景区的满意度为目标，通过对问卷调查数据的分析、统计和整合，总结出影响丹霞山景区游客满意度四个最突出的问题：

第一，旅游产品单一。表9.8是问卷调查的最后一个问题，由游客对丹霞山景区提出改进建议。结果表明，69.67%的受访者认为丹霞山需要加大开发力度、丰富旅游项目，说明目前丹霞山景区的旅游产品单一、旅游产品不够丰富。

表9.8 景区需要改进的地方

指标	选项	样本数/n	百分比（%）
景区需要改进的地方	提高景区工作人员服务质量	46	19.57
	完善服务设施	51	21.70
	改善卫生	18	7.66
	加大开发力度、丰富旅游项目	85	69.67
	改进和完善地质标识牌系统	35	28.69

第二，地质标识牌不足。28.69%的受访者认为丹霞山需要改进和完善地质标识牌系统，说明丹霞山景区的地质标识牌不完善。

第三，基础设施落后、不完善。21.70%的受访者认为丹霞山需要完善相关基础设施。

第四，旅游商品缺乏特色。在表9.7的游客感知质量中，对景区提供的12项设施与服务，对受访者购物这一项的不满意程度是最高的，达到了23.93%，说明丹霞山景区旅游商品缺乏特色。

二、提高丹霞山游客满意度的对策

1. 完善地理标识系统和地质标识牌系统

大部分游客对丹霞山的地质知识是不了解的，这方面的知识可以通过导游的讲解获得，然而，现在很多背包客和自助游者都不喜欢雇请导游，而是喜欢根据自己的节奏旅游。所以他们只能是通过景区的地质标识牌来了解丹霞山的地质知识。但是调查显示，很多受访者都说景区内的地质标识牌严重不足。如：长老峰半山腰的三个大字"丹霞山"的由来？丹霞山到处可见的蜂窝洞穴、粗细相间的沙砾成叠置状，它们是如何形成的？其历史、性质和特点如何？阳元山景区的天生桥等景点的成因是什么，问卷调查中受访者的笔录和笔者的实地考察，都没有见到有介绍的标识牌。就连丹霞山景区的核心景点长老峰、阳元石、阴元石、翔龙湖这四大景区都没有标识牌系统。

因此，丹霞山景区内应该增加地质标识牌，在每一个雕刻、寺庙等景点设置一个标识牌，在标识牌上介绍每个景点的成因、特点、地质现象等，使游客在满足观光休闲的基础上获得一些地质科学知识。

2. 加大开发力度，丰富旅游项目

湖南的张家界和广东的丹霞山，无论是在面积上，还是景区的荣誉称号上，两者都可以相提并论。但是现状是张家界的知名度和美誉度远远高于丹霞山。这其中有一个客观原因是张家界比丹霞山开发得早，所以给游客留下的印象就比较深。而丹霞山在 2004 年被评为世界地质公园之后，人们才开始对它有慢慢的了解。此外，丹霞山美誉度不及张家界的一个很重要的原因是丹霞山的开发力度不够。在张家界，游客能够在景区内停留三天，而且三天都能够领略不一样风格的景区，游客的感受性很高。而丹霞山的游客大部分都是一天游的，景区共 319 平方公里，而开发的部分不到丹霞山整体的 1/10，基本上一天就能把丹霞山的主要四大景区游览完毕。即使游客留在丹霞山过夜，第二天还是爬山，他们就觉得没有多大意思。因此，丹霞山应该加大开发力度，留住游客，可以考虑开发丹霞山的边缘地带，尤其是巴寨景区。巴寨位于丹霞山的最高峰，经历代土王、盗贼修缮，成为战乱时代粤北著名的天然堡垒。作为纯天然景区，巴寨不仅是丹霞山的最高峰（海拔 618 米），具备很高的观赏价值，同时也是适合探险体验的神秘之地。现在前往巴寨的只是背包客和有探险精神的游客。巴寨的山脚下有一个东塘镇，这个镇民风淳朴，大多数人还是以农耕为主要的生产方式。丹霞山景区可以与这个镇合作，打造农家乐。游客去巴寨玩累了也可以在山脚下体验下农家生活，别有一番滋味。这样做可以留住游客，带动周边地区相关产业的发展，从而起到促进经济的作用。

此外，晚上在丹霞山基本没有娱乐节目，过惯了夜生活的城市一族一旦晚上闲下来，会觉得很空虚。为此丹霞山也可以大力推广《天地丹霞》节目。《天地丹霞》主要演绎当地的民俗民歌及相关的舞蹈节目。现在的旅游者很多是为了体验和感受当地的异质文化而来的，但游客不知这一节目，主要是因为宣传力度不够。虽然在新山门中有一个电子屏幕宣传这个节目，但是宣传内容多为丹霞山里面的境况，无人知道还有这样的表演。如果景区加大节目的宣传力度，不仅可以吸引游客过夜，同时也能解决游客晚上无娱乐节目的问题，一举两得。

另外，位于丹霞山新山门的性文化博物馆，也鲜为人知。这座世界上首家建立在旅游风景区内的最大的民俗性文化博物馆，给雄奇秀险古广神幽的丹霞山赋予了一个人文新特征——"秘"。它系统地展示了人类性的神秘和爱的秘戏，展示了人类性文明进化的艰辛历程。它把天然的性和人间的情结合，完善了丹霞山作为世界性文化旅游圣地的人文内涵，填补了广东省没有性文化博物馆的空白，成为粤北旅游文化建设上的一朵奇葩。然而由于景区的宣传不到位，去这个博物馆的游客寥寥无几。面对35元一张的门票，因为不知道里面的东西值不值得学习和参观，即使是发现了这个博物馆的游客也会望而却步。其实景区可以采取通票式营销方法，在对丹霞山进行文化宣传的时候顺便把博物馆的情况介绍给广大的游客，使他们在参观完丹霞山后参观游览性文化博物馆，让他们对丹霞山的神秘性和这座被称为与性有关的山有更深的了解。

如果丹霞山景区能够加大锦石岩、《天地丹霞》和性文化博物馆的宣传，应该可以解决留住游客难的问题和丹霞山旅游产品结构单一的问题。

3. 完善景区基础设施

丹霞山在申遗成功后对景区内的相关基础设施做了改进和完善，但是还是存在一些问题。在完善基础设施方面要做到以下两点：第一，积极筹备不同级别的接待服务设施，以满足不同档次的游客的需要。据调查发现，丹霞山景区附近的接待服务设施比较落后，特别是在住宿方面。虽然丹霞山升级为世界自然遗产、国家5A级旅游景区，但是丹霞山至今为止没有一家五星级的酒店，这与它的地位是远远不相符的。因此，丹霞山应该筹建各个级别的住宿服务设施。

第二，在安全设施上丹霞山也做得不够。特别是去往嘉遁亭景区的道路，有几个非常陡峭的、近乎90°的陡坡，但是扶手的两边非常滑，特别是下雨天，游客根本就不敢上到山顶。即使是晴天，一不留神就会踩空滑下去。所以，丹霞山应该加大对安全设施的投入，只有确保游客最基本的人身安全，游客才会有满意度。

4. 加大旅游商品开发力度

俗话说："靠山吃山、靠水吃水。"丹霞山景区坐落于仁化县，仁化县历来以冬笋、南雄大烟、红山白毛茶、夏富沙田柚、丹霞茶油等出名，所以，丹霞山应该利用当地得天独厚的资源，积极参与旅游商品的设计与开发，制定一整套旅游商品开发和推广方案，争取早日实现旅游商品生产、加工、推广的一体化。虽然现在丹霞山景区内的阳元石景区进出口处设有一整排购物商店，但是每个购物点的旅游商品都是一样的，都是些番薯干、香菇等，旅游者看了第一家商店基本上就可以把丹霞山所有购物点的商品了解完。因此，我们具体提出以下建议：第一，政府可以出台相关政策，对丹霞山的农产品夏富沙田柚、白毛茶等进行深加工，并设计精美的具有丹霞山商标的包装，这样不但可以规范旅游商品市场、打击制假售假，同时也能够提升旅游商品的档次。第二，可以根据丹霞山的核心景区丹霞日出、阳元石、阴元石、群象过江等景点，制作一套具有丹霞山商标的明信片、风景画、纪念章或者手绢等传统手工艺产品。

第五节　研究结论

虽然在近几年丹霞山景区的发展势头好，知名度和美誉度越来越高，但是也有很多地方是需要改进的。在景区的开发和规划中，要了解游客满意度的情况，时刻关注努力提高游客满意度，以增强市场竞争力。本章对丹霞山的游客满意度进行了调查统计分析，得出如下结论：

第一，丹霞山游客的人口学特征。性别方面，男性游客比女性游客稍多，但总体相对平衡；年龄方面，丹霞山的游客主要集中在17～45岁，即中青年游客人数较多，其他年龄段的游客人数较少；在学历方面，大专、本科以上的人数占比最多；职业方面，学生所占的比例最高，其次是企事业管理人员；月收入方面，1 500～3 000元的游客最多；在客源地方面，以广东省内游客为主，而省内的游客中约有一半的是来自韶关本地。

第二，丹霞山游客的旅游消费特性。总体而言，在被调查游客中，第一次到丹霞山的游客占到了51.64%，第二次的有20.49%，第三次的占27.87%，可以看出丹霞山的游客重游率是不低的。在信息获取方面，以亲朋好友介绍来获取丹霞山相关信息为主，表明了已游者的推荐意愿对其他潜在游客的影响非常大。旅游动机方面的统计结果显示：观光休闲、享受自然风光，身心放松、缓解压力是其最重要的动机。从景区停留平均时间来看，有69.67%的受访者是只停留一天的，说明丹霞山的景区旅游产品不够丰富，留不住游客。从旅游消费额来看，花费200～500元的占了绝大部分，说明游客在丹霞山景区的消费偏低。

第三，丹霞山游客满意度测评。分析设计了14项影响丹霞山游客满意度因素："游客对住宿""餐饮""交通""购物""清洁的环境""清洁的厕所""合理的价格""公共休息设施""各环节等待时间长度""旅游咨询服务""工作人员的服务态度和效率""清晰路标和游览线路安排""总体价值""游客期望"。在被调查游客中，对清洁的厕所、住宿、旅游咨询服务、各环节等待时间长度和清洁的环境相对满意，对餐饮、购物和合理的价格相对不满。在顾客期望方面，59.01%的游客认为，丹霞山与期望的相比相似度有8～10分，说明丹霞山之行基本达到了顾客期望值。在对丹霞山景区整体的感知价值方面，有62.30%的受访者认为还好。调查结果显示，60.66%的受访者对丹霞山之行是满意的；如果对丹霞山之行不满意，31.97%的顾客会向景区投诉，36.07%的人不会向景区相关部门投诉，不一定投诉的人数占了31.97%。如果丹霞山之行不满意，有27.87%的受访者会建议自己的亲朋好友不要来丹霞山旅游，有50%的人不会干涉自己朋友的选择，不一定的人有22.13%。顾客忠诚度中，如果有机会的话，64.75%的受访者会选择再来丹霞山，只有4.92%的人认为不会再来丹霞山，有30.33%的人认为不一定会来，要看情况。在被调查的游客中，有78.69%的人认为，如果对此次丹霞山之行满意的话会把丹霞山景区推荐给自己的亲朋好友，只有3.28%的人选择不推荐，18.03%的人认为不一定，还要看具体情况。

总体而言，游客对丹霞山景区基本满意。这14项因素会最终影响游客对景区的总体满意度，而游客对景区的总体满意度又直接导致游客忠诚和游客抱怨这两种结果。调查结果显示，游客满意的话会选择重游景区并正面宣传该景区，不满意的话就导致游客向相关部门投诉和负面宣传该景区的两种结果。

第三编

酒店满意度研究

　　通过研究，顾客对广州翡翠皇冠假日酒店的整体形象、硬件服务设施大都是满意的，影响顾客满意度的最主要因素是酒店一线服务人员的服务质量。酒店一线服务人员多为实习生，他们的实习期一结束就离开，新的一批又没有经过很系统地培训就直接上岗，对各方面都不熟，而且，有时候新的实习生来不及补充，人手严重不足，就不能带给顾客很好的服务。因此酒店需要采取相应的策略对此加以改进。另一方面，员工对广州粤海喜来登酒店基本满意，但因薪酬低、福利少、员工的工作压力普遍较大等导致酒店人才流失严重，因此酒店需要采取相应的策略加强对人才的培训和管理。

自 20 世纪 80 年代以来，全球化日益凸显，成为这个时代的基本特征。它把这个世界的政治、经济、文化等方面联系起来，国与国之间相互依存，风险共担。在这样的背景下，共享资源成为一种趋势，国与国之间的交往日益密切、通畅。作为国家之间交流桥梁的国际旅游业得到了前所未有的发展机遇，逐渐繁荣。1991 年制定的《关于国民经济和社会发展十年规划和第八个五年计划纲要》正式明确将旅游业定性为产业，并将其列为加快发展的第三产业中的重点。在此政策推动下，中国旅游业得到空前发展，参加旅游活动的居民人数大幅增加。随着国民生活水平大幅度提高，人们对生活质量的要求越来越高。国民在工作之余，对休闲度假、寻求愉悦的需求也越来越旺盛。

国际和国内旅游业的蓬勃发展和商务活动的逐渐繁荣，直接拉动各国食、住、行、游、购、娱旅游六要素的全面发展。随着中国经济和社会的迅速发展，商业地产项目的开发和建设进入了发展的快车道。酒店作为商业地产主要投资品种之一，既能为项目运营贡献稳定的现金流，也能提升周边区域的整体土地价值，因此被众多商业地产开发商视为首选投资品之一，也被地方政府所亲睐。一时间，全国各地纷纷上马五星级酒店，以希尔顿集团、万豪集团、洲际集团为代表的全球知名酒店管理集团也纷纷抢滩中国市场。

在上述背景下，我国的酒店业迎来黄金发展期，发展迅速，竞争激烈。截至 2015 年年底，我国星级饭店统计管理系统中共有 12 327 家星级饭店。当然，这还没算上 "7 天" "如家" 等经济型酒店。2010 年以来，我国的高档酒店市场客房规模的增长速度快，年均增长率达到了 13%，截至 2015 年年底，高档酒店市场的规模达到 65 万间客房，收入规模超过 2 074 亿人民币。可是这种扩张带来的结果是，客房供过于求；再加上宏观经济环境的影响，酒店整体的盈利水平明显下滑。近年来，五星级酒店被 "摘星" 已经不是什么新鲜的事了。据统计，2015 年到 2016 年两年内，全国有 44 家五星级酒店被 "摘星"，而广东省尤为突出，约占被 "摘星" 酒店的 1/3。早年广东省的酒店业快速发展导致了该省酒店供过于求，严重影响了酒店的利润，是近年广东省酒店被频繁 "摘星" 的原因之一。当然，在这中间，不乏酒店是主动申请 "摘星" 的。

与传统的的酒店业相比，作为分享经济的重要板块，短租公寓盘活了城市与度假地的大量闲置房产资源，并获得迅猛发展。其中分享经济的标竿型企业 Airbnb 仅仅用了 7 年时间，就实现了 250 亿美元的估值。Airbnb 的优势表现在多样化的民俗选择和出色的性价比。近几年来，其平台上提供的可租房屋数量迅猛增长，遍及全球190多个国家，且平台在游客中的知名度越来越高。与以入住率为指标、最终落脚于商业利益的酒店有所不同，Airbnb的房东在意的不一定是金钱上的获益，或者说不仅仅在意金钱上的获益。一段与异乡人的情谊、一份温馨的回忆，甚至只是一次认识陌生人的机会，都能成为房东的出发点。对游客来说，道理是同样的。空前旺盛的社交需求为Airbnb的迅速走红写下了文化层面的注脚，而这一切，却正是批量作业、相对程序化的传统酒店服务所无法提供的。对于要寻求新鲜，真正融入旅游目的地的年轻游客来说，居住在当地人的房子中，切实体验当地人的生活环境，这无疑具有极大的吸引力。而且，家庭旅游团抛弃豪华酒店，选择民宿，一家人在旅行中体验房东一家人的生活，与房东建立友谊，邀请房东一家下次去自己家中体验生活，带来了别样的愉快的旅游经历，还可以事后在亲戚朋友间津津乐道地谈及这一次愉快的经历。

传统酒店业在相互激励竞争的同时，面对新兴分享经济下的短租公寓的强烈冲击，能否稳步前进？这对于已经开业好一段时间的豪华酒店来说，怎样提高顾客满意度、吸引新顾客、维持老顾客的忠诚度，已经成为刻不容缓的研究内容。

此外，传统酒店还面临人员流动率高、人才流失严重的问题。1935年，美国心理学家赫波克（Hoppock）在其所著的《工作满意感》书中，最早提出工作满意度（employee job satisfaction）的概念，开启了心理学历史上工作满意度与工作绩效关系的研究。近几年来，国内外的专业研究均表明，企业员工对其工作的满意度能够直接影响到其工作效率以及对企业的忠诚度，并间接影响对企业的长远发展。随着现代社会的不断发展与进步，员工工作满意度研究已发展为管理学、心理学、经济学、组织行为学及营销学等多个学科的重要研究课题之一。

酒店行业作为劳动密集型及情感支配型的行业，因为其人员数量多、密度高、年龄小、年龄结构复杂，管理难度较大。此外，我国酒店业还要正视一个严峻的现实：目前，我国酒店业的人员流动率较高。人力资源的竞争非常激烈，人才逐渐成为酒店业赢得持续竞争力的关键因素所在。因此，每个员工对工作的满意与否能够直接影响到酒店经营的成败，也决定了这个酒店能否获得稳定持续的竞争力。如何提高员工的满意度，吸引及留住人才，培养员工对酒店的归属感、对酒店文化的认同感，成为酒店管理者不得不面对的难题之一。同时，提升员工的工作满意度也是降低员工流失率的主要途径，可以避免优秀员工被竞争酒店挖走。另外，工作满意度高的员工能够对酒店产生忠诚感，能够为酒店内部营造出温馨的工作氛围，也能为客人提供和谐舒适的入住环境。

第10章 2017年广州翡翠皇冠假日酒店顾客满意度测评研究

第一节 广州翡翠皇冠假日酒店概况

广州翡翠皇冠假日酒店是洲际酒店集团旗下的会展性商务五星级酒店品牌，位于广州萝岗区科学城中心区，与奥林匹克体育中心、广州国际网球中心、国际羽毛球培训中心为邻。酒店拥有客房数430间，面积均在45平方米以上。拥有格调精致的ADD泛亚自助餐厅，充满粤菜风情的"滋味馆"，以及充满西北风情的"西悦餐厅"，中西合璧，应有尽有。酒店最为闻名的是宴会会议服务，宴会场地总面积超过2 600平方米，其中最大的翡翠宴会厅面积达到910平方米，还有9个多功能厅，能承接不同类型的宴会和会议。

第二节 顾客满意度测评体系建立的原则

根据本章的研究要求，广州翡翠皇冠假日酒店的顾客满意度测评体系的建立将遵循选取因素的有效性、指标的可测性、测评体系的层次性三大原则。

一、选取因素的有效性

在设定指标的过程中，要设定合理的指标进行分析，包括顾客在入住酒店前、入住时以及离店后所涉及的方方面面。研究选择的因素要切合客观实际，可以反映出顾客对广州翡翠皇冠假日酒店的真实感受和评价。

二、测评指标的可测性

顾客满意度的测评是一个将各项指标进行量化的过程。因为需要用数字来反映顾客对广州翡翠皇冠假日酒店各个方面的评价，所以要对测评中的各项指标进行量化。为了使指标更具备真实性和可测性，各项指标都应该尽量简化，这样更加便于数据的获取，有利于提高测评指标的可操作性。

三、测评体系的层次性

测评体系一旦建立，就需要尽量保持测评体系内容的稳定性，这样有利于广州翡翠皇冠假日酒店顾客满意度评价指标体系的完善和发展。不同行业对顾客满意度的测评有所不同，其针对的重点和核心也有可能不一样，所以对各项变量需要进行调整。广州翡翠皇冠假日酒店的顾客满意度指标体系可以根据 ECSI 测评模型进行多层次的构建。

第三节 顾客满意度测评指标体系与问卷设计

一、顾客满意度测评指标体系

结合酒店运营方方面面的内容，对广州翡翠假日酒店的顾客满意度调查建立了多方面和多层次的指标结构体系。如图 10.1 所示，这个指标包括五个层次。

第一层次指标是"广州翡翠皇冠假日酒店顾客满意度"，这也是总的测评目标。

第二层次指标包括"入住前""入住时""退房后"3 项测评指标。

第三层次的指标都是在第二层的指标上面延伸过来的。"入住前"包括"企业形象""地理位置"和"前厅服务"3 方面内容，"入住时"包括"客

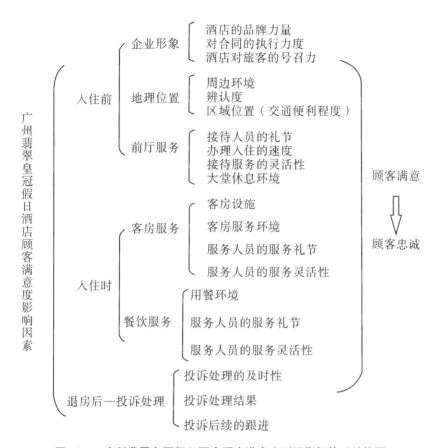

图 10.1　广州翡翠皇冠假日酒店顾客满意度测评指标体系结构图

房服务"和"餐饮服务";"退房后"包括"投诉处理"。其实,在"入住时"也包括"投诉处理",因为客人在住店时是最容易产生不愉快从而投诉的。"入住时"和"退房后"这两个阶段是客人投诉最多的,但并不表示客人"入住前"就不会产生抱怨。

第四层的测评指标是第三层指标上的延伸,具体包括客人对广州翡翠皇冠假日酒店提供的 26 个服务要素(图 10.1 只列出其中 20 项)的实际体验。

第五层的测评指标就是终极目标:顾客满意及顾客忠诚。

二、问卷设计和数据分析统计方法

研究的主要数据是通过问卷调查的形式获取的第一手资料。问卷调查法是通过设计测量项目,向被调查者搜集资料,获得数据。问卷设计的科学性和合理性将影响到获取数据的科学性与准确性,进而影响到分析结果的可靠性。因此,问卷设计的内容、数量和结构等都要围绕研究的内容和研究的目的展开。本研究的调查问卷主要分三个部分。

第一部分:主要是顾客的基本信息,包括客人的性别、年龄阶段、月收入、学历、住店原因以及了解渠道等方面。

第二部分:整个主线围绕顾客入住前、入住时以及入住后展开,主要内容包括顾客对酒店各项细分服务的满意度。

第三部分:调查顾客对广州翡翠皇冠假日酒店的整体满意度以及期待改进的地方。

本调查问卷将采用李克特五点量表法,就顾客的满意程度分为五个等级,分别是非常满意、满意、一般、不满意以及非常不满意,每个选项的对值分别是5、4、3、2、1。

三、顾客满意度的问卷调查

问卷调查是一种有结构的调查形式,问卷设计的合理性对调查结果的科学性起着至关重要的作用。本调查问卷数据由梁凤栏同学在广州翡翠皇冠假日酒店实习时调查得来,并参照了前人的调查问卷。在研究分析的过程中,梁凤栏同学采用SPSS 10.0统计软件对本调查问卷的可靠性进行了分析。

本调查现场发放问卷,共发放了200份调查问卷,收回有效问卷190份,有效问卷回收率达95%。本章将利用Excel对有效问卷数据分析,得出调查结论。

第四节　广州翡翠皇冠假日酒店顾客满意度实证分析

一、顾客人口统计特征分析

通过对广州翡翠皇冠假日酒店顾客满意度问卷调查，本章对顾客的性别、年龄、收入、入住目的、了解渠道等方面进行分析，了解广州翡翠皇冠假日酒店顾客的构成状况。

1. 顾客男女比例分析

由图 10.1 可以看到，男性顾客所占的比例高达 70.80%，远高于女性所占的比例。可知广州翡翠皇冠假日酒店的顾客总体上多为男性，商务客人以男性为主。

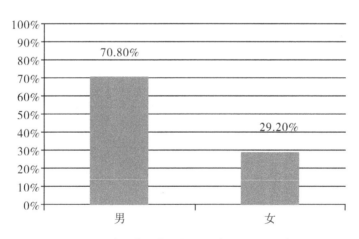

图 10.1　广州翡翠皇冠假日酒店顾客男女比例

2. 顾客年龄结构分析

如图 10.2 所示，在被调查的所有顾客中，36 ～ 45 岁的顾客群体所占的比例最大，为 40%，说明这个年龄层的群体是广州翡翠皇冠假日酒店的主要客源。这个阶段的客人已经步入事业的最佳黄金期，事业可能还处于上升阶段，但基本比较稳定，也有一定的积蓄可以在五星级酒店休闲消费，或是公司出差、参加商务活动。其次是年龄段在26～35岁的客人，这个年龄段的客人的事业属于快速上升的阶段，公司业务繁忙，经常出差，基本上多为商务旅客，而且多为外国客人；也有少部分好友聚会会选择在此。所占比例排第三的年龄段是46～55岁，所占的比例近1/5，这部分人事业已经稳定，家里孩子也基本长大，一家人会在周末到五星级酒店喝早茶，进行休闲享受。55岁以上的年龄段，多为住在酒店附近的长者，他们会在周末过来喝早茶，与朋友联络感情，或者到酒店进行休闲放松，也有的是外国人过来出差。25岁以下的顾客比较少，一方面是这部分人暂时经济消费能力相对不足，另一方面，很多人还在读书求学阶段，暂时没有入住五星级酒店的需求。

我们可以看到，主要顾客集中在26～55岁的阶段，他们关注酒店个性化的舒适服务，而不是相对时尚、刺激。

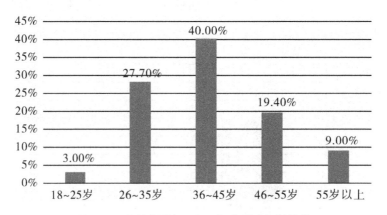

图10.2　广州翡翠皇冠假日酒店顾客年龄结构

3. 顾客收入结构分析

由图10.3可以看到，月收入在3 000元以下的客人几乎没有，主要原因是广州翡翠皇冠假日酒店是一家五星级酒店，消费水平相对比较高，而且一般的小公司出差也不会选择如此豪华的酒店。收入水平在10 000～20 000元水平段的人最多，这部分人多为在酒店常住的韩国LG公司的客户、当地附近地区的居民（一般指经济相对富裕的人）以及到此出差的大公司员工。他们具有一定的经济实力，有相当的消费能力。3 000 ～ 5 000 元这个阶段的，有的是小资的年轻人，过来放松休闲，有的是商务客人。20 000 元以上的客人也占有一定的比例，他们有的是周围企业的老板，有的则是西方发达国家的出差常住客人，他们的工资相对高较，消费水平高，要求也相对比较高。在研究顾客满意度的过程中，会着重研究收入偏高的两个年龄阶段的人，讨论如何提高他们的实际体验值。

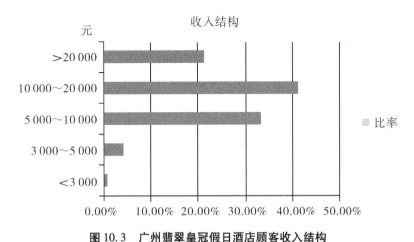

图 10.3　广州翡翠皇冠假日酒店顾客收入结构

4. 顾客住店目的分析

如图 10.4 所示，广州翡翠皇冠假日酒店是一家商务会议型酒店，其主要客人是商务会议客人。根据调查，以商务会谈为目的住店的占 60.00%，超过客人总量的一半。酒店方面要更加注重提供商务服务质量，要着重提供个性化服务。前来休闲度假的占 15.90%，是另一大目标人群；酒店要做好硬件设施，提供好的服务和好的环境。前来探亲访友的比较少，主要是因为酒店的位置处在郊区，和市中心有一定的距离，而且探亲一般住在家里会比较方便。前来学习培训的也占有一定比例，这是由于广州翡翠皇冠假日酒店的多功能会议室多，提供的会务活动比较丰富，吸引一些人在此举行大型的会议。

5. 了解渠道

广州翡翠皇冠假日酒店是洲际酒店集团旗下的五星级品牌，无论在国内还是国际上都有着一定的影响力。很多时候，高端的品牌给人一种质量有保

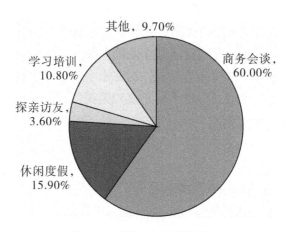

图 10.4　顾客住店目的分析

证的感觉。在顾客了解渠道中，品牌效应占到首位。常住顾客占很大比例，占 27.20%，广州翡翠皇冠假日酒店有很多常年住店的外国客人，他们对翡翠皇冠的品牌有信心，也比较满意，其实这也属于品牌效应的一个隐形方面。宣传是顾客了解酒店的另一个渠道，说明酒店的宣传工作有一定的效果。网上预订和朋友推荐也占有一定的比例，这说明酒店的网站预订系统有一定的作用，酒店品牌口碑较好（见图 10.5）。

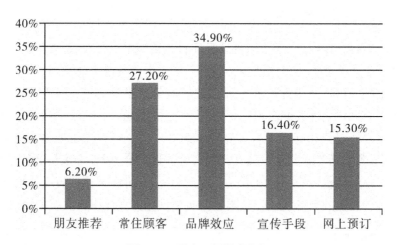

图 10.5　顾客了解渠道分析

二、酒店整体区域信息分析

我们对广州翡翠皇冠假日酒店的区域位置等信息做了满意度调查，并进行了系统分析，主要包括停车车位、辨认度、区域位置和周边环境等要素。对这些特征进行分析，有利于酒店对这些方面进行优化，吸引更多的顾客。区域信息特征总体平均分为 3.82。（见表 10.1）

表 10.1　酒店区域信息特征分析

选项	1	2	3	4	5	平均分
停车车位	5（2.63%）	7（3.68%）	23（12.1%）	99（52.11%）	56（29.47%）	4.02
辨认度	9（4.73%）	5（2.63%）	34（17.89%）	108（56.84%）	34（17.89%）	3.81
区域位置	12（6.32%）	26（13.68%）	32（16.34%）	66（34.24%）	54（28.42）	3.65
周边环境	5（2.63%）	28（14.74%）	33（17.37%）	61（32.11%）	63（33.16%）	3.78

对于广州翡翠皇冠假日酒店的区位因素，总体来说评分较高，其中停车车位这方面的得分最高，是 4.02。广州翡翠皇冠假日酒店不仅有地下停车场，还设有地面停车场，车位比较充足，客人在光顾酒店的时候一般都能找到停车位，因此大部分客人都比较满意。得分最低的是区域位置，很不满意的顾客占了 6.32% 的比例，不满意的也占 13.68%。这是由于广州翡翠皇冠假日酒店并不位于市中心，交通方面还是有一点不便利；可是也正由于其所处位置并不算市中心，所以周边的环境相对很好，平均得分也有 3.78。

三、前厅整体环境与服务行为分析

作为一家酒店的门面所在，前厅的整体环境布局给人们的是最为重要的第一印象，服务人员的素质、质量也将会带给顾客最为直观的第一感受。前厅总体印象平均分为 3.61。（见表 10.2）

前厅的总体得分不高，属于酒店硬件因素的大堂环境以及休息区域的得分相对其他几个软件服务要高。其中得分最低的是服务人员的主动灵活性，很不满意的顾客有 18 人，占总体的 9.47%，不满意的有 22 人，占总体的

11.58%；与此同时，服务人员的礼节方面得分也较低，平均分仅为3.4，可以看出，顾客对服务人员的服务水平不满意的比较多，因此，酒店针对前厅服务人员的培训要相应加强。

表10.2　酒店前厅整体环境与服务行为分析

选项	1	2	3	4	5	平均分
大堂环境	7（3.68%）	21（11.05%）	53（33.68%）	64（33.68%）	45（23.68%）	3.63
休息区域	11（5.79%）	18（9.47%）	61（32.11%）	67（35.26%）	33（17.37%）	3.49
办理入住速度	14（7.37%）	27（14.21%）	56（29.47%）	47（24.74%）	46（24.21%）	3.44
服务人员礼节	13（6.84%）	22（11.58%）	65（34.21%）	56（29.47%）	34（17.89%）	3.4
服务主动灵活性	18（9.47%）	22（11.58%）	50（26.32%）	69（36.32%）	31（16.32%）	3.38
总体印象	9（4.73%）	21（11.05%）	53（27.89%）	60（31.58%）	47（24.74%）	3.61

四、客房环境与服务行为分析

客房总体印象平均分为3.6。其中，平均得分最高的是客房设施，为3.72，可以看出，顾客对广州翡翠皇冠假日酒店的客房设施比较满意，这家以商务客人为主的酒店，房间配套的办公设施比较齐全。得分偏低的依旧是服务人员的礼节以及服务的主动灵活性，平均得分分别为3.41和3.34，可以看出，提高服务人员的水平刻不容缓。（见表10.3）

表10.3　酒店客房环境与服务行分析

选项	1	2	3	4	5	平均分
客房设施	8（5.79%）	11（5.79%）	52（27.37%）	75（39.47%）	44（23.16%）	3.72
客房环境	12（6.32%）	17（8.95%）	48（25.26%）	74（38.95%）	39（20.53%）	3.58
服务礼节	16（8.42%）	21（11.05%）	59（31.05%）	57（30%）	37（19.47%）	3.41

续表 10.3

选项	1	2	3	4	5	平均分
服务主动灵活性	14（7.37%）	23（12.11%）	53（27.89%）	64（33.68%）	36（18.95%）	3.34
总体印象	13（6.84%）	17（8.95%）	46（24.21%）	71（37.37%）	43（22.63%）	3.60

五、餐厅环境与服务行为分析

如表 10.4 所示，餐厅总体印象平均分 3.49。餐厅方面得分平均普遍不高，得分最低的是服务人员的主动灵活性，平均分仅 3.41，有 8.42% 的顾客很不满意，15.26% 的顾客不满意。其原因是餐厅多为实习生，他们的实习期一结束就离开，新的一批没有经过很系统的培训就直接上岗，对各方面都不熟，而且，有时候新的实习生来不及补充，人手严重不足，就不能带给顾客很好的服务体验。

表 10.4　酒店餐厅环境与服务行为分析

选项	1	2	3	4	5	平均分
餐厅环境	10（5.26%）	32（16.84%）	47（24.74%）	59（30.05%）	42（22.11%）	3.47
服务礼节	8（4.21%）	33（17.37%）	52（27.37%）	54（28.42%）	43（22.63%）	3.47
服务主动灵活	16（8.42%）	29（15.26%）	39（20.53%）	72（37.89%）	34（17.89%）	3.41
总体印象	11（5.79%）	27（14.21%）	47（24.74%）	68（35.79%）	37（19.47%）	3.49

在整份调查问卷中，服务人员的服务主动灵活性几乎都是最低分，说明酒店必须重视这方面存在的问题。

六、投诉行为特征分析

如表 10.5 所示，在投诉行为特征分析方面，最多顾客产生不满意的点是在后续跟进部分，有 8.9% 的人对酒店后续跟进的处理很不满意，有 9.47% 的人对此不满意。但是，有 43.16% 的顾客对投诉处理速度满意，甚至有 16.32% 的顾客表示非常满意；有 18.95% 的顾客对投诉结果处理满意，有 30.53% 对此表示非常满意。从调查数据显示，顾客对处理的速度以及结果还是挺满意的，后续方面的处理可能欠妥。

表 10.5　顾客投诉行为特征分析

选项	1	2	3	4	5	平均分
处理速度	7（3.68%）	21（11.05%）	49（25.79%）	82（43.16%）	31（16.32%）	3.57
处理结果	18（9.47%）	26（13.68%）	52（27.37%）	36（18.95%）	58（30.53%）	3.47
后续跟进	17（8.95%）	18（9.47%）	69（34.32%）	43（22.63%）	43（22.63%）	3.41
总体印象	13（6.84%）	19（10%）	62（32.63%）	58（30.53%）	38（20%）	3.47

七、企业形象品牌特征分析

如表 10.6 所示，企业品牌形象得分较高，平均分为 3.7。说明在消费者的心目中，广州翡翠皇冠假日酒店的品牌形象不错，是一家信得过的五星级酒店，大家对这个酒店的品牌有信心。号召力的平均得分为 3.63，说明这个酒店还是有一定的号召力。

表 10.6　企业形象品牌特征分析

选项	1	2	3	4	5	平均分
企业品牌	9（4.74%）	19（10%）	47（24.74%）	46（24.21%）	69（36.32%）	3.77
号召力	14（7.37%）	16（8.42%）	55（28.95%）	46（24.21%）	59（31.05%）	3.63

八、顾客整体满意度分析

如表 10.7 所示，顾客总体上对广州翡翠皇冠假日酒店满意的占比较多，满意以及很满意分别占 40.53% 和 16.32%。对基础设施的满意程度更高，有 32.32% 的顾客对此非常满意，26.84% 的顾客满意；对于服务价值来说，大部分顾客对广州翡翠皇冠假日酒店的服务价值比较认可，满意的占 30%，非常满意的占 28.42%。但在这两个方面还是存在不满意的顾客，所以酒店方面需要加强基础设施的建设以及服务价值的建立。

表 10.7　顾客整体满意度分析

选项	1	2	3	4	5	平均分
基础设施	11（5.79%）	24（12.63%）	35（18.42%）	51（26.84%）	69（36.32%）	3.75
服务价值	9（4.74%）	14（7.37%）	56（29.47%）	57（30.00%）	54（28.42%）	3.70
总体	12（6.32%）	28（14.74%）	42（22.11%）	77（40.53%）	31（16.32%）	3.46

九、是否再选择广州翡翠皇冠假日酒店

如图 10.6 所示，会再次选择广州翡翠皇冠假日酒店的顾客占 88.95%，远多于不会再选择的顾客（11.05%）。这说明大部分顾客对广州翡翠皇冠假日酒店是认可的，他们总体上都是十分满意的。尽管不会再选择的顾客所占比例不大，但是我们也要重视，找出顾客不满意的原因，从而进行改进。

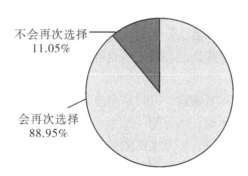

图 10.6　广州翡翠皇冠假日酒店顾客再次选择该酒店的比例

第五节 广州翡翠皇冠假日酒店顾客满意度提升策略

一、提高基层服务人员服务质量

服务员是酒店的一线员工，是直接接触顾客的人，他们的一举一动都能影响顾客的满意程度。对很多实习生来说，广州翡翠皇冠假日酒店的福利不错，作为国际知名酒店集团下的五星级酒店，在这里能学习到很多酒店管理方面的知识，是个不错的选择。但是根据了解，员工普遍不愿意留下，原因包括待遇低、工作中受到不公平对待、人手经常不足导致工作强度过大等。

酒店不重视员工，员工自然就不会为酒店提供好的服务，客人也就不会满意。调查问卷的数据表明，员工服务礼节以及服务的主动性得分是最低的。下面将围绕顾客不满意的方面以及解决方案展开论述。

1. 顾客投诉内容及原因分析

第一，服务人员态度差，没有微笑服务意识。很多时候，上司的一言一行都会影响到服务人员的服务质量。据了解，广州翡翠皇冠假日酒店有些高层管理者见到基层员工的时候，经常面无表情，甚至对员工的疑问置之不理，更有甚者，心情不好就谩骂员工。试问，如果员工自身都不能保持好的工作心情，又怎能用心地服务客人？不过，这也表明服务人员欠缺服务意识，如果有好的服务意识，就算自己心情不好也能很好地克制住，以带给客人优质的服务为先。

第二，对服务流程不熟悉。广州翡翠皇冠假日酒店的基层服务人员多为学校的实习生，很多时候，实习期一结束，他们就马上离开，实习期为3个月至1年不等。也就是说，实习生刚刚掌握好具体的服务流程和服务标准就离开了；由于人手不足，只能雇用新来的实习生，但他们没有经过很好的系统培训就直接上岗，对服务流程不熟悉，有时客人一问三不知，如何能让顾客满意呢？

究其原因，最主要还是酒店留不住人才。酒店服务员的工资相对比较低，常常因为新的实习生没到，整个部门的人都要进行高强度的工作。梁凤栏同学就曾经试过连续上班 13 天。连休息都得不到保证，实习结束后还不赶紧走吗？

第三，服务人员自身素质低。来广州翡翠皇冠假日酒店实习的多为中专、大专的旅游院校的学生，如广东省旅游院校之类。他们有的准备毕业，有的才刚上中专、大专，年纪很小，有的心智还不是很成熟，甚至还在叛逆期。但是广州翡翠皇冠假日酒店是一家五星级酒店，顾客多为外国客人，对服务人员有一定的外语要求。可是这些实习生的学历、素质根本达不到要求。曾经有客人调侃说，酒吧的大多服务员只会两句英文："Would you want something to drink?" 和 "One more?" 简直让人有点哭笑不得。

外语水平不过关，甚至连顾客的要求都听不懂，这样怎能很好地服务客人？很多时候，客人需要掏出手机翻译给服务人员看，这对酒店的顾客满意度造成极大的不良影响。

相关岗位需要专业人才，如酒水部需要专业的调酒师，但是这些调酒师都是由实习生担任，他们并不懂真正的调酒，有时候同一款鸡尾酒由不同的服务人员调制，味道却不一样，没有统一的标准，使顾客体验不好。

2. 提升策略

第一，加强员工培训。部门经理要给各自部门的一线服务人员制订培训计划，并要具体践行。例如，酒店外国客人多，各部门都需要进行专业的英语培训，一些具体的单词要记住，不然客人点个矿泉水都听不懂，还要拿菜单去点；可以统一进行英语培训。各部门也要针对自己部门特点进行培训，例如酒水部就需要定期培训鸡尾酒的知识和调酒的技巧等。

每个部门的员工都有必要对酒店的整体概况有一定的了解，并做相应的培训，不然连客人问某个工作人员某个会议厅的具体位置都回答不出。

重视培训的质量，就是说，每次培训后要有具体的考核标准。对于不及格的人员要有相应的处罚措施，表现优秀的也应该要有奖励，做到公平公正。

第二，重视员工满意度。顾客是上帝，这是很久之前很多专家学者提出来的观点。但是，没有满意的员工，就不会有满意的顾客。提升员工的满意度，我们要从以下几个方面展开：一是真正地尊重每一个员工。员工平时工作中受到的不尊重已经够多了，特别是服务行业，所以每位高层领导都必须尊重自己的员工，不要因为对方只是一个小小的实习生就不重视他们声音。二是适当增加工资福利。基层的服务人员，干着最辛苦的工作，却拿着最少的工资，这样不利于员工服务积极性的提高。可以适当设立一些优秀员工奖项，给优秀者增加福利，能起到激励的作用。三是定期举办座谈会，聆听基层的声音。领导的一个小小的举动，都会让基层的人员产生莫大的感动，从而更加努力地去为这家酒店做贡献。

二、加强硬件设施建设

广州翡翠皇冠假日酒店从开业至今已经快有十年的历史了，很多的硬件设施，如大堂吧使用的椅子、酒吧的娱乐设施等也快有十年的历史了，这些老化的设施需要进行更换。大堂吧的椅子都是以布沙发为主，看着给人一种很舒服的感觉，坐上去也很柔软，但是因为有客人不小心把咖啡倒在上面，清洗多了，久而久之也会有污渍。大堂吧是顾客休息的重要区域，也是酒店重要的门面，这样严重影响酒店形象，对酒店顾客满意度造成影响。

此外，要对酒店的设施进行定期的检查、维修保养。像一些餐厅的水龙头，平时不注重检查保养，现在很多都修不好，修好了没几天又开始漏水。这样不仅对设施不好，而且还造成水资源浪费。

三、提高投诉处理质量

从表10.5顾客投诉行为特征分析，我们可以看到，投诉这方面的得分相对较低，这表明大家对这项服务的处理并不满意。投诉处理是指帮客人解决入住时所产生的疑难杂症，提高他们的满意程度。很明显这项服务的作用没有发挥出来。

1. 提高处理效率

很多时候，顾客会首先向一线的员工发出不满意的信号，但是，一线的员工没有权限处理这样的问题，一般就会找自己的上级或者大堂副理解决。在寻找上级的过程，有时候并不能找到相关人员，因为酒店是24小时营业的，而不可能全天候都有经理在上班，这时只能找大堂副理。大堂副理要跟进的工作很多，不是时刻都在自己的岗位上，而且一般情况下，值班的大堂副理只有一个。要解决问题，最直观的就是加设宾客关系管理部门，专门负责顾客投诉跟进的相关事宜。

2．加强处理后续跟进

投诉处理方面，后续跟进的得分最低，这说明顾客不满意的最重要因素是投诉后续跟进方面做得不好。很多时候，接到客人投诉并做出了处理，但对后续的跟进工作没有做好，例如客人是否对投诉结果表示满意，处理了以后是否还有造成别的不满意的因素，等等。有时一个贴心的问候，都会令顾客倍感温暖。

四、提高企业形象

通过表 10.6 中企业形象品牌特征的分析，顾客对广州翡翠皇冠假日酒店的品牌形象特别满意。这是洲际酒店集团下的五星级的酒店品牌，在顾客的眼中，这是一家干净、卫生、舒适的酒店，能带给自身好的入住体验。所以，要加大酒店方面的宣传，进一步提高企业形象。

1．加大宣传力度

据了解，广州翡翠皇冠假日酒店的宣传主要在酒店官网以及微信公众号上。酒店最主要顾客为 36 ～ 45 岁，这区间段的顾客刚好处于事业的最佳期，他们多为商务型客人，把广告投放在微信公众号这些平台上面，他们一般比较少关注到，建议可以在一些商务报纸上投放广告，吸引商务客人的关注。当然，因为主要客户都是年轻的一代，他们是未来的消费的主力军，微信公众号上的宣传也是有效果的，我们也要重视。同时，也可以在地铁、公交站牌上面投放广告，加大公众的辨识度。

在宣传的时候，要注重真实，不能夸大，不能给顾客一个欺骗的假象。微信公众号上要定期宣传，不能很久都不更新一次，这样很容易被人遗忘。官网上面的信息也是同样的道理，很多数据细节长期都没有更新，很多活动在官网上都找不到资料，网站建立不健全，没有专人打理，这样不利于酒店品牌的宣传。

2．定期推出新活动

可以推出转发微信或者微博，中奖就可以免费吃自助餐或者得到房券的活动。这些活动成本不高，却可以增加曝光率。通过网友的转发，能够增加客户的关注度，有可能把潜在客户发展为自己的忠诚客户。

第六节　主要结论

一、人口统计学特征分析总结

从调查结果上，广州翡翠皇冠假日酒店的顾客群体以男性为主，这和中国的男性社会经济地位比较高有一定的关系；顾客年龄多为 26 ～ 35 岁，这部分人的学历相对较高，多在大专及本科学历，收入也高，在 10 000 ～ 20 000 元之间；住店的目的大多是商务出差，其次是休闲放松；多数人通过品牌效应了解酒店，可见广州翡翠皇冠假日酒店的品牌影响力大。

通过人口特征统计分析，可以归纳出：广州翡翠皇冠假日酒店的顾客群以男性为主，多位为中青年，有一定的经济实力，以商务客人为主，比较注重品牌。所以，酒店的各项服务要尽量满足商务客人需求，在宣传过程中要更加注重品牌形象的宣传。

二、入住酒店行为特征分析总结

顾客入住酒店的行为特征主要分两大方面：入住前对区域环境的满意度及对前厅、客房、餐厅的满意度。总体来说，顾客对广州翡翠皇冠假日酒店的区域环境满意度得分最高，但从前厅、客房以及餐厅这三方面来看，得分普遍较低，尤其是顾客对服务人员服务的主动灵活性的平均分都偏低。

根据客人的评分，我们可以看出，要提高顾客对酒店的满意度，必须提高一线服务人员的服务质量，这是重中之重。本章也在提升策略部分着重提到如何提高酒店一线服务人员的服务质量的问题。

三、投诉处理行为特征总结

在顾客投诉处理方面，投诉处理的后续跟进得分最低，酒店要重视投诉后续跟进的工作。

针对处理结果后续跟进这一方面，酒店应该要多加派人手进行协调沟通。单靠一个部门经理或者一个值班的大堂副理无法跟进解决那么多的事情，可以成立专门的宾客关系处理部门专职负责相关投诉工作。

四、企业整体形象分析总结

广州翡翠皇冠假日酒店是洲际酒店集团下的五星级酒店，人们对这个品牌比较认可，所以对酒店品牌的评分普遍较高。但是，在酒店未来的宣传中，需要注重品牌的宣传，多举办新奇有趣的活动吸引住顾客。

五、顾客整体满意度分析总结

总体来说，顾客对广州翡翠皇冠假日酒店的评价多数是满意以及非常满意，很少有不满意的，这与酒店本身的努力密不可分。但是酒店不能因此骄傲自满，要切实针对顾客不满意的原因进行改进，利用自身的优势吸引更多的顾客，提高顾客的满意度甚至是忠诚度，实现可持续发展。

第11章 2019年广州翡翠皇冠假日酒店顾客满意度提升研究

广州翡翠皇冠假日酒店位于广州科学城,与许多世界 500 强企业为邻,临近广州国际体育演艺中心、萝岗万达广场,步行 5 分钟即可到达高德汇购物商场、美食城、烽禾电影院,步行 15 分钟可达地铁 6 号线暹岗站。酒店所有客房宽敞明亮并带观景阳台,四间餐厅与酒吧提供中西式地道美食和美酒。广州翡翠皇冠假日酒店距广州白云国际机场 45 分钟车程,距琶洲会展中心 25 分钟车程。中国进出口商品交易会期间酒店免费提供穿梭巴士,距广州市中心和火车东站 30 分钟车程。大堂区域设有苹果电脑区、图书区,全酒店免费网络覆盖,方便顾客的商务需求。酒店拥有 8 间多功能会议厅和 1 间大型宴会厅,皇冠假日会务总监事无世细地负责各种会务的筹办与管理,确保会务的每一个环节顺利进行。酒店 ADD 泛亚自助餐厅提供东南亚美食和西式主食及甜点,田园风光的户外花园为商旅客人提供一个回归自然的场所。西悦餐厅典雅质朴,餐厅主理西北菜肴,菜品别具西北民族风味。滋味馆风味餐厅以南北地方小吃为主,荟萃了中华美食之精华,包括潮州小点、正宗川式名菜、东北地道面点、新派粤菜、顺德菜以及传统粤港本土精美小吃,琳琅满目。休闲吧以时尚游戏为主题,提供各款酒水和时尚游戏,让顾客可以在轻松的氛围里恣意享受。广州翡翠皇冠假日酒店拥有丰富的休闲设施:有氧健身室、桌球室、乒乓球室、桑拿、游泳池、单车等。宾客可以在室内恒温泳池中自然畅泳,享受健康按摩池的冲激,也可以在原生态的室外泳池感受夏日清凉，体验户外按摩池水流带来的身心放松，或在池畔边体验篝火晚会享受轻松惬意；顾客还可免费使用单车驰骋在附近林荫绿道上，享受健康的生态生活。

第一节　问卷设计与调查

一、问卷设计

广州翡翠皇冠假日酒店顾客满意度提升的研究数据，主要是通过问卷调查的形式获取的第一手资料。根据本章的研究课题设计问卷，向被调查者收集数据。问卷设计的科学性、合理都将影响到本次问卷调查所获取数据的科学性与准确性，进而影响到分析结果的可靠性。所以，设计的问卷在内容、数量和结构方面都要围绕研究的内容和目的展开。调查旨在找出酒店哪方面存在不足，以便为提升顾客满意度的研究奠定基础。本研究的调查问卷主要分三个部分。

第一部分：主要是收集顾客的基本信息，包含客人的性别、所属的年龄阶段、了解渠道以及住店原因等方面。

第二部分：围绕顾客入住前、入住时以及入住后展开调查，尽可能多地让顾客对酒店各项细分的设施和服务的满意度进行评分。

第三部分：调查顾客入住后对广州翡翠皇冠假日酒店的整体满意度和期待，清楚了解酒店方面能够改进的地方。

另外，本次调查问卷采用李克特五点量表法，根据顾客的满意程度分为非常满意、满意、一般、不太满意以及非常不满意 5 个等级，每个选项的分数分别是：5、4、3、2、1。

二、顾客满意度问卷调查

问卷调查是一种有结构的调查形式，问卷设计的合理性非常重要，因为它对调查结果的科学性起着至关重要的作用。本调查问卷参考了前人相关研究，由吴建同学在广州翡翠皇冠假日酒店实习时展开调查。吴建同学采用了

SPSS 22.0 统计软件对本调查问卷的可靠性进行了分析。

本调查问卷主要采取现场发放的形式，发放了 150 份调查问卷，收回有效问卷 142 份，有效问卷回收率达 94.67%。本章将对有效问卷中的数据进行收集，并利用 Excel 进行数据分析，最后得出调查的结论。

第二节　广州翡翠皇冠假日酒店顾客满意度实证分析

一、顾客基本信息特征分析

1. 顾客性别比例分析

由图 11.1 我们可以看出，男性顾客占比高达 71.80%，远高于女性所占的比例。广州翡翠皇冠假日酒店的顾客总体上以男性居多，商务型客人以男性为主。

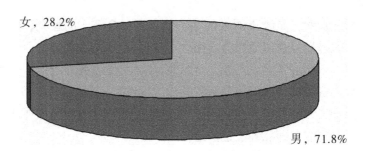

女，28.2%

男，71.8%

图 11.1　广州翡翠皇冠假日酒店顾客性别比例

2. 顾客年龄结构分析

由图 11.2 可以发现，在被调查的顾客当中，年龄阶段为 36 ～ 45 岁的人数最多，所占比例为 42.25%，接近总数的一半，说明这个年龄层的顾客是广州翡翠皇冠假日酒店的主要客户来源。一方面，这个阶段的客人已经步入事业发展的黄金期，事业可能还处于上升阶段，基本比较稳定，也有相当的经济基础可以在五星级酒店休闲消费；另一方面，广州翡翠皇冠假日酒店本身就是商务会议型酒店，因此也会吸引相关公司出差或从事商务活动的顾客。第二大年龄段为 46 ～ 55 岁，约占调查人数的 1/5。这部分顾客事业稳定，家里的孩子基本长大，一家人会在周末到五星级酒店喝早茶，旅游度假，进行休闲活动，与亲戚朋友联络感情。第三个年龄层次的顾客是 26 ～ 35 岁的阶段，这个年龄阶段的顾客正处于事业的拼搏期，事业在快速上升，公司业务繁忙，经常需要出差，基本上多为商务旅行的外国客人；也有少部分好友聚会会选择在此，因为这里环境优美、空气质量较好。而且广州体育演艺中心离酒店不远，那里经常有体育赛事和明星的汇演，这个年龄阶段的顾客一般都有自己喜欢的偶像，而且自己有一定的经济收入。因此，在自己喜欢的偶像汇演活动结束后，选择在本酒店下榻，他们期待也许有机会和偶像同住一家酒店，甚至还可能有幸碰见自己的偶像。56 岁以上的顾客也有一部分，这部分的顾客多为住在酒店附近的长者，附近空气好、环境优雅，他们会在周末过来喝早茶，联络感情，或者一家人到酒店进行休闲放松，享受天伦之乐；也有的是出差的外国人。25 岁以下的顾客比较少，一方面是这部分顾客经济消费能力相对不足，可能是跟随家庭活动；另一方面，相当一部分还在读书求学，对于住五星级酒店的需求还是比较少的。

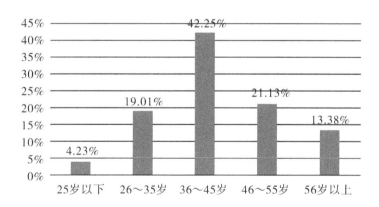

图 11.2　广州翡翠皇冠假日酒店顾客年龄结构

总的来说，广州翡翠皇冠假日酒店的主要顾客集中在中青年的阶段，他们关注个性化的舒适服务，以休闲放松为主，不太追求时尚、刺激。

3. 顾客了解酒店的渠道

皇冠假日酒店是洲际酒店集团旗下的知名品牌，定位于国际高端市场，为顾客的日常社交和商务互动提供宽敞雅致的空间，是商务人士和会展人士的理想选择，在国内外均有着一定的影响力和吸引力。由图 11.3 可知，品牌效应在所调查的顾客当中占 26.76%。而常住顾客则是位于榜首，占据 33.10% 的比例。这是因为该酒店有相当大比例的常住外国客人，其中以韩国公司 LG 的员工居多。该公司选择广州翡翠皇冠假日酒店，就是对国际知名品牌的信赖，属于品牌效应的一个隐形方面。网上预订和宣传手段也占有一定的比例，这说明酒店这方面的活动和广告产生了一定的宣传效果。各大旅游电商和酒店官网的预订系统起到了相关的作用。朋友推荐和其他的选项则占顾客群体的比例较小。

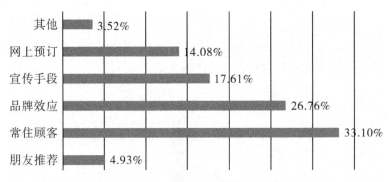

图 11.3　顾客了解渠道分析

4. 顾客住店原因的实证分析

如图 11.4 所示，商务会谈的顾客恰好占总数的一半，加上学习、培训进修的 20.42%，也就是说，有七成以上的顾客是来酒店进行商务、学习活动的。因此，酒店方面需要更加注重改善在设施设备上的供给与质量，尽量保证不在商务活动进行中设施设备方面出现问题，以免影响顾客的满意度。来进行休闲度假的顾客有 14.08%，他们看中的是位于郊区的酒店环境优美、空气质量好，酒店附近有公园，为这些顾客的晨运和饭后散步提供方便。探亲访友和其他的则占一小部分，这是因为探亲访友的主要目的是联络感情，一般来说是住在家里面比较方便，除非确实没地方下榻。

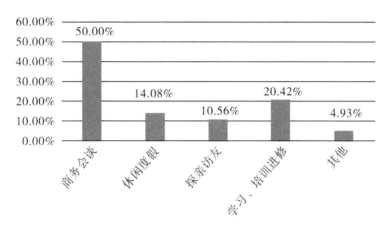

图 11.4　顾客住店原因分析

二、酒店区域信息分析

本次调查问卷调查了广州翡翠皇冠假日酒店顾客对酒店的区域位置等信息的满意度，并进行了系统分析。区域信息包括停车车位、辨认度、区域位置以及周边环境四个方面。首先对这些特征进行分析，然后酒店可以对这些方面进行优化，以吸引更多的顾客。区域信息特征总体平均分为 4.02。（见表11.1）

表 11.1　酒店区域信息特征分析

得分	5	4	3	2	1	平均分
停车车位	45（31.69%）	70（49.30%）	17（11.97%）	7（4.93）	3（2.11）%	4.04
辨认度	39（27.46%）	76（53.52%）	15（10.56%）	9（6.34%）	3（2.11%）	3.98
区域位置	43（30.28%）	66（46.48%）	20（14.08%）	11（7.75%）	2（1.14%）	3.96
周边环境	50（35.21%）	66（46.48%）	15（10.56%）	9（6.34%）	2（1.41%）	4.08

由表 11.1 可以看到，顾客对酒店的四种区域因素的评价都挺高。其中最

高分的是酒店的周边环境,有4.08,这是由于酒店位于郊区,周围环境优美,安静,后背临山,绿化做得好,空气质量好。附近还有体育公园、荔枝园等,顾客在这边可以感受到大自然的魅力。此外,停车车位这一项目得分也是超过了4,说明酒店在车位规划方面做得很好,地面、地下停车场的车位充足,顾客在来酒店消费的时候,一般都能够找到车位。最低分是区域位置,由于酒店远离市中心,交通不方便,有时候客人会面临等不到出租车,或者等很久的情况。酒店在交通方面,每天都安排有免费穿梭车去市中心,接送顾客在酒店和市中心之间往返。随着地铁6号线的开通,顾客进出酒店比以前方便了许多,所以在这方面也是有不低的3.96。

三、前厅整体环境与服务行为分析

前厅作为一家酒店的门面,是给客人留下第一印象以及最后印象的地方,是酒店的营业橱窗,它反映酒店的整体服务质量。把前厅环境与服务分成休息设施等7个项目征求顾客的满意度评分,详见表11.2。调查显示,前厅的总体平均分为3.82分,得分一般。

表11.2 酒店前厅整体环境与服务行为分析

得分	5	4	3	2	1	平均分
大堂休息设施	41 (28.87%)	66 (46.48%)	22 (15.49%)	10 (7.04%)	3 (2.11%)	3.93
服务员礼节礼貌	35 (24.65%)	65 (45.77%)	29 (20.42%)	11 (7.75%)	2 (1.41%)	3.85
服务主动灵活性	33 (23.24%)	62 (43.66%)	27 (19.01%)	15 (10.56%)	5 (3.52%)	3.73
入住和退房的登记速度	33 (23.24%)	60 (42.25%)	25 (17.61%)	18 (12.68%)	6 (4.23%)	3.68
大堂环境	46 (32.39%)	66 (46.48%)	20 (14.08%)	8 (5.63%)	2 (1.41%)	4.02
康体设施	32 (22.54%)	56 (39.44%)	30 (21.13%)	19 (13.38%)	5 (3.52%)	3.64
总体印象	40 (28.17%)	70 (49.30%)	19 (13.38%)	8 (5.63%)	5 (3.52%)	3.93

在 7 个酒店前厅设施与服务行为项目中，得分最高的是大堂环境，有 4.02。酒店在这方面设计很好，大堂内不仅有花草树木修饰，还设置有苹果电脑区供顾客使用，图书区可以让顾客在知识的海洋里畅游，在晚上还有专人在大堂吧附近演奏美妙的钢琴曲，营造一种轻松的氛围。同属酒店硬件设施的大堂休息设施得分也比较高。其中最低分的是酒店康体设施，仅有 3.64。吴建同学曾经在酒店康体中心实习过一段时间，对酒店在这方面得分低的原因比较清楚。酒店在游泳池附近种有不少树木，所以经常会有树叶掉到游泳池中，吴建同学曾经试过早上花费两个小时左右的时间打捞树叶；而且康体中心在卫生方面也做得不够到位，尤其体现在更衣室和室外。此外，健身设施方面，经常有客人投诉不干净、汗渍多、瑜伽垫不干净等。

酒店在入住和退房的登记速度、服务员礼节礼貌，以及服务主动灵活性方面普遍低分，这是由于酒店人员流动性大，实习生一批一批地换，前批实习生工作刚上手不久就结束了，后一批实习生又来。在工作强度大的环境下，新的实习生匆匆上岗，相关系统的培训少，自然不能令顾客满意。

四、客房环境与服务行为分析

在这部分当中，总体平均分为 3.71。如表 11.3 所示，得分最高的是客房设施，为 3.80，可以看出，对于广州翡翠皇冠假日酒店的客房设施，顾客还是比较满意的，这家以商务会议客人为主的酒店，其房间配套的办公设施比较齐全。得分最低的是客房环境，可能是因为酒店的房间虽然都是无烟房，但是还是会有些顾客在房间内吸烟，导致房间内留有烟味，如果下一位入住的顾客恰好对烟味特别敏感，就会对此满意度较低。其他项目得分偏低的依然是酒店服务人员的礼节礼貌以及服务的主动灵活性，平均得分均为 3.69，由此可见，酒店急需提高服务人员的水平。

表 11.3　酒店客房环境与服务行分析

得分	5	4	3	2	1	平均分
服务的主动灵活性	33（23.24%）	62（43.66%）	23（16.20%）	18（12.68%）	6（4.23%）	3.69
客房设施	40（28.17%）	61（42.96%）	18（12.68%）	19（13.38%）	4（2.82%）	3.80

续表11.3

得分	5	4	3	2	1	平均分
客房环境	37（26.06%）	57（40.14%）	22（15.49%）	18（12.68%）	8（5.63%）	3.68
服务员礼节礼貌	34（23.94%）	61（42.96%）	22（15.49%）	19（13.38%）	6（4.23%）	3.69
总体印象	35（24.65%）	60（42.25%）	22（15.49%）	20（14.08%）	5（3.52%）	3.70

五、餐厅环境与服务行为分析

酒店餐厅的总平均分比较低，为3.67。如表11.4所示，得分最低的依旧是服务的主动灵活性，只有3.53，有9.86%顾客对此很不满意，不太满意的也有13.38%，由此可见，酒店必须重视这方面存在的问题。还有上菜速度这方面，得分也是比较低的，只有3.56，但是菜品味道却是餐厅调查中满意度最高的，平均分达到3.80，说明酒店对餐厅饮食的质量比较有保证，但是上菜速度稍微慢了一点。

表11.4　酒店餐厅环境与服务行为分析

得分	5	4	3	2	1	平均分
就餐环境	40（28.17%）	58（40.85%）	20（14.08%）	17（11.97%）	7（4.93%）	3.75
服务员的礼节礼貌	38（26.76%）	55（38.73%）	24（16.90%）	18（12.68%）	7（4.93%）	3.70
服务主动灵活性	35（24.65%）	52（36.62%）	22（15.49%）	19（13.38%）	14（9.86%）	3.53
上菜速度	36（25.35%）	53（37.32%）	20（14.08%）	20（14.08%）	13（9.15%）	3.56
菜品味道	40（28.17%）	62（43.66%）	19（13.38%）	14（9.86%）	7（4.93%）	3.80
总体印象	41（28.87）	53（37.32%）	22（15.49%）	17（11.97%）	9（6.34%）	3.70

六、投诉行为特征分析

顾客在对投诉行为这方面的满意度总体平均分为 3.86，在整份调查问卷当中属于比较高分的一部分。如表 11.5 所示，顾客对投诉处理的结果比较满意，有 3.97 的高平均分，投诉处理的及时性也有 3.87。但是酒店在对投诉的后续跟进处理相对差些，有 19.01% 的顾客觉得酒店在投诉后续的跟进方面做得一般，酒店应该注意这一环节。

表 11.5　顾客投诉行为特征分析

得分	5	4	3	2	1	平均分
投诉处理的及时性	42（29.58%）	61（42.96%）	21（14.79%）	15（10.56%）	3（2.11%）	3.87
投诉处理的结果	45（31.69%）	65（45.77%）	17（11.97%）	13（9.15%）	2（1.41%）	3.97
投诉后续的跟进	45（31.69%）	47（33.10%）	27（19.01%）	15（10.56%）	8（5.63%）	3.75

七、企业品牌形象特征分析

如表 11.6 所示，酒店在企业对顾客的吸引力方面得分较高，在本次调查中整体平均分列第二位，有 3.89。另外，顾客对洲际集团旗下的皇冠假日酒店这个品牌有信心，觉得它可以信赖，因此企业的品牌平均得分有 3.95。酒店的宣传和活动方面稍微欠缺，但平均分也有 3.82，表明酒店的宣传活动有一定效果。

表 11.6　企业形象品牌特征分析

得分	5	4	3	2	1	平均分
企业的品牌	45（31.69%）	66（46.48%）	15（10.56%）	11（7.75%）	5（3.52%）	3.95

续表11.6

得分	5	4	3	2	1	平均分
企业对顾客的吸引力	43（30.28%）	61（42.96%）	21（14.79%）	14（9.86%）	3（2.11%）	3.89
企业的宣传及活动	45（31.69%）	55（38.73%）	20（14.08%）	15（10.56%）	7（4.93%）	3.82

八、顾客整体满意度分析

顾客对酒店整体的满意度评分为3.88。如表11.7所示，顾客对酒店基础设施的感受平均分最高，达到了3.99，有34.51%的顾客对此很满意，有40.85%的顾客表示满意。相对最低分的是顾客对酒店服务价值的感受，平均分只有3.77。所以，酒店在服务这方面的提高刻不容缓。

表11.7　顾客整体满意度分析

得分	5	4	3	2	1	平均分
对酒店的整体印象	47（33.10%）	53（37.32%）	23（16.20%）	14（9.86%）	5（3.52%）	3.87
对酒店基础设施的感受	49（34.51%）	58（40.85%）	21（14.79%）	12（8.45%）	2（1.41%）	3.99
对酒店服务价值的感受	40（28.17%）	55（38.73%）	27（19.01%）	15（10.56%）	5（3.52%）	3.77

九、是否再选择广州翡翠皇冠假日酒店

由图11.5可以发现，有83.80%的顾客下次还会选择广州翡翠皇冠假日酒店，远远大于不会和不确定的人数。可知，绝大部分的顾客对广州翡翠皇冠假日酒店还是满意的，认为它值得信赖。虽然不会选择本酒店的顾客只占

一小部分，但是酒店方面也不可以忽略，应尽量找出这其中的原因，发现不足，然后进行改进，从而给酒店带来更大的收益。

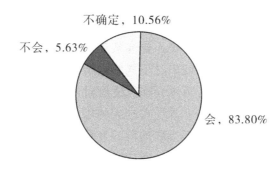

图 11.5　广州翡翠皇冠假日酒店顾客再次选择该酒店的人数比例

第三节　广州翡翠皇冠假日酒店顾客满意度提升策略

一、关注员工

1. 员工满意度对顾客满意度的影响

顾客对酒店的满意度程度受他们所感知的服务所影响，而这种服务很多时候是酒店的一线员工直接提供的。员工能够提供让顾客满意服务的前提就是他们能够在服务的情感和服务的行为上都表现得忠诚，这些是确保服务质量的保障。而酒店员工的忠诚又是建立在他们对工作和环境满意程度的基础之上的，而这些又需要有良好的企业利润来保障。企业的利润高低最终是由顾客的满意与否，以及顾客的忠诚度所决定的。于是，酒店的员工满意、顾客满意、利润三者之间形成一个相互影响的循环互动关系。因此我们能够得知，提高酒店员工的满意度，员工表现出对酒店的忠诚度，在工作上以好的精神面貌为顾客提供一流的服务，相应地提高顾客对酒店的满意度和忠诚度，从而提升酒店的收益，酒店根据收益为杰出的员工提供晋升与奖励的机会，如此正反馈循环。所以提高酒店员工的满意度对酒店的发展意义重大。

2. 提升酒店员工满意度的措施

首先，进行酒店内部营销活动，真正尊重每一位员工。所谓酒店内部营销，就是要将酒店的员工看作内部顾客，要求酒店从员工服务的角度出发，最大程度地提高员工的满意度，进而提高员工对酒店的忠诚度，使酒店的价值观和企业文化能够得到员工的广泛认同和接纳，通过其满意的员工来吸引更多满意的顾客。酒店一线员工每天都需要面对形形色色的客人以及各种要求，受到的不尊重已经够多了，承受着较大的压力，酒店不要因为他们只是实习生，就过分地强迫他们，不听取他们的意见和建议。其实酒店里每一位员工都有被尊重的需求。吴建同学在酒店实习期间，曾听到身边不少实习生反映，酒店不尊重他们，不仅要求他们大幅度提前上班，而且要求他们无偿加班和超大强度地工作，他们还不能自由安排补休时间。酒店员工对工作抱怨大，领导却没有意识到员工的不满，如果任由其发展下去，员工就不能为顾客提供一流的服务。酒店员工的精神、态度、速度，甚至每一个动作都会影响到顾客的满意度。本次问卷调查表明，酒店服务员的礼节礼貌和服务的主动灵活性方面普遍低分，不少顾客对此都表示不满。酒店应定期征询员工的意见，了解他们的情绪来源，尽可能地满足员工合理的要求。领导对基层员工的重视，会让员工感到满意，从而更加努力地为酒店效力。

其次，建立有效的激励机制，提高员工福利，关爱员工。基层的服务人员干着最辛苦的工作，却拿着最少的工资，这样不利于员工服务积极性的提高。可以在员工表现优秀的时候给予鼓励，例如颁发"先行一步卡"。酒店目前在实行这个方法，每当员工收到10张或者20张先行一步卡的时候，就可以兑换酒店的自助餐消费券或者房券。但是酒店应该将实习生和正式员工区分开来，因为实习生实习期短，大部分实习生在实习结束之前都能收到几张先行一步卡，可是没有达到兑换的数量，因此只能作废。建议酒店可以降低对实习生的要求，实行5张先行一步卡的兑换策略，或者可以实行不记名的方法，只要凑够先行一步卡，就可以兑换相应奖品。适当设立一些"最佳服务之星"等奖项，给优秀者增加福利的同时，还可以起到表扬员工、增加员工荣誉感、进一步激励员工的作用。

最后，实行公平竞争的员工晋升制度。无论在哪个行业，每个员工都希望可以得到晋升的机会，进一步锻炼自己的能力，提高收入、提高生活的质量，最后实现自我价值。据吴建同学了解，酒店在提拔人才方面做得不是很好，有些主管、经理是靠关系才升上去的，这对于没有关系但有能力的员工来说是不公平。因此，酒店很多时候人员流动大，留不住人才。不公平竞争是造成这个现象的主要原因。

3. 提高基层服务人员的服务质量

服务员是酒店的一线员工，他们是最直接接触顾客的人，他们的一举一动都能影响顾客的满意程度。对很多实习生来说，广州翡翠皇冠假日酒店的酒店福利不错，属于国际知名酒店集团，在这里不仅能够得到实践的机会，检验学校学习到的知识和技能，还可以感受到豪华的商务型酒店内部环境并且收获友谊。但是实习生普遍表示不愿意留下或者想要早点离开，其原因是酒店待遇低、工作中受到不公平对待、没有受到应有的尊重、人手经常不足导致工作强度过大等。员工忠诚度低，没有良好的服务意识，又怎能给顾客带来满意的服务呢？为了给顾客提供满意的服务，酒店需要在员工身上下功夫。

首先，加强酒店员工对业务和服务流程的熟悉程度。广州翡翠皇冠假日酒店的基层服务人员绝大部分是酒店和学校合作而由学校派遣过来当实习生的，很多时候，学生实习期一结束，他们就马上离开，实习期为 3 个月至一年不等。也就是说，实习生刚刚掌握好了具体的服务流程以及服务标准就离开了；而新来的实习生，由于人手不足，没有经过很好的系统培训就直接上岗，对服务流程不熟悉，有时客人一问三不知。试问面对这样的服务人员，顾客能满意吗？因此，酒店应该在先一批实习生还没离开之前，迅速对新来的实习生进行培训，在熟悉本部门相关业务的同时，要对其他业务也要有一定的了解。因为当顾客有问题时，他不会管你是哪个部门的，只要看到是酒店的员工就会提出自己的疑问或者请求，酒店员工这时候如果对此不熟悉，拒绝顾客或者找上级请教的话，浪费顾客时间的同时，会让顾客心生不满，甚至有些顾客还会认为酒店员工什么都不会，对酒店不熟悉，没有达到五星级酒店的标准。酒店员工对业务的熟悉程度直接影响着办事效率，尤其在大城市的快节奏生活中，顾客对速度的要求就特别高。

其次，提高酒店员工的自身素质。来广州翡翠皇冠假日酒店实习的多为一些中专、大专的旅游院校的学生，如广东省旅游院校之类的。他们有的准备毕业，有的才刚上中专，年龄很小，严重一点说心智还不是很成熟，有的还处于叛逆期。举个例子，某位同学刚到酒店康体中心实习的时候，对酒店相关的制度还不了解。在健身房看到桌面上有一叠杂志，就随手打开看了一下，部门的老员工看到后，马上大声地呵斥："作死啊，当着客人的面看杂志，小心顾客投诉你啊。"这种话不知客人听到后什么感受？而且基层员工的英语口语能力不过关，甚至连一些简单的内容都听不懂，而广州翡翠皇冠假日酒店是一家国际知名品牌的豪华商务会议型酒店，顾客中很多外国客人，对服务人员有一定的外语要求。可是这些基层员工、实习生的学历素质根本达不到要求。酒店应该对员工进行英语和素质修养的培训，对培训过程中表现优异的员工进行嘉奖，培训之后还要有考核，不过关的除有点小惩罚之外，还需要重新培训，直到员工达标为止。

最后，培养员工的创新服务意识及能力。豪华度假酒店的客人对酒店品质期望极高，对服务的要求苛刻，对员工素质要求也高，任何一方面不符合期望都将迅速降低客户的满意度水平。所以，员工在保障高品质服务的同时，也需要拥有创新服务意识。酒店管理者要主动关心员工，多多支持与肯定他们的工作，营造和谐的工作环境，引导员工去主动创新。此外，创新往往伴随着风险和失败，在这种情况下，如果管理者不能容忍员工出差错，会在很大程度上抑制员工创新能力的提升。酒店要制定人性化的激励机制，有效培养员工的创新服务意识及能力，从而提升酒店形象，更好地满足顾客的需要。

二、关注顾客

宾客至上是酒店服务的宗旨，要想提高顾客的满意度水平，应当以顾客为本，从顾客的角度去发现他们的需求，从而有效地提高顾客的满意度。

1. 善于发现顾客的隐性需求

要做到善于发现顾客的隐性需求，这就要求酒店员工服务意识强、观察力敏锐、头脑清晰、反应快。尽量做到在顾客还没有提出需求之前就能判断出他的需要，提前做好相关服务的准备，满足顾客的隐性需求，甚至为顾客提供他们还没想到的需求，这样就会超出顾客预期，令顾客感到惊喜，从而大幅提升顾客满意度。满足隐形需求的方法不见得是很大的事情，比如，服务员看到顾客低着头看来看去，这时候就可以主动上前去询问顾客是否丢失物品了，然后主动提供帮助。有些更是些细致入微的个性化关怀，比如在寒冷的冬季，客人在前台登记入住的时候及时为他提供一杯热饮，这时顾客心理会感到很温暖。

2. 为顾客提供差异化服务

不同的顾客群体会有不同的消费习惯，因而就有了差异化服务的需求。特别是针对一些老顾客和经常入住洲际集团旗下酒店的顾客，酒店可以通过集团的信息共享，了解到顾客以往的消费习惯和特殊需求，在这些顾客再次入住酒店之前就为他们做好相关的准备工作。比如，某位酒店的老顾客，她对睡眠质量要求特别高，需要某个品牌的特殊枕头才能睡得着；如果酒店事先已经了解到顾客有这种需求，那么，当顾客打开房门看见酒店为她准备的特殊枕头时，她就会感到特别温暖，觉得酒店特别重视她，才为她做了事先的准备。目前酒店的不同级别 VIP 服务，也是属于对不同顾客群体的差异化服务。

3. 为顾客提供更多的便利服务

当顾客舟车劳顿来到酒店，下午还有个紧急会议要开，而前台入住登记大排长龙的时候，如果经理前来告诉他，已经提前为他做好入住登记手续了，随后带他直奔客房，酒店就为这位顾客节省了时间，使该顾客有充足的时间为下午做准备。这样酒店自然能得到顾客非常高的评价。由此我们可以看到为顾客提供更多的方便对顾客满意度的提高有重大影响。比如，酒店全方位无死角提供免费高速 WiFi 连接，还要尽量保持信号的通畅，满足顾客对网络的需求；加强酒店早餐同步退房通道的建设，让顾客在享受完早餐之后，前台已经为顾客做好了退房登记手续；只要是可以为顾客节约时间的可行措施，酒店都可以采用，从而为顾客赢得更高的效益。

4. 加强对顾客投诉的处理

表 11.5 表明，顾客对广州翡翠皇冠假日酒店的投诉处理比较满意，但是投诉的后续跟进得分不高。通常来说，当顾客对酒店的某项产品或者服务产生不满时，往往会首先对酒店的一线员工发出不满的信号，而酒店的一线基层员工大多数没有相关权限去处理，只能找上级或者大堂副理来解决，因此效率不高。为解决这种问题，酒店可以设立宾客关系管理部门，专门解决顾客的投诉处理。还可以参考丽思卡尔顿酒店的做法，员工为了解决客人的紧急问题，不论员工的级别，都拥有最高 2000 美元的使用权利。在 2000 美元

的范围内，可以不经过上级同意，全凭员工自行判断即可。酒店不仅要加快对顾客投诉的处理，而且要尽可能做到让顾客对投诉处理结果非常满意。尽管有难度，因为有些顾客可能会提出非常无理的要求，但是酒店应该根据实际情况，以最低的成本，尽可能保证顾客满意。同时，酒店还应该做好顾客投诉后续的跟进工作，例如询问客人是否对投诉处理结果表示满意，处理结果是否有造成其他不满意的地方，等等。有时一个贴心的问候，都会令顾客倍感温暖。

三、关注酒店

1. 加强酒店硬件设施的建设

广州翡翠皇冠假日酒店从开业至今已经有接近十年的历史，随着运营年限的增长，很多硬件设施逐渐老化，例如，大堂吧使用的椅子、酒吧的娱乐设施等等也快有十年的历史，这些老化的设施需要更换。酒店可以通过邀请酒店星评机构和专业管理公司、专家咨询等方式，尽可能吸取正确的意见和建议，少走弯路。还有要选择质量好的设施，据了解，酒店客房的照明设施筒灯经常损坏，这样会提高顾客的投诉率。酒店应该把握提升饭店硬件设施专业化水平的专业原则：一是要尽量让顾客感觉到方便和舒适，二是尽可能减轻员工的劳动强度，三是在保持星级硬件设施建设标准水平的同时尽量节约投资成本。在这三点原则前提下，可采用有效措施提升硬件设施专业化，如讲求空间的统筹利用，提高空间利用率，尽可能节能降耗。此外，还要对酒店的设施进行定期检查、维修保养。

2. 制定合理的管理措施

酒店一般都有各种规章制度，有对员工的，也有对顾客的。但是并非所有的制度都合理。比如，广州翡翠皇冠假日酒店健康中心的室内游泳池，本来有三个出入口，但是酒店长期关闭一个出入口，剩下两个出入口，一个有电子感应冲水，另外一个自由出入。为了方便，酒店执行只能穿泳衣进入室内泳池场所的制度，同时也是为了整体的美观，采取长期锁住其中一扇门的措施，但却给顾客造成极大的不便，顾客要从室外泳池绕行一大圈才可以使用室内桑拿室，而室外桑拿室也长期停止使用。直到有一位老顾客大发雷霆，对酒店的这个措施表示强烈的不满，最终酒店方才开放另外一个出入口。这也是康体中心得分偏低的原因之一。因此，酒店应该多从顾客的角度出发去制定相关的制度，不能单纯为了方便酒店的管理而给顾客造成不便。

3．加大对酒店的宣传力度

国际知名酒店仅仅靠品牌效应是不够的，有些顾客可能只是听说过，但是对酒店并不了解，或者了解不深，这样很容易会被遗忘。广州翡翠皇冠假日酒店是一家商务会议型酒店，顾客多为 36～45 岁，这区间段的顾客刚好处于事业的最佳期，他们多为商务客人，把广告投放在微信公众号这些平台上面，他们一般比较少关注到，建议可以在一些商务报纸上投放广告，吸引商务客人的关注。当然，也不能放弃网络宣传，年轻人顾客群体是未来的消费主力军。酒店还可以定期推出优惠活动，以吸引更多的顾客前来酒店消费。

第四节　主要结论

一、顾客基本信息特征分析总结

调查得知，酒店的顾客以男性为主，因为当今社会男性出差居多；顾客群体年龄集中在 36～45 岁，绝大部分顾客的学历在大专以上，住店原因以商务会谈为主，多数为酒店的常住顾客和通过品牌效应的渠道来了解酒店。因此，酒店应该尽可能地满足商务客人的各项要求，提高客人的住店消费体验，提高满意度，进而提高顾客的忠诚度。

二、入住酒店行为特征分析总结

顾客入住酒店的行为可以分为入住前感知酒店的形象和对区域环境的满意度，以及入住酒店后对酒店前厅、客房、餐厅的满意度。调查表明顾客对酒店区域环境的满意度最高，但是对前厅、客房、餐厅的满意度相对低一点，尤其是在服务员的主动性和灵活性这方面普遍得分较低。因此，酒店应该着重提高一线服务人员的服务质量。

三、投诉处理行为特征总结

酒店在处理顾客投诉这方面做得不错，大多数顾客都表示酒店能够及时处理他们的投诉，对处理结果也比较满意，但是在投诉后续跟进这方面做得不够好，得分不高，需要加强。

四、企业整体形象分析总结

顾客对酒店的形象比较满意，因为广州翡翠皇冠假日酒店是洲际集团旗下的知名品牌酒店，顾客对这个品牌还是比较信赖的。但是酒店在宣传方面做得不够好，酒店可以多举办一些宣传活动来吸引顾客。

五、顾客整体满意度分析总结

总的来说，顾客对广州翡翠皇冠假日酒店的评价大多数都是满意和非常满意的，不满意的比较少，这与酒店全体员工的努力分不开。但是酒店不能因此而骄傲自满，应该尽可能把顾客不满意的地方进行改进，并做得更好，以此来提高顾客的满意度和忠诚度，进一步赢得更多的客源。

第12章　广州粤海喜来登酒店员工满意度研究

第一节　企业结构和经济概况

一、酒店概况

广州粤海喜来登酒店是世界 500 强的喜达屋饭店及度假村管理集团的旗下品牌。自 1963 年来，喜来登在全世界 72 个国家拥有 400 多家酒店的经营权。全球所有的喜来登酒店对选址都十分严格，主要分布在大城市和度假村。集团酒店选址的标准是：所在区域的发展史表明，该地区对提供全方位服务的豪华高档酒店有大量、持续增长的需求，并且可供建店地址的空间有限，开发这种空间代价颇为昂贵。

广州粤海喜来登酒店地处广州天河中央商务区的中心地带，坐落于城市主要商业和购物中心——天河城旁，位于高档写字楼内，邻近多家名品店、餐厅及娱乐场所，去往广州体育中心十分便利。酒店距离广州火车东站 3.6 公里，乘坐出租车约 10 分钟；距离广州火车站 9.5 千米，乘坐出租车约 25 分钟；距离广州白云国际机场 37 千米，乘坐出租车约 60 分钟。地铁非常方便，可通过 3 号线直达广州东站和机场，换乘 5 号线或 2 号线到达广州火车站，并可以通过地铁线路前往市内主要景点和购物中心。

酒店于 2011 年 9 月 1 日开业，主楼高 33 层，共有 445 间（套）客房，装潢高雅的客房与套房，为宾客提供现代家具和有助于顾客酣然入梦的喜来登甜梦之床。房内还设有工作桌、平面液晶电视、室内保险箱、小冰箱和宽敞的浴室。高速互联网的接入让客户与酒店外的世界畅连无忧。商务旅客可在客房内享用舒适的工作空间、设计专业的大班椅以及高速上网连接，酒店一楼还设有专门的商务中心（靠近礼宾部）。

酒店囊括东西美食：精美班妮意大利餐厅提供意面和比萨在内的地道意大利佳肴，餐厅氛围轻松舒适，设有面点和比萨厨房餐台以及 3 间私人包房；采悦轩用以提供特色和传统中国美食，设计时尚、氛围轻松，设有 15 间私人包房，还供应口味正宗的来自广州、顺德、番禺、香港等地的各色美食，在此就餐的同时，宾客还可欣赏到天河购物步行街和林荫大道的迷人景观；在大堂吧尽享香醇咖啡，精美糕点和美味甜品，其现代化的环境设置和柔和的背景音乐将为宾客营造出轻松惬意的就餐环境；此外，酒店的快捷服务同样也可为宾客提供各式咖啡、茶饮、三明治和点心。

酒店拥有超过 1300 平方米的多功能空间，并配有细心专业的宴会工作人员，为宾客提供一流标准的卓越服务。650 平方米的无柱式宴会厅可随时接待多达 800 位来宾；另有 12 间定制的多功能厅，面积 20 ～ 87 平方米。

二、酒店人力资源状况和福利情况

广州粤海喜来登酒店的人员编制为 622 人，实际在职人数为 455 人。

按性别划分，男员工 257 人，女员工 198 人。

按年龄划分，25 岁以下的员工 141 人，26 ～ 30 岁的员工 129 人，31 ～ 40 岁的员工 107 人，41 岁及以上 78 人。各年龄段员工比例分布如图 12.1 所示。

员工住宿方面，广州粤海喜来登酒店为所有需要住宿的员工提供 6 人间员工宿舍，免除一线员工因为倒班所带来的住宿烦恼。员工宿舍内设有休闲室供员工在空余时间下棋、运动、阅读，丰富员工的精神世界；另外，员工还可以在健身房锻炼，用健康的体魄保证工作的效率。

工作餐方面，广州粤海喜来登酒店为所有员工提供一日三餐，另外还为当班员工提供宵夜。员工需要佩带工作证进入饭堂，享用酒店为他们准备的食粮，补充体力，为下一个四小时工作提供能量。

洗衣方面，酒店为所有员工提供制服洗涤，方便员工之余还能保证酒店制服的正确洗涤方式，部门经理还可以将他们的正装及职业裙装交给酒店的

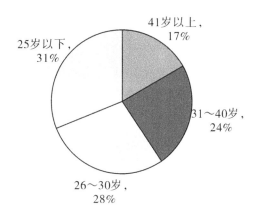

图 12.1　各年龄段员工分布比例

洗衣房洗涤。另外，酒店洗衣房还为员工提供宿舍的布草清洗以及定期窗帘清洗。

　　医务室方面，酒店为员工提供免费医疗诊治。餐饮部及工程部的员工因为工作原因容易受伤，酒店的驻店医生能够在第一时间帮助受伤员工，而药品则按成本价收费。

　　酒店为员工缴纳五险一金包括养老保险、医疗保险、失业保险、工伤保险、生育保险及住房公积金。

　　一线基层员工在酒店工作满 1 年以上即可享有 7 天的年假，领班及主管级员工则可享有 8 ～ 10 天年假，经理级以上员工则享有 12 天年假。如员工的直系亲属包括配偶、子女、父母、兄弟姐妹不幸逝世，酒店将给予 3 天有薪假期（须将有关证明呈交至人力资源部）。在酒店工作满 1 年的员工结婚时，可享有 3 天有薪婚假，符合晚婚条件者（男 25 周岁，女 23 周岁），可享受国家规定的晚婚假期 10 天有薪婚假（法定节假日及补休不另计）。连续工作满 1 年以上的酒店女员工遇分娩期，在呈交有关医院并经酒店医务室驻店医生核准的证明书后，可享受国家规定的分娩假期。假期中的有关福利按酒店规定执行。酒店员工若需要请休病假，必须持有酒店指定医院开具的有效病历证明，经部门主管批准并办妥病假手续后方可休假，每年含有 6 天带薪病假。

　　喜达屋酒店住房优惠提供给在酒店工作满 6 个月以上的员工，员工可以在喜达屋酒店官网上预定员工价位的客房，并在本酒店的人力资源部开具相应证明，届时则可携带相关证明及工作证入住心仪的喜达屋品牌旗下酒店。

酒店在每年的元旦节、春节、劳动节、端午节、中秋节、国庆节发放数额不等的过节费，员工餐厅也会提供特色节日餐，让不能回家过节的员工体验到家里的温馨。

酒店还会为每月生日的员工发放50元奖金；另外人力资源部也会组织户外活动让员工放松身心；向部门发放聚会补贴，让部门可以组织员工进行聚餐或者短期小旅游。

广州粤海喜来登酒店员工福利如表12.1所示。

表12.1　员工福利简表

项目	内容
住宿	为员工提供员工宿舍
工作餐	工作日免费提供三餐
洗衣	制服洗涤，员工宿舍布草免费清洗
医务室	提供免费医疗诊治，药品按成本收费
员工活动室	提供上网、电视、杂志阅读
社保及公积金	养老保险、医疗保险、失业保险、工伤保险、生育保险和住房公积金
年假	每年7～10天年假，经理级以上12天年假
病假	每年6天全薪病假
住房优惠	工作满6个月员工可以享受喜达屋酒店特惠住房
节日	过节费
活动	员工生日、员工出游及酒店组织的其他集体活动

三、广州粤海喜来登组织架构现状

按级别划分，可以分为总经理、部门总监、部门经理、部门副经理、分部门经理、领班或主管、普通员工。各级员工分布如图12.2所示。

广州粤海喜来登酒店组织架构明晰，从总经理、副总经理、总监、部门经理到分部门经理再到普通员工层次明确、井然有条，各个岗位的职能职责的操作标准均有较为准确、细致的描述，明确规定了其工作职责和操作标准。

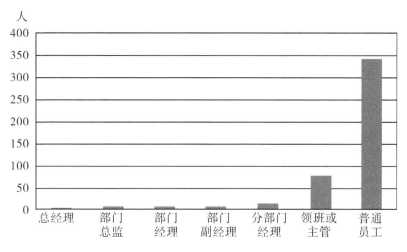

图 12.2　各级员工分布图

第二节　员工满意度问卷设计与调查

一、员工满意度问卷的设计

在借鉴并学习国内外专家学者对于员工工作满意度及其构成因素研究成果的基础上，依据马斯洛需要层次理论、双因素理论、公平理论等指导理论，结合广州粤海喜来登酒店实际情况，参考工作说明量表设计了调查问卷。

调查问卷由两部分构成：

第一部分为被调查者社会学人口特征，包括性别、婚姻状况、年龄、教育程度、工作时间、工作部门和职位，以了解不同特征群体对工作满意度的差异。

第二部分是调查项目，包括 5 大项目 20 个因素，如表 12.2 所示。

为了让调查问卷通俗易懂，便于不同水平的员工更好地理解，笔者设计了 20 个陈述性问题。参加调查问卷的人员通过对这些陈述性语句做简单的选择，让调查者了解其对事件所持的态度。每一个三级项目的回答都有 5 个备选选项，分别表示完全同意（5分）、同意（4分）、不确定或一般（3分）、不同意（2分）和完全不同意（1分）。采用李克特五点量表法，对量表的数据进行处理。3分为基准线，低于或接近于3分的项目则表明员工对此项目没有达到满意的程度。

表 12.2　调查问卷框架表

一级指标	二级指标	三级指标
店员工满意度	工作本身	工作内容
		工作量
		岗位培训
		工作机会
	工作环境	资源配备
		工作餐
		住宿条件
		工作时间
	工作回报	福利制度
		假期制度
		内部公平性
		奖金制度
店员工满意度	人际关系	同事关系
		团队合作
		互助氛围
		归属感
	领导管理	员工建议
		晋升机会
		考评制度
		信任上级

二、员工满意度调查问卷的发放与回收

为了能够使酒店被调查员工表达自己的真实情况，陈诗琪同学在广州粤海喜来登酒店宿舍以个人的名义发放调查问卷，均采用无记名方式。以电子版形式随机发放及纸质版形式在员工宿舍发放调查问卷共计 300 份，回收问卷 263 份，有效问卷共 251 份，有效回收率约为 84%。

第三节　员工满意度调查问卷检验

本章采用专业的统计分析软件 SPSS 19.0 中的因子分析法对调查问卷进行信度和效度两个方面的具体分析。

一、数据信度分析

信度（reliability）即可靠性，指采用一样的方法对同一对象重复测量所得到的结果的相同程度。通常情况下，数据的可信度可以从稳定性、等值性和内部一致性三个方面测量。经过国内外学者对实践经验的不断总结，普遍认为：测评项目的系数若大于 0.9，则代表数据可靠性很高；测评项目的系数若在 0.7～0.8，则说明调查问卷的可信度较低。

表 12.3　调查问卷信度检验结果

因　　素	项目数	克隆巴要素 α 系数
工作本身	4	0.845
工作环境	4	0.796
工作回报	4	0.809
人际关系	4	0.903
领导管理	4	0.889
总　　体	20	0.917

二、数据效度分析

效度（validity）即有效性，它是指测量工具能够准确测出测量对象的程度。测量效度就是要确认所收集到的数据能反映所要讨论的问题，得到所要的结论，同时也判断确定的潜变量是否合理。效度包含三种类型：准则效度、内容效度和结构效度。本章对于酒店员工满意度测量量表的效度分析主要从结构效度方面予以考察。

结构效度（construct validity）是指测量结果体现出来的某种结构与测值之间的对应程度，常用 KMO 与 Bartlett 检验来检验项目之间的相关性。

Bartlett 检验用以检验总体变量不相关，即总体相关矩阵是单位矩阵，如果接受原假设，表明因子分析可能不适合。

KMO 是用于观测相关系数值和偏相关系数值的一个指标，KMO 值越高，因子分析的相关系则越强，越适合做公共因子分析，且因子分析的结果越好；相反，KMO 值越低说明因子分析的相关性越弱，越不适合做因子分析。如果 KMO 值小于 0.5，则数据较不适宜进行因素分析。具体效度分析结果如表 12.4 所示。

表 12.4　广州粤海喜来登酒店员工满意度调查问卷 KMO 与 Bartlett 检验

取样适应性检验	KMO 值	0.8265
Bartlett 检验	近似卡方分布	2031.1246
	自由度	471
	显著性水平	0.000

第四节　员工满意度调查问卷统计结果分析

一、人口统计学特征分析

　　人口统计特征包括样本性别、婚姻状况、年龄、教育程度、工作时间等要素。从表 12.5 可以看出：从性别因素来看，男性满意度与女性满意度将近持平。从调查结果可以看出，当下社会女性对事业的追求不低于男性。从婚姻状况上看，已婚员工满意度较低于未婚员工，这可能是因为已婚员工在婚后要承担的家庭压力更大。年龄方面看，年轻人刚进入酒店行业时往往怀有较高的期待，因此满意度相对较低；不同受教育程度的员工满意度的差别不大，但是本科及以上的高学历员工满意度还是相对较低，他们期待工作回报与其接受的教育相符合。工作时间不同的员工满意度也有差别，刚进入酒店的员工满意度较高，在工作一段时间后，了解了酒店及工作岗位的各方面后满意度稍微下降，但是工作时间较长的员工则体现出忠诚度较高，满意度也较高。

表 12.5　不同自然情况员工满意度程度

项　目	类别	满意度
性　别	男	3.06
	女	3.27
婚姻状况	未婚	3.33
	已婚	3.21
年　龄	20 岁以下	3.30
	21～30 岁	3.33
	31～40 岁	3.21
	41 岁以上	3.68

续表12.5

项 目	类别	满意度
教育程度	初中及以下	3.30
	高中或中专	3.30
	大专	3.30
	本科及以上	3.09
工作时间	半年以下	3.33
	半年至一年	3.19
	一年至两年	3.30
	两年以上	3.50

二、工作本身的特征分析

由表12.6可知，酒店员工对"工作本身"的满意度评分均值为3.4，位于"总体工作满意度"均值3.34之上，说明广州粤海喜来登酒店的员工在"工作本身"方面满意度处于中等水平。其中"工作内容"的均值最高，达到3.81，表明员工能够适应及相对喜欢其工作任务或内容；而在此项目中最低分的一项则是"成长机会"为3.21，说明员工对其自身的未来没有安全感，不能清晰地看见自己的发展方向，这需要酒店的人力资源部门与每个相关部门的合作及进步。

三、工作环境的特征分析

酒店员工的"工作环境"均值为3.3，位于"总体工作满意度"均值3.34以下，处于"满意"及"不确定或一般"中间，说明广州粤海喜来登酒店的员工在"工作环境"方面的满意度处于中等水平。其中"资源配备"分值最高，达3.46，说明酒店在硬件设备方面完善，能够满足员工工作的基本需求，而在此项目中最低分的一项则是"工作餐"，说明员工对酒店所提供的餐饮水平不能达到满意程度。（见表12.6）

表 12.6　员工满意度各项目的统计分析

因素	平均分	项目	平均分
工作本身	3.4	工作内容	3.81
		工作量	3.22
		岗位培训	3.37
		成长机会	3.21
工作环境	3.3	资源配备	3.49
		工作餐	2.97
		住宿条件	3.29
		工作时间	3.46
工作回报	3.1	福利制度	3.19
		假期制度	3.71
		奖金制度	3.16
		内部公平性	2.54
人际关系	3.7	同事关系	3.89
		团队合作	3.66
		互助氛围	3.71
		归属感	3.54
领导管理	3.2	员工建议	3.33
		晋升机会	2.98
		考评制度	3.13
		信任上级	3.44

四、工作回报的特征分析

如表 12.6 所示，酒店员工的"工作回报"均值为 3.1，位于"总体工作满意度"均值 3.34 以下，未达到总体中等水平，同时它也是五个项目之中分数值最低的，说明员工对其工作的物质报酬或心理成就感水平都较低，这也是目前酒店业的普遍特点。出于成本考虑，酒店员工的薪酬不高，但问卷结果也说明，薪酬水平的确存在问题，"内部公平性"得分较低，说明酒店的薪酬的公平性有待提高。

五、人际关系的特征分析

如表 12.6 所示，酒店员工在"人际关系"方面的均值最大，为 3.7，位于"总体工作满意度"均值 3.34 之上，表明员工在这方面的满意度较高，同事之间的相处比较融洽，协助氛围良好。项目中最低分的一项"归属感"也有 3.54，高于总体工作满意度的均值 3.34。这说明员工虽然比较认同酒店文化，信任上司或管理层，但这在员工人际关系中却并非最重要的因素。

六、领导管理的特征分析

如表 12.6 所示，酒店员工在"领导管理"方面的均值为 3.2，位于"总体工作满意度"均值 3.34 之下，表明广州粤海喜来登酒店各个部门在其领导方式和管理手段上需要有进一步改善。有效的领导管理能够促进工作的进程，提升员工的信心，领导的作用对于员工的满意度是密不可分的。

七、员工总体满意度分析

酒店员工的"总体工作满意度"均值为 3.34，介于"不确定或一般"和"满意"之间，处于中等水平，说明广州粤海喜来登酒店的测试员工对酒店工作的总体满意度较高，平均最高分的项目与最低分的项目的差距较大。

第五节　提升广州粤海喜来登酒店员工满意度的主要途径

一、改善福利制度及薪酬体系

员工为企业提供劳动从而获得的各种形式的货币收入、服务以及福利之和即薪酬福利，包括工资、法定福利和激励性福利、奖金以及其他补贴、津贴、股权、期权和奖励等。如意的薪酬待遇是员工在酒店工作的最大期望，也是他们认为自己的自我价值是否得到实现的评判标准之一，直接影响着员工对酒店以及对其自身工作的满意度。

根据赫兹伯格的"双因素理论"，对员工的激励，最基本的是要满足保健因素，才能消除其工作带来的不满情绪，而薪酬待遇属于这一因素，是激励员工的必要条件。奎斯的研究认为，公司实际支付员工若低于标准 100K，这将足以激发员工的不满情绪，从而采取相应的行动希望公司提高工资待遇，若低于标准 200K，则会造成严重的后果。

本次员工工作满意度调查发现，在所有项目中得分最低的是"工作回报"这一因素，平均值为 3.1，并没有达到能够使员工满意的标准。薪酬与福利，是广州粤海喜来登酒店急需调整的因素之一。不仅与外部其他酒店相比员工薪酬较低，酒店内部员工工资的差距也很容易引起员工的不满。年度工资的调整和年度绩效奖金发放的准时性也应该引起酒店业主及管理层的重视。尽管社会在不断进步与发展，酒店业的薪酬水平上涨缓慢，越来越多酒店人离开酒店业。酒店现有的薪酬福利制度已经不能够满足当下员工的需求，也无法满足酒店竞争的需要。因此，改善福利制度和薪酬体系是酒店业当下需要正视的任务。

1. 优化薪酬结构

优化薪酬结构能够解决目前收入过低、差距过大的问题。部门之间的工资差距使得员工对薪酬体系不满，直接影响员工工作满意度；部门主管级以上的工资过高，基层员工工资低，应适当增加基层员工工资的底数，提高服务人员的岗位津贴和绩效工资的比例，适当降低技术人员、高层管理人员的绩效工资比例，等等。

2. 改善培训福利

在酒店整体运营状况允许的情况下，应该重视提升员工素质。可以将"学习津贴"加入工资结构中，鼓励员工参加短期培训、进修，并报销部分学费，强化员工的自我成长和管理。员工自身的进步能为酒店带来优势。增设教育福利可以提升员工自身的文化素质，增强员工对酒店的忠诚度。从长远来看，酒店能够节省对新员工的招聘及培训成本。

目前其他国内外大企业常常通过一些福利项目来留住需要的人才，譬如奖励旅游、房租补贴、持股计划、储蓄计划等。在酒店预算允许的情况下，应有效地激励员工、留住人才。

3. 完善生活配套设施

员工的一天很大部分时间都是在酒店提供的环境中度过，酒店提供的生活环境的好坏直接影响到员工生活的品质和个人素养。全面改善生活配套设施，能够提高员工的生活品质，也能够激励员工。生活环境主要包括员工餐厅、员工更衣室及员工宿舍。出于节约酒店经营成本的考虑，大多数酒店在这三方面的安排常让员工对酒店工作及生活环境不满意。员工餐厅的问题是就餐环境不好、食品种类少、食品质量差等；员工更衣室空间狭窄、异味重、设备损坏等；员工宿舍不仅仅是员工休息的地方，更是员工生活的地方，相应的生活配套设施更加显得重要。酒店健身房旧的健身器材可以搬移至员工活动室，员工宿舍附近可开设一个便利店以满足员工需求。随着在酒店工作时间的增长，员工对生活的要求会越来越高，必须增添更多的设施来丰富员工的业余生活。通过员工健身房、员工图书馆等这一类设施，使员工既可以强身健体，也可以拓宽视野、提升素养。虽然酒店短时间内的成本上涨，但从长远来看，实质是在降低人力成本。

二、完善员工培训体系

通过入职培训，发放员工手册及培训手册，将酒店信息、组织结构、酒店规章制度、基本服务标准及岗位职责要求等，介绍给新入职员工，使员工认为自己得到酒店的培训重视。入职培训后，员工开始部门的工作，同时也需要接受人力资源部的一些培训，譬如沟通技巧、压力管理等。人力资源部门应该对各部门的培训时长进行设定，希望人力资源部与其他部门能够相互配合完成。

培训员工不仅可以让员工更好地了解酒店目标和价值观，帮助员工掌握完成目标所需的各项知识和技能，还能够激发员工对工作的自豪感，给员工带来积极的影响。同时，适当的培训能够减少员工的抗拒和抵触情绪，使员工感觉到自己有足够的工作能力去开展上级的计划，完成酒店的目标。

1. 培训前的准备

在每个月月末，人力资源部应该保证收齐各部门的下月培训计划，在经过汇总之后形成酒店整体月度培训计划，并在员工通道公告栏或经由其他沟通渠道对全体员工公开，使其对酒店的培训项目有整体了解。

2. 培训中的控制

有效控制培训过程。人力资源部对部门培训的过程必须进行相应的控制，检查各部门对培训项目的选择、资料的准备、时间的选定、地点的落实等各方面的准备情况。

确保员工积极参与。由于很多培训都是在员工下班后或其休息时间进行的，一些员工对培训的积极性不高。为提高员工对培训的积极性，应该举行各种丰富的评优活动，对培训效果进行全面总结，择优奖励，鼓励员工重视培训、自我学习和提高。

3. 培训后的跟进

人力资源部应该定期对参加部门培训的员工进行调查，检查员工是否已经接受培训项目和内容，并及时将结果反馈到部门负责人，以提高其培训水平。同时，人力资源部应该完善培训档案，根据员工本人的发展不断进行跟踪培训，使得员工不断获得知识和技能的更新。

三、强化企业文化

越来越多员工对在酒店工作关注的重心不再仅仅是薪酬方面的高低，还有对酒店人文环境和文化的重视。企业文化在塑造员工观念和行为上发挥着重要的作用，员工对酒店价值观念的认可也能够带动员工对部门及对酒店的归属感。建议广州粤海喜来登酒店强化自身的企业文化建设，引领全体员工的精神方向，构建良好的人文环境，从根本上提高员工对酒店的满意度和忠诚度，使他们在工作岗位上更适从、更开心、更好地为酒店做贡献。

四、实行人性化管理

对于酒店的一线部门员工来说，他们的工作压力不仅来自上级，更多的还是来自顾客。一线部门员工就是酒店的形象代言人，一言一行都代表着酒店，展示着酒店的精神面貌。为使员工发自内心真诚地对客服务，酒店在经营管理中需要加强管理人员人性化管理的意识，从以管理者为中心转向以员工为中心。管理者在酒店日常管理中应该真心地关注员工，关心员工的内心世界和精神需求，尊重员工。这样便可以带动员工发挥工作的积极性，更好地为顾客服务，让顾客感到宾客如归。

1. 关注员工个性特征

酒店在招聘过程中，除关注岗位的实际性技能之外，还应当关注员工的人格特征。在招聘时可适当地通过心理测试了解员工的性格、能力，把员工的个性特征纳入岗位安排的考虑因素当中。

2. 帮助员工制定职业发展规划

在酒店这个大环境中，各个部门关系紧密，员工为了适应不断变化的工作环境，需要及时掌握新的业务知识和技能。酒店帮助员工制定个性化的职业发展规划，通过对员工个人职业生涯规划的有效管理，让员工评估自己当前拥有的工作技能，使自己的特征及发展方向顺应酒店发展的需要。同时，为员工提供学习和培训机会，降低员工的流失率，从而提升酒店服务质量，降低人力成本。

3. 与员工建立伙伴关系

员工不是酒店的工作机器，而是酒店的生命线。酒店若与员工建立伙伴关系，能够在理念上尽量地消除管理层与员工由于职位差距而产生的隔阂。一方面，管理者需要加强管理技能和技巧的学习，提升自身职业素质，重视员工的培训成果，真正与员工建立融洽的朋友关系；另一方面，这种伙伴关系能够提升员工的主人翁意识，让员工积极地将自己融入到酒店的运营中，真真切切地在工作中最大化为酒店利益着想。多举行一些活动，创造机会与员工进行零距离的思想交流，了解员工内心的需求，从而尽可能地满足员工在工作和生活各方面的需要，从根本上实现与员工的有效沟通。

第六节　研究结论

本章运用SPSS 19.0统计分析软件对广州粤海喜来登酒店的员工满意度调查问卷的信度和效度加以分析。调查得知，"工作回报"的均值最低，为3.1，处于"总体工作满意度"均值之下，没有达到使员工满意的程度。作为服务行业，员工的工作压力普遍较大，广州粤海喜来登酒店应该秉承公平原则和真诚的态度对待每一位员工，这样才能尽可能地留住员工，减少人员招聘和初期培训的次数，从而降低人力成本。稳定、优秀、工作经验丰富、对酒店忠诚度高的员工才能给酒店创造更大的利润。

本次员工满意度调查问卷的项目设计上还不够完善，仅仅对较为显性的问题进行分类研究。实际上，酒店管理中还存在很多问题，需要深入研究酒店与员工的关系。

第四编 旅行社满意度研究

顾客对于南湖国旅是比较满意的。旅途安排方面，住宿安排与交通安排令顾客基本满意，行程安排和就餐安排稍有欠缺。导游服务中，顾客对导游的组织协调能力评价最好，但认为导游的讲解能力和服务热情不够。门市服务中，接待人员不能及时、正确解答客人咨询。投诉处理方面，投诉处理不够及时性。企业形象方面，顾客对企业形象的信服力是很高的，其中做得最好的是对合同的执行力度。总之，南湖国旅需要在行程安排、就餐安排、导游的讲解能力和服务热情、接待人员解答客人咨询，以及投诉处理的及时性等方面加强改进。

随着人们生活水平的提高，为了追求更高品质的生活、实现个人价值、充实个人，人们对于空闲时间的安排更多地选择了外出旅游。根据《2015—2019 年广东省旅游业市场投资分析及前景预测报告》，2013 年，广东旅游总收入、接待过夜游客等主要旅游指标稳居全国第一。旅游业在城市经济发展中的产业地位、经济作用逐步增强，旅游业对城市经济的拉动性、社会就业的带动力，以及对文化与环境的促进作用日益显现。

但是，行业的快速发展总会伴随着更加激烈的竞争。对传统旅行社来说，如何吸引顾客、维护忠诚客户成为了各大旅行社必须面对的问题。

除了传统旅行社，如今旅游电商平台不断崛起，例如携程旅游网、去哪儿旅游网、同程旅游网、驴妈妈等，它们占据了很大一部分旅游市场。面对各路强敌，传统旅行社更应该取其精华、去其糟粕。

本编把南湖国旅作为广东旅行社的样本，分析其顾客满意度，并提出旅行社改善游客满意度的相关建议。

第 13 章　广东南湖国际旅行社顾客满意度测评研究

第一节　南湖国旅概况

广东南湖国际旅行社，简称南湖国旅，是一家综合性的旅游集团。其所涉及的业务包括了旅行社、航空公司、景区、酒店、车队等，而且该旅行社的全资子公司覆盖整个珠三角地区。南湖国旅是广东省甚至是全国范围内出团量最大、门店网点最多、子公司最多的旅行社集团。这家旅行社专注于西部的旅游目的地的线路策划。根据国家旅游局的调查数据，南湖国旅多年来一直跻身于全国百强旅行社，并且排名很靠前。这都说明了南湖国旅是一家综合实力很强的旅行社。

李丽婵同学曾在该旅行社实习，通过对该旅行社的接触以及与其他资深员工的交流，她发现南湖国旅顾客的团后反馈不算太好。原因多种多样，初步估计是旅行社的游客接待量大、出团量大，导致各项服务不到位。

第二节　南湖国旅顾客满意度测评指标体系建立的原则

参考了相关的测评原则，根据本章需求，南湖国旅的顾客满意度测评指标体系将遵循选取因子的有效性、评测指标的可测性和评测体系的层次性等原则。

一、选取因子的有效性

在设定指标的过程中要设定合理的指标，包括顾客在出团前、出团中、返团后所涉及的各种要素。选择的因子要切合实际，可以客观地反映顾客对南湖国旅的真实感受和评价。

二、评测指标的可测性

顾客满意度的评测实际是一个将各项指标量化的过程，需要用数字反映游客对南湖国旅各个方面的态度。因此需要对南湖国旅各项评测指标进行量化。为了指标体系具有实效的可测性和可比性，各项指标体系应该尽量简化，计算方法也不宜繁杂，以便获得数据，提高指标评测的优效性和可操作性。

三、评测体系的层次性

评价指标体系一旦形成，需要尽量保持评测体系内容稳定，以有利于南湖国旅满意度评价指标体系的完善和发展。但是，由于顾客满意度评测项目多样，不同类型的旅行社有不同的特点，因此需要对指标体系的内容进行调整。南湖国旅的指标体系可以根据 CCSI（Chinese Customer Satisfaction Index，中国顾客满意指数）测评模型进行多层次构建。

第三节　顾客满意度测评指标体系与问卷设计和调查

一、测评体系

结合旅游学的特征和旅行社营运的内容，李丽婵同学为南湖国旅的顾客满意度调查建立了一个多层次、多维度的稳定的指标结构体系。如图 13.1 所示，该指标体系主要分为五个层次。

（1）"南湖国旅顾客满意度"是第一层次指标，也就是总的测评目标。

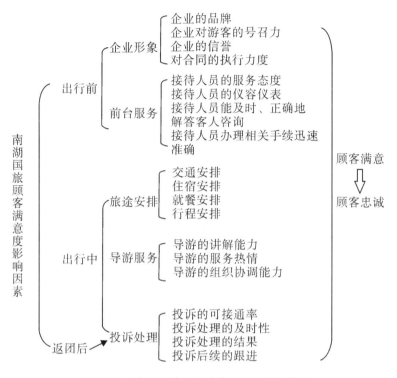

图 13.1　南湖国旅顾客满意度测评指标体系

（2）"出行前""出行中""返团后"三项测评指标构成了第二层次的结构目标。

（3）第三层次的目标是在第二级指标的基础上展开的。其中，"出行前"包括了"企业形象"和"前台服务"，出行中包括了"旅途安排""导游服务"和"投诉处理"，"返团后"包括了"投诉处理"。值得注意的是"出行中"和"返团后"都包括了"投诉处理"，是因为客人无论在出行中和出行后都可能存在对旅行社的不满，而这两个时期，是客人投诉最多、最集中的时期。

（4）第四层次的目标由第三层次指标展开构成，具体包括顾客对南湖国旅提供服务的 19 个实际体验要素。

（5）第五层次的目标就是终极目标——顾客满意以及顾客忠诚。

二、问卷设计

南湖国旅顾客满意度测评研究的主要数据是通过问卷调查的方式获取的。问卷调查法主要是通过设计测量项目向被调查者搜集资料来获得数据。问卷设计的合理性和科学性将影响获取数据的科学性和准确性，进而影响到分析结果的可靠性。所以，问卷的内容、数量和结构等都要围绕研究的目的来设计。本研究的问卷主要分为三个部分：

第一部分：主要将顾客从对旅行社的选择到旅途的整个主线分为出行前、出行中、回程后三部分进行问卷设计。

第二部分：问卷的主要内容包括顾客对南湖国旅整体满意度和对各种服务细节的满意度。

第三部分：主要包括游客的基本背景资料，包括游客的性别、年龄、来源地、职业、教育背景和月平均收入等。

本问卷采用了李克特五点量表法，将满意度分为五个级别，分别是非常不满意、不满意、一般、满意、非常满意，并对各个级别相应赋值1、2、3、4、5。

三、南湖国旅顾客满意度问卷调查

本章问卷调查由李丽婵同学利用在南湖国旅实习时进行，问卷的设计参考了孙雷的《安徽顺达旅行社顾客满意度测评及提升对策研究》。孙雷通过克隆巴赫 α（Cronbach's α）的可靠性系数法测量了问卷的可靠性，并运用了SPSS10.0 统计软件对样本的数据进行了可靠性分析，两种分析方法都证实了该问卷的可靠性较高。

本章问卷调查遵循了贴合实际生活，注重可靠性、可研究性的原则。问卷以现场发放和问卷星网站调查的形式收集，总共发放了 190 份问卷，实际回收有效问卷数量为 158 份，有效问卷回收率 83%。本章将统计有效问卷的信息，采用 Excel 对所得的数据进行各项统计分析并得出结论。

第四节　南湖国旅顾客满意度实证分析

一、人口统计学特征分析

本章通过对南湖国旅顾客的性别、年龄、出行结构、职业、受教育水平、收入等方面的分析，了解南湖国旅顾客的构成情况。

1. 男女比例分析

如图 13.2 所示，南湖国旅的顾客群体中女性所占比例比男性高。其中，女性占调查总数的 51.27%，男性占调查总数的 48.73%，说明女性顾客比男性顾客更具有积极性。

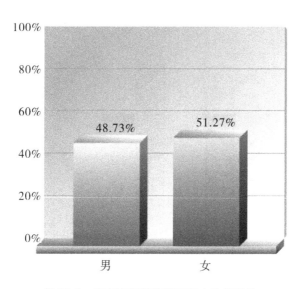

图 13.2　广东南湖国旅顾客男女比例结构

2. 年龄结构分析

如图 13.3 所示，在被调查的顾客中，26 ～ 45 岁的顾客群体占比最大，为50.63%，占了总数的一半以上；说明该年龄层次的顾客是南湖国旅的主要客源，因为该年龄层次的顾客基本都有独立的经济收入，更渴望通过外出旅行增长见识和减轻生活和工作上的压力。17～25岁的顾客群体所占的比例也很大，为43.67%，几乎接近顾客群体的一半，说明该年龄层次的顾客是南湖国旅的第二大客源，因为该年龄层次的顾客都是满17岁的客人，基本上都是高中或者大学生群体，他们相对来说有充裕的时间、热爱户外活动、希望认识新朋友。46～60岁的顾客群体所占比例不高，只有5.7%，说明该年龄层次的顾客出行频率低，这个年龄层次的顾客一般热衷安逸有规律的生活，帮忙料理家庭琐事。而小于等于16岁和大于等于61岁的顾客群体的比例更是为0，小于16周岁的顾客没有经济收入、没有自主选择出游的权利，而大于61岁的顾客，存在身体方面等原因，这说明了这两个年龄层次的顾客群体出游频率非常低。另外，小于16岁的顾客一般随父母一起外出，或者是学校组织的团体活动，一般不会选择填写问卷；大于61周岁的顾客，往往有儿女代劳，一般也不会填写问卷，所以可能产生此类偏差。

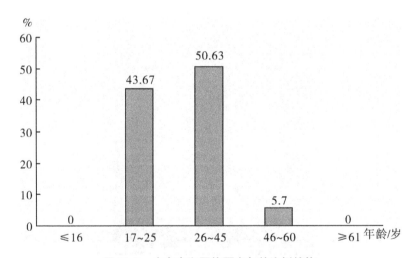

图13.3 广东南湖国旅顾客年龄比例结构

3. 文化水平结构

由图13.4可以看出，文化水平为大专、本科的顾客所占比例最多，远远超出了总比例的一半，为72.15%，由此可以得出结论，南湖国旅顾客绝大多数顾客的文化程度偏高。这些顾客是南湖国旅的最主要客源，南湖国旅推出的线路、产品、服务等都应该先考虑这些顾客的需求。此外，本科以上学历的也占了 17.09%，高中、中专学历水平的群体占了 10.18%，而初中及以下的仅占 0.63%。这说明了南湖国旅的主要客源是受教育水平较高的群体，他们对出游的需求可能更高。总的来说，南湖国旅的主要客源是大专或本科及以上的群体。

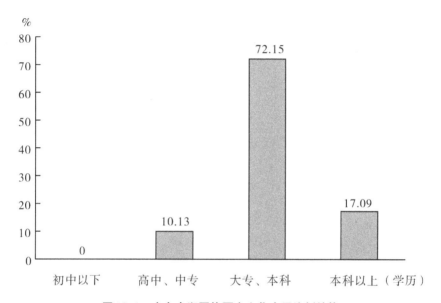

图 13.4　广东南湖国旅顾客文化水平比例结构

4．游客职业结构

据统计，公司职员和学生所占比例最高，分别为 32.91% 和 27.22%，企业管理人员为 18.99%，其余的职业类型所占的份额都比较少，都不超过 10%。其中，教师为 6.33%，自由职业者为 5.06%，其他为 3.8%，退休人员为 0.63%，待业下岗为 0%。由图 13.5 可知，公司职员、学生、企业管理人员这三类职业所占的比例最大。这类人群有独立的经济能力、愿意抽出时间充实自我、减缓来自生活和工作上的压力。针对这类人群，旅行社可以推出更多的奖励旅游线路，提供更细致、更到位的服务以赢取顾客的忠诚度。而学生群体拥有充裕的时间、热衷户外活动，他们更多会选择跟团出游。其余所占比例偏低的职业，例如待岗/下岗人员、退休人员、自由职业者等，这些群体出游机会少。通过调查，我们可以更有针对性地设计产品、提供服务，尽量明白并满足主要客源的需求。研究南湖国旅顾客的职业结构对于提高南湖国旅的顾客满意度有很大的意义。（见图13.5）

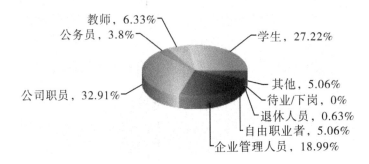

图13.5　广东南湖国旅顾客职业比例

5．月收入水平结构

图13.6显示，月收入在1 500～2 500元的群体的比例最大，为26.58%，这一类群体大多数为学生群体；其次，2 501～3 500元、3 501～4 500元、4 501～6 000元、6 001～10 000元这四个区域月收入的顾客比例都很接近，分别为19.62%、13.29%、17.72%、16.46%，这四个区域的月收入跨度很大，从2501～10000元月收入的顾客分布都很均匀，其中涵盖了不同职业、不同家庭结构和不同社会地位的群体，说明了南湖国旅走的是亲民路线，这个旅行社所覆盖的消费群体很广，其发展的方向多种多样。当然，大于等于10 001元月收入的顾客群体占了6.33%，该群体是收入较高、享有较高社会地位和名望的人士，他们所选择出游的方式相对来说更加多种多样，对于出游安排也会有更高的要求。这可能会需要旅行社除传统门店外独立出来的高端公关部门去开发这样的客源。该类客源虽然所占比例不高，但是他们所带来的收益是很高的。这类人群更倾向于享受，对于金钱方面不那么计较。所以，应对该群体予以足够的重视。

6．一般跟团出行组合结构

南湖国旅顾客群体中，以家庭（带着小孩或者老人）为组合出行的占比

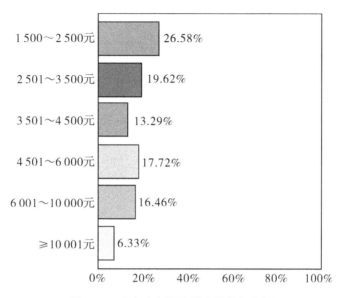

图13.6 广东南湖国旅顾客月收入比例

最大，占了37.34%。这种出行组合是现在跟团出游最常见的组合，该组合一般都是有经济能力的夫妻带着年幼的孩子或者年长的爸妈一起出行。他们更注重安全、省心，希望旅行社提供一整套尽量细致周到的服务。其次是朋友组合出行，比例为30.38%；再次是情侣、伴侣组合，为18.99%。由此可以看出，大部分顾客以家庭、朋友和情侣组合的形式出行。其余的以公司、个人形式出游的占了零星份额，分别为9.49%、3.8%，这是南湖国旅的次要客源。（见图13.7）

7. 跟南湖国旅出团次数

图13.8显示，顾客选择南湖国旅的旅游团次数为2～3次的占据了一半以上，为50.63%，表明一半以上的顾客是再次选择南湖国旅的游客。4～5次以及5次以上的比例分别为10.76%、2.53%，这部分顾客多次选择南湖国旅，是南湖国旅的忠诚顾客。这说明南湖国旅在顾客维护这方面是下了功夫的，应该针对上述群体进行更到位的顾客关系维护。

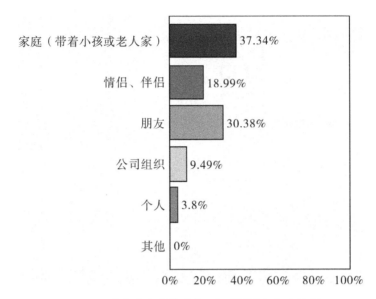

图 13.7　广东南湖国旅顾客一般跟团出行组合比例

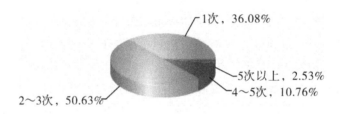

图 13.8　广东南湖国旅顾客出团次数比例结构图

二、旅途安排行为特征分析

本部分主要对南湖国旅顾客的旅途安排行为特征进行统计分析，分析顾客出游中对旅行社安排的满意度，分为交通安排、住宿安排、就餐安排、行程安排四个方面。对这些顾客的旅游行为特征的研究有利于南湖国旅的客源行为和开发，为规划更好的旅游行程提供基础依据。表 13.1 为南湖国旅顾客对于旅途安排的满意度情况，该矩阵题平均分 3.74。

项目	1	2	3	4	5	平均分
交通安排	5 （3.16%）	3 （1.9%）	37 （23.42%）	89 （56.33%）	24 （15.19%）	3.78
住宿安排	4 （2.53%）	7 （4.43%）	41 （25.95%）	76 （48.1%）	30 （18.99%）	3.77
就餐安排	3 （1.9%）	12 （7.59%）	44 （27.85%）	71 （44.94%）	28 （17.72%）	3.69
行程安排	2 （1.27%）	16 （10.13%）	36 （22.78%）	76 （48.1%）	28 （17.72%）	3.71

1.　交通安排

对于交通安排非常不满意的比例是 3.16%，比较不满意的比例是 1.9%，这说明了只有极少数顾客不满意旅行社的交通安排；而对于这项安排一般满意是 23.42%；而大多数人的满意度都集中在"比较满意"这个区域，为56.33%；而非常满意为 15.19%。可见，比较满意和非常满意的比例总和是71.52%，表明大部分顾客对交通安排持很满意的态度，对这项服务的评价是整个旅途安排四项指标里面评分最高的。对于这项服务，旅行社可以只做稍微的调整即可。

2.　住宿安排

住宿安排与交通安排的顾客满意度基本相似，即顾客满意度在非常不满意、比较不满意这两个区域的份额很少，一般满意和非常满意区域份额较多。对住宿安排比较满意的顾客为 48.1%，非常满意为 18.99%，合计 67.09%。由此可以看出大部分顾客对于住宿安排基本都是比较满意的。

3.　就餐安排

就餐安排的平均分在四项指标里面是最低的。在就餐安排上，比较满意比例是 44.94%，非常满意是 17.72%，合计 62.66%，表明即使评分最低的一项客人也是比较满意的。值得注意的是，比较不满意的比例为 7.59%，表明了旅行社在就餐安排这一方面还有所欠缺。

4.　行程安排

行程安排与其他三项不一样的地方在于：它的比较不满意的比例最高，

为 10.13% 。这项数据应该得到重视；因为顾客的抱怨会影响到同行团友的看法，甚至会影响企业口碑和顾客忠诚，所以关于这一项指标，我们应加以反思。

5. 总结

从统计结果来看，旅途安排细分出来的四个项目都呈现一样的规律，即大多数旅客对于南湖国旅旅途安排所涉及的项目都是以比较满意为主，而非常不满意和较不满意的顾客很少。总体来讲，顾客对于旅途安排是比较满意的。

三、导游服务行为特征分析

表 13.2 所示导游服务行为特征的矩阵题平均分为 3.8。

导游服务分成三小项，都是顾客在跟团中真真切切地能感受到的服务，分别是导游的讲解能力、导游的服务热情、导游的组织协调能力。由表 13.2 可以得出，顾客对导游的组织协调能力的评价最好，因为这项服务非常不满意和比较不满意的人数较少，比例分别是 1.9% 、5.7% ，比较满意和非常满意的人数较多，比例分别是 51.27% 、18.99% ，处于中立看法的比例是 22.15% 。这说明南湖国旅的导游们的应变能力比较好、处事灵活。相对来说，导游的讲解能力和服务热情就逊色一些，这两者的非常不满意和比较不满意的人数更多一些，说明了导游在这两方面需要进行改进。

表 13.2　导游服务行为特征分析

选项	1	2	3	4	5	平均分
导游的讲解能力	3（1.9%）	13（8.23%）	34（21.52%）	80（50.63%）	28（17.72%）	3.74
导游的服务热情	1（0.63%）	11（6.96%）	37（23.42%）	71（44.94%）	38（24.05%）	3.85
导游的组织协调能力	3（1.9%）	9（5.7%）	35（22.15%）	81（51.27%）	30（18.99%）	3.8

四、门市服务行为特征分析

如表 13.3 所示，门市服务行为特征分为接待人员的服务态度、仪容仪表、及时正确地解答客人咨询和办理相关手续四个方面，该矩阵题平均分为 3.77。

表 13.3　门市服务行为（接待人员行为）特征分析

选项	1	2	3	4	5	平均分
服务态度	3（1.9%）	8（5.06%）	42（26.58%）	74（46.84%）	31（19.62%）	3.77
仪容仪表	4（2.53%）	8（5.06%）	33（20.89%）	80（50.63%）	33（20.89%）	3.82
及时、正确地解答客人咨询	4（2.53%）	11（6.96%）	38（24.05%）	70（44.3%）	35（22.15%）	3.77
办理相关手续迅速准确	3（1.9%）	8（5.06%）	50（31.65%）	69（43.67%）	28（17.72%）	3.7

值得留意的是，上述四项指标里面，接待人员能及时、正确地解答客人咨询这一项的差评比例较高，其中非常不满意为 2.53%，比较不满意为 6.96%，说明前台人员的业务不够熟练，没有办法给顾客准确、及时的答复。

五、投诉处理行为特征分析

如表 13.4 所示，投诉处理行为包括可接通率、处理的及时性、处理结果以及后续跟进四个方面。该矩阵题平均分为 3.63。

投诉处理的及时性遭到了很多顾客的不满和质疑，其中比较不满意的比例为 8.86%，但是同样的其他三项比例也很高，相对于整个问卷调查的数据分析，投诉处理这一大项的平均分最低，只有3.63，说明了在旅行社提供的众多服务中，顾客对投诉处理这一项服务最不满意，南湖国旅应该重视这一方面的不足。

表13.4　投诉处理行为特征分析

选项	1	2	3	4	5	平均分
可接通率	3（1.9%）	10（6.33%）	57（36.08%）	62（39.24%）	26（16.46%）	3.62
处理的及时性	2（1.27%）	14（8.86%）	54（34.18%）	60（37.97%）	28（17.72%）	3.62
处理结果	3（1.9%）	9（5.7%）	51（32.28%）	69（43.67%）	26（16.46%）	3.67
后续跟进	2（1.27%）	10（6.33%）	58（36.71%）	63（39.87%）	25（15.82%）	3.63

六、企业形象行为特征分析

如表13.5所示，企业形象行为分为企业的品牌、企业对游客的号召力、企业的信誉和对合同的执行力四个方面，这项的平均分是整份问卷调查中得分最高的一项，为3.85。表明了顾客对企业形象的信服力是很高的。其中做得最好的是对合同的执行力度，不满意的比例较低，满意的比例较高。非常不满意的比例为1.27%，比较不满意的比例为3.16%，一般满意的比例为25.32%，比较满意的比例为51.27%，非常满意的比例为18.99%，说明了南湖国旅一般情况下都会严格执行与顾客签订的合同，表明南湖国旅是一家非常讲信用的旅行社。此外，南湖国旅的品牌、信誉以及对游客的号召力也是强而有力的。

表 13.5　企业形象行为特征分析

选项	1	2	3	4	5	平均分
企业的品牌	3（1.9%）	7（4.43%）	36（22.78%）	77（48.73%）	35（22.15%）	3.85
企业对游客的号召力	3（1.9%）	6（3.8%）	43（27.22%）	68（43.04%）	38（24.05%）	3.84
企业的信誉	3（1.9%）	7（4.43%）	35（22.15%）	76（48.1%）	37（23.42%）	3.87
对合同的执行力度	2（1.27%）	5（3.16%）	40（25.32%）	81（51.27%）	30（18.99%）	3.84

七、顾客整体满意度

图 13.9 显示，顾客对于南湖国旅的整体满意度主要集中在比较满意的层面上，此外，一般满意和非常满意也占据了很大的比例，分别为 23.42%、16.46%，这说明了绝大部分顾客是比较满意甚至是非常满意南湖国旅提供的服务的。非常不满意和比较不满意占的比例很少，几乎可以忽略不算，分别是 1.9% 和 2.53%。

八、再次选择南湖国旅

图 13.10 的数据表明，选择会再次参加南湖国旅旅行团的顾客占了91.77%，以绝对的优势压倒了选择不会再次参加南湖国旅旅行团的顾客，因为不会再选择南湖的比例只有 8.23%。当然这部分表示不会再选择南湖国旅的客人也不能置之不理，这类人群中必定存在很重要的因素导致他们不会再次选择南湖国旅，旅行社应该将目光转移到不足的地方。

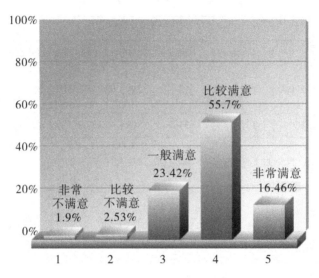

图 13.9　广东南湖国际旅行社顾客整体满意度比例结构

图 13.10　广东南湖国际旅行社顾客再次选择比例

第五节　南湖国旅顾客满意度提升对策

一、提高导游服务质量

1. 导游服务态度欠缺分析以及提升对策

顾客对导游服务质量的投诉要点，见表 13.6。

表 13.6　导游服务态度欠缺分析

客人投诉内容	原因分析
服务态度差	1. 领取出团计划时间长、报账时间长、报账程序复杂 2. 导游自身素质低 3. 派团组长派团分配不合理

提升对策：

（1）简化导游领取计划和报团的流程。首先，报账取号可参照我国某一旅行社的做法，每天只限 20 个号，能取到号的才能报账。这样就避免了有些导游一大早来到公司报账，等了一整天都没有轮到自己。

其次，通过信息平台及时发布最新报账资讯。现在已经是一个趋向成熟的信息时代，很多事情都可以通过网上平台进行信息的有效和及时发布。可以建一个导游中心专有的微信公众平台，导游中心可以根据最近的事务繁忙程度，确定最近几天的、可以办理的报账数量。需要报账的导游可以参照公众号上发布的可报账数量，自行前往报账。报账号当天取完即止。

最后，计调提早准备好出团计划。尽量不要让导游在出团前一晚才能拿到计划以便导游有更充裕的准备时间，也能使他们得到更好的休息、更加精神饱满地带团。

（2）通过对导游的培训，提高导游的职业操守。可以参照雅高集团的做法，每个南湖国旅的导游进公司时都会被派发一个小本子，本子上列明了导游需要培训的项目，每过关一门培训项目就在本子上相应地方盖一个章，直到导游培训项目全部通过为止。

（3）实行激励机制，"赏罚要分明"。做得好的可以通过物质奖励，让工作认真负责的导游意识到公司是重视他们的付出的。例如说，通过返后咨询，统计同一个组别的导游在不同时间段的客人满意度，对客人满意度很高的导游实行物质奖励，并且通过导游中心的微信公众平台发布表现优秀的导游名单。这样做不仅可以激励新老导游，也可以让优秀导游更加积极地为公司付出。对于获奖导游来说，这不仅是物质奖励，更是精神奖励。

2. 导游业务不熟悉分析以及提升对策

顾客对导游业务能力的投诉，见表 13.7。

表 13.7　导游业务不熟分析表

客人投诉内容	原因分析
业务不熟悉；不讲解；丢失客人证件；迟到；房间和车位胡乱安排；擅自更改行程或者加减景点；没有帮助客人解决问题；强制收取奖赏金	1. 公司培训不到位 2. 公司对导游的评价机制不合理——奖赏金占主要部分 3. 派出导游不能胜任

注：奖赏金是客人对导游服务的认可，即给予导游小费。

提升对策：

（1）公司应规范对导游的考核制度。公司通过导游收回来的奖赏金作为评价导游工作的一项指标，会导致导游强制性或者通过各种方法收取奖赏金，或多或少使客人的反感。而且前台销售在客人报团前都统一口径说团费已经包含导游服务费，之后不会再收取其他费用，这样就前后矛盾。导游收取奖赏金是公司的要求，但是客人就会为难导游说，团费已经包含了导游服务费。前台可以改变口径：团费已经包含了导游服务费，但是之后给予导游的小费，客人可根据导游提供的服务态度、服务质量自愿支付。

（2）让导游遇事有章可依。导游的培训可参照"广之旅"的做法，给每个刚入职的导游派发一本《导游操作指引书》。此书分为不同的章节，书中应简洁介绍南湖国旅的企业文化、导游的职业操守、出团前的准备工作、导游团中常遇见问题及一些解决办法、团后报账或者带回相关资料的操作流程等。公司按照书中内容一章一章有计划地对导游进行培训。这样的话，一方面，公司能全方位地培训导游；另一方面，导游之后带团遇到问题也能通过翻阅书本指引来找到解决方法。

（3）派发任务的轻重应循序渐进。公司派团前，一定要核实导游是否能胜任本次的出团工作。导游入职后，应该有计划地从小型出行团带起，等培养了足够的控团能力之后再委以重任。

二、提高门市服务质量

前台销售员对业务熟悉且表现干练，会给顾客留下深刻的印象；很明显，前台销售代表着公司的服务。所以对于门市服务，公司应做好门面功夫，尽量向顾客传达一种专注、专业的精神。顾客对门店服务的投诉内容见表 13.8。

表 13.8　门店服务欠缺分析

客人投诉内容	原因分析
服务态度差；业务不熟悉；客人资料录入有误或者没有录入；操作有误，客人的特别要求没有备注；对客人的承诺事后无法兑现；无法答复客人的疑问	1. 培训不到位 2. 绩效机制不完善 3. 信息传达不清晰

提升对策：

（1）报团赠送的礼品放置在大部分门店。很多客人反映，报团赠送的礼品要去南湖国旅总部才能领取，有的客人住在离总部很远的地方，不方便过来领取礼品。可以在店面面积可以容纳的营业厅放置礼品，方便客人领取。

（2）应综合员工的销售业绩和犯错情况评价前台员工的工作。一些前台销售为了达到业务指标，收取更多的客人，往往会承诺客人一些事情，例如报团后会赠送礼品，但事后无法兑现承诺，导致客人认为公司言而无信。对于业绩高的员工要有奖励制度，对于犯错误的员工也要有惩罚措施，让销售变成更加规范的操作。

（3）制作《前台销售员工上岗操作指导书》。无规矩不成方圆，公司内部可以处事灵活，但是前提是必须有一套基本的办事流程。指导书里面涵盖的内容可以尽量广阔，让前台销售对于客人一些普遍的疑问能够对答如流。例如，为什么网上报价与门店报价不一致、同团不同价、如何帮助客人在一定时限内预留位置等。现在还是会有客人因为这些问题致电质监部，其实这些并不属于产品质量问题。只要销售那边把好关，这方面的投诉也会相对减少。

（4）前台销售应意识到口头承诺的重要性。口头承诺与书面承诺一样有法律效用，前台销售应该重视自己说过的话，因为前台销售直接代表公司，应对自己说的每一句话负责。

三、提升旅途安排质量

表 13.9、表 13.10、表 13.11、表 13.12 根据不同的主体，分析了顾客对于旅途过程中对住宿、就餐、交通、行程安排不满意的内容。三个主体分别

是南湖国旅、供应商和客人自身，之后会根据顾客、导游在旅途中反馈的不满针对性地提出提升对策。

表 13.9　住宿安排欠缺分析

	主体	客人投诉内容
住宿安排	旅行社的问题	◆　没有入住合同约定的酒店 ◆　对旅行社提供的酒店星级产生质疑 ◆　拿房卡时间很长
	酒店方的问题	◆　住宿环境恶劣
	客人自身原因	◆　客人弄坏了酒店的用品，酒店天价索赔

表 13.10　就餐安排欠缺分析表

就餐安排	旅行社的问题	◆　团餐质量与餐费不成正比
	饭店的问题	◆　食物变质

表 13.11　交通安排欠缺分析表

交通安排	旅行社的问题	◆　交通工具座位安排不当 ◆　前台人员记录客人信息错误 ◆　与合同上的航班、车次时间不一致
	车辆问题	◆　车辆设施陈旧、不正规 ◆　途中车辆损坏 ◆　车辆司机态度恶劣 ◆　车辆司机不守时
	客人自身原因	◆　客人提供身份信息错误导致无法登机或乘车

表 13.12　行程安排欠缺分析表

行程安排	旅行社问题	◆　临时更改合同上的行程 ◆　没有满足客人增加或减少对景点的要求 ◆　安排的景点没有太大价值

提升对策：

（1）旅行社方应维护供应商采购，做好质量监督方面工作。

旅行社的计调人员应该通过多种方式，重视客人反馈的对于旅途安排的意见，对供应商定时的测评，对于提供周到服务、性价比高的供应商应该保持长期的合作关系，对于服务态度恶劣、设施设备陈旧，甚至是存在安全隐患的供应商应该要给予警告甚至是终止合作，以保证顾客在旅途中的舒适体验。这一点是改进住宿安排的重中之重。

（2）旅行社应加强对导游业务方面的培训。导游应尽到提醒客人、快速解决问题的义务，做好旅途安排不足的反馈。

在旅途中，顾客的不满一般都会直接反映给导游，如果导游能快速地解决问题，就会增加顾客对于旅行社的满意度。在旅途中，导游也应该做到提醒的义务，告知客人一些必要的注意事项。

（3）尽量提供人性化的服务。旅行社应尽量的满足顾客的合理要求，人性化的服务会让顾客感到宾至如归。

（4）前台人员务必核实客人提供的资料。这是一项简单但极容易犯错的工作，所带来的负面影响也极大，不仅会让旅行社遭受经济损失，更会破坏客人对南湖国旅的印象。

四、提高投诉处理质量

投诉处理的评分最低，说明顾客对这项服务不太满意。一般投诉处理的作用是帮助顾客解决疑难，提升其旅游体验。但是如果这一点没有做好的话，就会弄巧成拙。

提升策略：

（1）提高投诉电话接听率。客人对旅行社服务不满时，如果还找不到投诉部门，就会更加愤怒，事情就更难解决。所以南湖国旅的投诉接听率不够高，最简单的方法就是增加客服人员。

（2）提高投诉处理部门的办事效率。制定合理的工作考核制度，建议每隔一段时间就进行一次质监部门人员的工作统计，分析每位员工处理投诉案件的工作效率，主管人员对没有达到高效处理案件的员工进行原因分析，并协助员工解决问题。

（3）增强投诉部门工作人员的业务能力。系统地培训对员工业务能力的提高是很重要的。旅行社可通过对不同的投诉案例进行归类，对于不同类型的案例有多套可行的、高效的解决方法罗列出来，通过演讲、讲课等方式教授给质监部门的员工，让他们遇事有章可依。

五、提高企业形象质量

通过对企业形象的分析，顾客在各项服务里对企业形象最为满意，即表明在大众对南湖国旅的认知里，南湖国旅是一家极其讲究信用、信誉良好、严格执行合同的旅行社。提升对策应建立在这个坚实的基础上，加大宣传力度，让更多的消费者了解，传播企业优秀文化。

1. 加大宣传力度

据了解，南湖国旅的广告主要投放在报纸、广播电台和旅行社官网等，当然这是针对南湖国旅的主要消费群体投放的，但这样的宣传有些片面。本次问卷调查主要消费群体里面年龄为 17 ～ 25 岁的比例很大，对于这个群体，旅行社应该给予重视，因为他们正在成为这个社会的主力消费群体。而这类人群相对来说更加注重时尚、潮流的步伐，较少接触一般报纸和电台。旅行社可以将广告投放的注意力稍微转移到年轻人的视线上来，例如是广州地铁里面的广告、公交车站固定广告、中高档小区电梯广告（包括电子屏幕和纸质版广告）等；可以分阶段地尝试投放，最大限度地减少成本、增加宣传效果。

2. 推出新奇的抽奖或者问答活动

可以通过微博、微信等网络平台转发的宣传形式，吸引大批网友转发宣传，这种方式能用很低的成本获得更多消费者的关注。对于这种营销宣传方式，只需要商家推出免费赠送自家旅游产品的噱头，大家就会纷纷按照商家的指引转发并让朋友帮助自己点击或者再次转发，而免费赠送产品的价格相对于投放广告来说，成本非常低。还可以做一些有奖问答活动，通过问答的形式让顾客更加了解南湖国旅，甚至可以将热门线路、旅游目的地等资料做成问答形式，让客人更有兴趣参与，通过深入了解，增强客人外出旅游的感受。

第六节　结论与展望

一、人口统计学特征分析总结

南湖国旅顾客群体中，女性顾客比男性顾客更具有积极性；17～25岁与26～45岁的顾客群体是南湖国旅的最主要客户群；这类人群文化水平较高，一般都是大专、本科的文化水平；南湖国旅顾客的职业大多为公司职员和学生，其次是企业管理者；该旅行社走的是亲民路线，线路价格定位符合不同人群的需求；顾客以携带老人和小孩子的家庭出游为主，其次是朋友、情侣结伴同行。

通过对南湖国旅顾客的人口统计特征的分析，归纳出该旅行社主要客源存在的个人信息特征。我们不难发现，南湖国旅的主要顾客群体大多为文化水平较高、有一定经济实力或者空闲时间的、精力充沛的消费群体。利用上述信息，旅行社对于目标人群就有了明确的定位，可以针对不同群体制定适宜的旅游线路，满足不同消费群体的需求，推出更符合市场行情的营销方案。这可让旅行社准确掌握发展方向和目标。

二、旅途安排行为特征分析总结

本章分析了四个方面的旅途安排：交通安排、住宿安排、就餐安排、行程安排。其中顾客对于交通安排和住宿安排持满意态度，这两个部分在操作上只要稍作调整即可；但是顾客对于就餐安排和行程安排的满意度就有所欠缺，所以这两部分要投入更多的精力进行改进。

旅途安排这一部分可以说是整个出游中最主体的部分，因为这是顾客在南湖国旅消费的主要内容，顾客对于这一部分尤为在意。本章首先将导致顾客不满的主体分为了三种，即旅行社、供应商、客人自身，然后针对不同主体，提出了有针对性的解决方案。

三、导游服务行为特征分析总结

南湖国旅的导游们的应变能力比较好、处事灵活。但是，导游的讲解能力和服务热情就有不足，说明了导游在这两方面需要进行改进。

提升对策有三：一是规范对导游的培训，二是制定合理的工作制度，三是制定有效的奖惩机制。旅游行业内，对导游人员的聘用很不规范，旅行社应该从最基础的部分进行改进，制定有效合理的制度，从根本上有序改善情况。

四、门市服务行为特征分析总结

前台人员的业务不够熟练，没有办法给顾客准确、及时的答复。针对销售人员业务不精通问题，要通过多种方式让销售人员将旅行社业务内容牢记在心；旅行社也应该规范对销售人员的培训制度。

五、投诉处理行为特征分析总结

投诉处理的及时性遭到了部分顾客的不满和质疑，在旅行社提供的众多服务中，顾客对投诉处理这一项服务最不满意，南湖国旅应该重视这方面的不足。

针对时效性的问题，旅行社管理人员应该从工作人员方面着手了解，是否工作上存在困难导致工作效率低下，抑或是工作人员自身工作能力不足、工作水平太低问题，实事求是地找到问题根源所在。不同的企业，对于同一个问题会存在不同的原因。

六、顾客整体满意度分析总结

调查研究表明，绝大部分顾客是比较满意甚至是非常满意南湖国旅提供的服务的，而非常不满意和比较不满意占的比例很少，几乎可以忽略。

南湖国旅在广东省享有很高的声望，在这方面，旅行社应该追求精益求精。我们建议加大宣传力度，利用当代信息网络发达的优势，推出更多有创意、符合大众消费者的销售方案。

七、对未来的展望

希望有更多的旅行社行业内的资深学者对旅行社顾客满意度进行研究，将自身对旅游行业的专业见解通过研究更好地展现给从业人员。有工作经历或者是持有独到见解的学者们分析出来的内容和提出的对策会更加深刻和具有可行性。

希望未来研究相关内容的学者，访问和调查的对象尽可能地广泛，将参与旅行社的消费群体也纳入问卷调查中。

参考文献

［1］白云山管理局. 国家级风景名胜区——广州市白云山风景名胜区总体规划［S］. 广州：白云山管理局，2007.

［2］陈丽荣，苏勤. 我国游客满意度研究述评［J］. 资源开发与市场，2007（3）：266－268.

［3］陈燕丽. 基于旅游体验的影视主题公园游客满意度研究［D］. 杭州：浙江大学，2007.

［4］董观志，杨凤影. 旅游景区游客满意度测评体系研究［J］. 旅游学刊，2005，20（1）：2－3.

［5］杜金玲. 基于双因素理论的酒店顾客满意度的模型分析［J］. 商场现代化，2008（8）：40－41.

［6］符全胜. 旅游目的地游客满意理论研究综述［J］. 地理与地理信息科学，2005（5）：90－94.

［7］黄大勇，陈芳. 国内外旅游满意度研究综述［J］. 重庆工商大学学报（社会科学版），2015，32（1）：49－55.

［8］黄丹霞，李力. 居民对旅游环境影响的感知研究：以广州白云山风景区为例［D］. 广州：华南理工大学，2006.

［9］江波，郑红花. 基于旅游目的地八要素的服务质量评价模型构建研究［J］. 2007，8（1）：10－11.

［10］金锡钟. 中老年旅游者旅游动机、旅游经验、游客满意度对主观幸福感的影响：以韩国入境游客为例［D］. 延吉：延边大学，2017.

［11］李芳洁. 广州市白云山风景名胜区旅游资源评价与可持续发展研究［D］. 广州：华南理工大学，2011.

［12］李晶博，钟永德，王怀探. 生态旅游景区游客满意度实证研究：以张家界国家森林公园为例［J］. 北京工商大学学报（社会科学版），2008，23

（5）：22 – 23.

［13］李琼. 免费开放城市公园的居民满意度研究［D］. 南京：南京大学，2011.

［14］李晓. 地质公园游客满意度分析及提升策略研究：以翠华山国家地质公园为例［D］. 西安：长安大学，2009.

［15］李智虎. 谈旅游景区游客服务满意度的提升［J］. 营销企划，2003（4）：39 – 41.

［16］连漪，汪侠. 旅游地顾客满意度测评指标体系的研究及应用［J］. 旅游学刊，2004，19（5）：9 – 13.

［17］刘瑞新. 扬州游客旅游满意度调查分析［J］. 经济师，2014（8）：211 – 212.

［18］麻志宏. 顾客满意度测评方法研究［D］. 大连：大连理工大学，2004.

［19］马峻. 城市旅游景区游客满意度测评研究［D］. 杭州：浙江大学，2007.

［20］南剑飞，赵丽丽. 旅游景区游客满意度测评研究［J］. 川旅研究，2005，13（1）：12 – 13.

［21］南剑飞. 旅游景区游客满意度模糊综合评判方法邹议［J］. 社会科学家，2008，2（2）：92 – 94.

［22］彭文英，李俊. 北京旅游景区游客满意度及其影响因素分析［J］. 资源开发与市场，2008（6）：564 – 567.

［23］任小平. 长隆欢乐世界游客满意度研究［D］. 北京：北京第二外国语学院，2009.

［24］沈万年. 基于 IPA 分析的黄山市康养旅游满意度研究［D］. 南宁：广西大学，2018.

［25］盛小美. 蒙古国入境旅游市场分析与开发策略：以中国旅游市场为例［D］. 兰州：西北师范大学，2014.

［26］束盈. 旅游景区游客满意度研究［D］. 北京：北京邮电大学，2006.

［27］图娅. 访蒙古国中国游客的旅游满意度与再访问意向研究［D］. 延吉：延边大学，2016.

［28］万绪才，丁敏，宋平. 南京市国内游客满意度评估及其区域差异性

研究［J］. 经济师，2004（1）：246 – 247.

　　［29］汪侠. 旅游地的主客满意度研究：模型及实证［M］. 南京：南京大学出版社，2012.

　　［30］王明康. 济南市泉水景区游客满意度测评研究［D］. 济南：山东师范大学，2014.

　　［31］王杨. 中国雪乡游客旅游满意度分析及提升研究［D］. 哈尔滨：东北农业大学，2016.

　　［32］吴彩云. 地质公园游客满意度测评研究［D］. 桂林：广西师范大学，2010.

　　［33］夏杰. 主题公园口碑传播与游客体验满意度的相互关系研究：以长隆欢乐世界为例［D］. 北京：北京第二外国语学院，2008.

　　［34］徐静. 北京一日游参团游客满意度测量及相关问题研究［D］. 北京：北京交通大学，2018.

　　［35］徐克帅，朱海森. 国外游客满意度研究进展及启示［J］. 旅游论坛. 2008（8）.

　　［36］杨洋. 国内游客低碳旅游感知与景区低碳旅游满意度实证研究［D］. 合肥：安徽大学，2012.

　　［37］杨勇军，匡建国. 塑造旅行社网络组织文化核心竞争力途径探究：以"广之旅"和"南湖国旅"为例［J］. 改革与战略，2013，29（12）：137 – 140.

　　［38］杨勇军，匡建国. 网络时代中国旅行社如何培育核心竞争力：以"广之旅"和"南湖国旅"为例［J］. 改革与战略，2013，29（11）：50 – 53.

　　［39］袁纳. 自然保护区旅游者满意度研究［D］. 南宁：广西大学，2012.

　　［40］"游客满意度指数"课题组，戴斌，李仲广，等. 游客满意度测评体系的构建及实证研究［J］. 旅游学刊，2012（7）：74 – 80.

　　［41］曾红蕾. 广州白云山风景名胜区发展对策研究［D］. 武汉：华中师范大学，2008.

　　［42］张凤雨，郭福生，张占彬. 广东丹霞山旅游业发展的问题及建议［J］. 韶关学院学报，2010，31（11）：111 – 114.

　　［43］张宏梅，陆林. 游客涉入及其与旅游动机和游客满意度的结构关

系：以桂林、阳朔入境旅游者为例［J］. 预测，2010（2）：64 - 69.

［44］赵静静. 长白山旅游景区游客满意度测评研究.［D］. 延吉：延边大学，2010.

［45］赵艳林，毛道维，钟兰岚. 民族村寨旅游服务质量对游客行为意愿的影响研究：满意、不满意的中介作用［J］. 四川师范大学学报（社会科学版），2016，4（43）：80 - 88.

［46］中国科学院华南国家植物园. 园况简介［EB/OL］.（2018 - 04 - 15）［2019 - 05 - 20］. http://www. scib. cas. cn/lyfw/yqjj/201005/t20100505_2839190. html.

［47］Akama, J. & Damiannah, M. K. Measuring tourist satisfaction with Kenya7S wildlife safari：A case study of Tsavo National Park［J］. Tourism Management，2003（24）：73 - 81.

［48］Anderson, E. W. & Fornell, C. Foundations of the American Customer Satisfaction Index［J］. Total Quality Management，2000（9）.

［49］Beard, J. B. & Ragheb. , M. G. Measuring leisure satisfaction［J］. Journal of Leisure Research，1980（12）：20 - 33.

［50］Canalejo, A. M. C. , Jimber del Río, J. A. Quality, satisfaction and loyalty indices［J］. Journal of Place Management and Development，2018，11（4）：1 - 21.

［51］Chen C. F. , Tsai, D. C. How destination image and evaluative factors affect behavioral intentions?［J］. Tourism Management，2007，28（4）：1115 - 1122.

［52］Fornell, C. The Swedish experience［J］. Journal of Marketing，1992，56：6 - 21.

［53］Heo, Y. - S. A study of satisfaction and revisit intention by types of tourist motives of Chuja Island visitors［J］. International Journal of Tourism and Hospitality Research，2019，33（1）：141 - 155.

［54］Kotler, P. , Keller, K. L. Marketing Management, Analysis, Planning, Implementation and Control［M］. London：Pearson Education，1997：167 - 188.

［55］Millan, A. , Esteban, A. Development of a multiple - item scale for measuring customer satisfaction in travel agencies［J］. Tourism Management，2004，25（5）：533 - 546.

[56] Mohamed, A. , Shouk, A. , Zoair, N. , et al. Sense of place relationship with tourist satisfaction and intentional revisit: Evidence from Egypt [J]. International Journal of Tourism Research, 2018, 20 (2): 172 – 181.

[57] Oliver, R. L. A cognitive model of the antecedents and consequences of satisfaction decisions [J]. Journal of Marketing Research, 1980, 17 (4): 460 – 469.

[58] Pizam, A. , Neumann, Y. , Reichel, A. Dimensions of tourist satisfaction with a destination area [J]. Annals of Tourism Research, 1978 (5): 314 – 322.

[59] Rasoolimanesh, S. , Mostafa, M. N. , Shuhaida, S. , et al. Investigating the effects of tourist engagement on satisfaction and loyalty [J]. Service Industries Journal, 2019, 39 (7 – 8): 559 – 574.

[60] Saayman, M. , Li, L. , Uysal, M. et al. Tourist satisfaction and subjective well-being: An index approach [J]. International Journal of Tourism Research, 2018, 20 (3): 388 – 399.

[61] Swan, J. E. , Mercer, A. A. Consumer satisfaction as a function of equity and disconfirmation [C]. Bloomington: Indiana University School of Business, 1981: 7 – 12.

[62] Zamani-Farahani, H. Residents' attitudes and perception towards tourism development: A case study of Mazola, Iran [J]. Tourism Management, 2008, 29: 1233 – 1236.

致谢

蓦然回首，十一年的光阴仿佛在一瞬间飞逝，浓缩成厚重的一页。这期间所有的欢笑和泪水，都将化为一段美好的记忆和宝贵的精神财富，值得我去珍惜。十一年的工作经历和成长，凝聚了太多人的关爱和鼓励，在此，一并表示深深的谢意！

首先感谢我的爱人程彧，从专项研究的选题、确立研究计划，到最终完稿，每一个环节都倾注了他的大量心血。正是他的鼓励和支持，才使我面对专项研究中的困难不屈不挠、不懈不怠，最后得以顺利完成任务。

感谢我的导师王乃昂教授，是他给了我接触科研的机会，并将我领进了旅游研究的大门。王老师为人正直、知识广博、勤勉的科研精神和严谨的治学态度给了我深刻的启迪，并使我受益终生。参加工作后，虽与导师联系较少，但导师的教导一直铭记于心，导师的鼓励支撑我在科研的道路上继续努力。

感谢张德鹏、吴小节、郑荣宝、唐晓莲、冯冈平、谭立新、李爽、罗美娟、马小宁、彭家敏、周杨、陈修德、马文聪、劳春华等老师对我工作的大力支持与帮助，与他们的交往使我受益匪浅，并感受到工作的乐趣。

感谢参与问卷调查的学生！尤其感谢洪珊、黄玉清、李丽珍、陈诗琪、李丽婵、梁凤栏、严肖芬、吴建、杨欣欣、陈小裕所参与的实地考察、调查问卷收集、数据分析处理等工作。

感谢众多热心的游客与员工在问卷调查中的支持与合作！

感谢我远在包头的亲人。他们无尽的爱给了我一颗安宁的心，使我得以快乐地工作，幸福地生活，并不断得到前进的力量和勇气。

最后感谢我可爱的儿子程知微，他带给我太多生活的乐趣与启迪，使我的生活更加丰富多彩。

岁月无声，情谊留痕。在广东工业大学的这十一年，关心和帮助过我的人又何止这些？我心里有太多太多的感谢。在此，向所有关爱我的人诚挚地说声"谢谢！"

张春慧

2023 年 7 月于广东工业大学